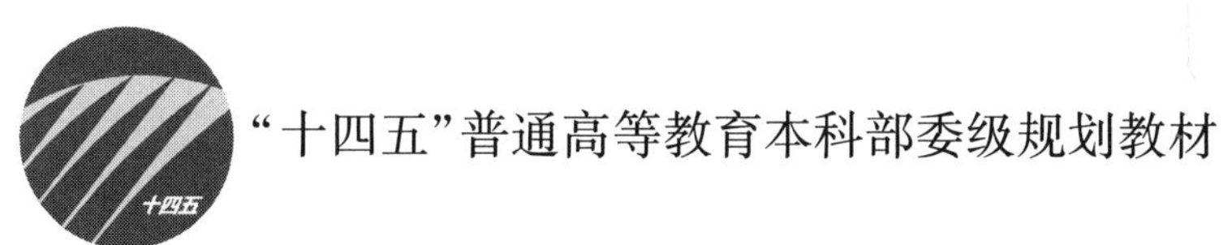

“十四五”普通高等教育本科部委级规划教材

# 纺织服装国际贸易理论与实务

李双燕　高艳菲　主编

朱士凤　王金凤　李季　副主编

中国纺织出版社有限公司

## 内 容 提 要

本书以国际贸易理论与实务为基础，突出了纺织服装产业及产品在国际贸易中的发展历程及时代特点。全书共十六章，第一至第八章为理论与政策部分，主要讲述国际贸易基本概念及纺织服装产业的国际贸易政策。第九至第十六章为国际贸易实务部分，主要讲述国际贸易合同磋商的法律意义及合同条款的注意事项。

本书既有理论知识，又有实践操作。每章开篇有导读和案例，意在介绍本章的主要内容；文中有课堂讨论环节，以突出教学重点及难点；课后有思考题，可帮助学生对所学知识进行巩固及整理。本书可作为纺织工程、轻化工程及非织造等相关专业师生的教材，也可供外贸从业者如跟单员、外销员参考阅读。

**图书在版编目(CIP)数据**

纺织服装国际贸易理论与实务 / 李双燕，高艳菲主编. -- 北京 : 中国纺织出版社有限公司，2025. 2.
(“十四五”普通高等教育本科部委级规划教材).
ISBN 978-7-5229-2321-5

Ⅰ. F746. 81

中国国家版本馆 CIP 数据核字第 2025SJ8090 号

责任编辑：朱利锋　　责任校对：高　涵　　责任印制：王艳丽

中国纺织出版社有限公司出版发行
地址：北京市朝阳区百子湾东里 A407 号楼　邮政编码：100124
销售电话：010—67004422　传真：010—87155801
http://www. c-textilep. com
中国纺织出版社天猫旗舰店
官方微博 http://weibo. com/2119887771
三河市宏盛印务有限公司印刷　各地新华书店经销
2025 年 2 月第 1 版第 1 次印刷
开本：787×1092　1/16　印张：15. 5
字数：350 千字　定价：56. 00 元

# 前　言

纺织产业是我国重要的民生产业，国际竞争优势明显，自20世纪90年代以来一直是我国出口创汇的主导产业之一，对国民经济发展起到了较强的支撑作用。

本书以国际贸易理论与实务为基础，以国际纺织服装贸易为主线，阐述了国际贸易理论政策的发展历程及国际贸易实务的主要环节。全书共十六章。第一至第八章为理论与政策部分，主要介绍了国际贸易的基本概念；列举了不同历史时期、不同发展阶段主流的国际贸易理论；阐述了国际贸易政策类型并对主要纺织品服装贸易国的贸易政策做了介绍及说明；分析了关税、非关税等国际贸易壁垒的实施方法，以及针对别国商品倾销的贸易救济措施；从贸易发展的角度介绍了与纺织有关的国际贸易条约与协定，以及WTO相关知识。第九至第十六章为国际贸易实务部分，这一部分从贸易合同的商订及履约过程分别介绍了标的条款、价格条款、运输条款、保险条款、支付条款、检验及索赔条款等国际贸易合同中的主要内容及贸易磋商要点。本书还将2020年开始实施的《国际贸易术语解释通则（2020）》与之前的版本进行了比较，力争做到教材内容紧跟时代步伐。

本书根据纺织服装类院校纺织工程专业的教学要求编写，是适用于纺织服装类专业的配套教材。教材内容上既借鉴了国际贸易理论与实务课程的主要框架，又包含了与纺织服装相关的贸易政策，此外，也融入了课程思政元素，充分体现了教材的前瞻性和专业性。

本书由中原工学院智能纺织与织物电子学院李双燕和高艳菲负责总体设计，青岛大学朱士凤、浙江理工大学王金凤及中原工学院李季负责提纲规划及内容把控。教材的编写分工按章节先后顺序依次为：中原工学院李双燕负责编写第一章、第十一章、第十五章；中原工学院李文羽负责编写第二章、第三章；中原工学院高艳菲负责编写第四章、第十四章；中原工学院苏小舟负责编写第五章、第六章；中原工学院李季负责编写第七章、第八章、第十章；青岛大学朱士凤负责编写第九章、第十二章；浙江理工大学王金凤负责编写第十三章、第十六章。

由于编者水平有限，本书可能有不足和不当之处，敬请广大读者批评指正。

编者

2024年5月

# 目 录

# 第一章　导论

PPT1　导论

## 教学目的与要求

通过学习，使学生了解国际贸易的产生与发展历程；掌握国际贸易的基本概念及常见分类方法；能够在总体上把握本课程的基本框架，对课程内容形成初步的认识。

## 开篇导读

**中国纺织品服装对外贸易取得的辉煌成就**

从1993年起，中国就成为纺织品服装出口第一大国，纺织品服装贸易对中国国民经济发展起到了重要的推动作用。第一，增加了就业机会：纺织服装产业是传统的劳动密集型产业，对于提供就业机会起到了关键性的作用。第二，促进了经济增长：中国的出口量在全球纺织品服装市场中占据了重要地位，这促使国内企业生产和出口规模扩大，推动了经济增长，同时纺织业也是我国最重要的创汇产业，为经济增长提供了资金支持。第三，完善了产业转型升级：随着与国际市场的接轨，中国纺织品服装企业需要不断提高产品质量以打破国际市场的各种技术壁垒，这种竞争压力推动了国内企业的技术更新和转型升级。

2015年以来，中国纺织品服装对外贸易也面临众多挑战，如国际市场竞争加剧、原材料价格波动、劳动力成本上升、环保要求提高等，这就要求纺织服装企业顺应潮流及趋势，在不断变换的市场环境下取得持续的竞争优势。

## 第一节　国际贸易的产生与发展

### 一、国际贸易的产生

国际贸易是在一定历史条件下产生和发展起来的，是社会生产力发展到一定阶段的产物。从历史阶段来看，是三次大分工促成了对外贸易的产生。

第一次社会大分工，即农业与畜牧业的分工，随着社会生产力的发展出现了可以进行交换的剩余产品，实现物物交换；第二次大分工，即手工业从农业中分离出来，随着交换关系的扩大，加速了私有制的产生，出现了直接以交换为目的的生产，即商品生产；第三次大分工，出现了商人，专门从事商品交易，而商品交换一旦跨越国界，便产生了国际贸易。

## 二、国际贸易的发展历程

### （一）奴隶社会时期的国际贸易

奴隶社会时期，自然经济占统治地位，生产的目的主要是使用，进入流通中的商品数量很少。同时，由于生产技术落后、交通工具简陋，使对外贸易的范围受到很大的限制。奴隶社会时期对外贸易的主要商品有两种：一是奴隶；二是奴隶主阶级所追求的奢侈品，如宝石、装饰品、织物、香料等。这一时期以物物交换为主，在各国经济中的地位甚微。

### （二）封建社会时期的国际贸易

封建社会时期，农业在各国经济中占据主导地位，国际贸易的规模仍十分有限。封建社会晚期，随着城市手工业的发展，西方国家以呢绒、酒等换取东方国家的丝绸、香料、珠宝等。这一时期的贸易方式既有易货贸易，也有金银交换的贸易。

西方的贸易中心曾发生多次转移：起初，国际贸易中心在地中海东部；公元 7 世纪到 8 世纪时，阿拉伯地区成为主要的贸易地区；11 世纪以后，国际贸易的范围扩大到地中海、波罗的海和黑海沿岸。

我国早在秦、汉以前，便与外国产生了贸易关系；到公元前 2 世纪的西汉时期，我国就开辟了从新疆经中亚通往中东和欧洲的“丝绸之路”。到明朝时，郑和 7 次下“西洋”，向亚洲等许多国家传播了我国的火药、指南针和手工业等技术，同时，也把这些国家的特产和优良种子等输入我国，促进了中国与世界的贸易往来和文化技术交流。

**课堂讨论 1-1**：简述西汉时期丝绸之路沿线主要国家和地区，以及各国的主要贸易产品。

### （三）资本主义时期的国际贸易

资本主义生产方式时期，国际贸易额急剧扩大，贸易活动遍及全球，贸易商品种类日渐增多，国际贸易越来越成为影响世界经济发展的一个重要因素。而在资本主义发展的各个不同时期，国际贸易的发展又各具特征。

#### 1. 资本主义生产方式准备时期

16~18 世纪中叶，这一时期手工业的发展使劳动生产率得到提高，商品生产和商品交换进一步发展，这为国际贸易的扩大提供了物质基础。地理大发现更是加速了资本的原始积累，促进世界市场的初步形成，从而扩大了世界贸易的规模。这一时期的盛行的贸易思想是重商主义。地理大发现的结果使西欧各国纷纷走上了向亚洲、美洲和拉丁美洲扩张的道路，在殖民制度下进行资本的原始积累。

#### 2. 资本主义自由竞争时期

18 世纪后期至 19 世纪中叶，欧洲国家先后发生了产业革命和资产阶级革命，资本主义机器大工业得以建立并广泛发展，社会生产力水平大大提高，可供交换的产品空前增加，真正的国际分工开始形成。

#### 3. 垄断资本主义时期

19 世纪末至 20 世纪初，各主要资本主义国家从自由竞争阶段过渡到垄断资本主义阶段，垄断开始对国际贸易产生重要影响，它们在控制国内贸易的基础上，在世界市场上也占据了垄断地位，通过垄断价格使国际贸易成为垄断组织追求最大利润的手段。为了确保原料的供应和对市场的控制，少数富有的资本主义国家开始向殖民地国家输出资本。

**（四）当代国际贸易新发展**

第二次世界大战以后，特别是20世纪80年代以来，世界经济发生了迅猛的变化，科技进步的速度不断加快。国际分工、世界市场和国际贸易也都发生了巨大的变化。国际贸易范围扩大，包含了全球范围的国家和地区；交换内容多样化，不仅有传统的商品贸易，还包括劳务和技术贸易；世界贸易的增长速度大大超过世界产值的增长速度，其中服务贸易的增长速度又大大超过商品贸易的增长速度；对外贸易不是偶然的、可能性的交换活动，而是经常性、必然性的交换活动。

## 第二节　国际贸易的基本概念

### 一、对外贸易与国际贸易

对外贸易与国际贸易是同一个问题的不同视角，从一个国家的角度看是对外贸易，从世界的角度看是国际贸易。

**（一）对外贸易**

对外贸易（foreign trade）是指一个国家（地区）与另一个国家（地区）之间的商品和服务（技术、劳务）的交换，对外贸易包含某一国家的进口贸易和出口贸易。

**（二）国际贸易**

国际贸易（international trade）亦称“世界贸易”，泛指国际间的商品和服务（技术、劳务）的交换活动。它由各国（地区）的对外贸易构成，是世界各国对外贸易的总和。

### 二、对外贸易额与对外贸易量

**（一）对外贸易额**

对外贸易额（value of foreign trade）又称对外贸易值，是以货币或金额表示的某一国家或地区在一定时间内的进出口贸易额度，是反映某一国家对外贸易规模的主要指标之一。某一国家或地区的对外贸易额包含进口额和出口额，在计算时，出口额以FOB价格计算，进口额以CIF价格计算。表1-1为2010~2021年中国货物进出口贸易额。

**表1-1　2010~2021年中国货物进出口贸易额**　　单位：亿美元

| 年份 | 进出口总额 | 出口总额 | 进口总额 | 差额 |
|---|---|---|---|---|
| 2010 | 29740.0 | 15777.5 | 13962.5 | 1815.0 |
| 2011 | 36418.6 | 18983.8 | 17434.8 | 1549.0 |
| 2012 | 38671.2 | 20487.1 | 18184.1 | 2303.0 |
| 2013 | 41589.9 | 22090.0 | 19499.9 | 2590.1 |

续表

| 年份 | 进出口总额 | 出口总额 | 进口总额 | 差额 |
|---|---|---|---|---|
| 2014 | 43015.3 | 23422.9 | 19592.4 | 3830.5 |
| 2015 | 39530.3 | 22734.7 | 16795.6 | 5939.1 |
| 2016 | 36855.6 | 20976.3 | 15879.3 | 5097.0 |
| 2017 | 41071.3 | 22633.4 | 18437.9 | 4195.5 |
| 2018 | 46224.5 | 24867.0 | 21367.5 | 3609.5 |
| 2019 | 45778.9 | 24994.8 | 20784.1 | 4210.7 |
| 2020 | 46559.1 | 25899.5 | 20659.6 | 5239.9 |
| 2021 | 54501.6 | 33630.2 | 20871.4 | 12758.8 |

数据来源：中国统计年鉴 2022

由表 1-1 可见，近年来我国货物贸易顺差增长较快，一直保持几千亿美元的顺差。其中 2017~2019 年中美贸易摩擦以后有较大调整，近两年也有大幅回升。

### （二）对外贸易量

对外贸易量（volume of foreign trade）是指对外贸易商品的数量，因为商品种类繁多，计量单位不同，为剔除价格变动的影响，并能准确反映一国对外贸易的实际数量而确立的一个指标，该指标能反映国家对外贸易的实际规模。

## 三、贸易差额

贸易差额（balance of trade）是指一个国家在一定时期（通常为一年）出口总值与进口总值的差值。

当出口总值与进口总值相等时，称为“贸易平衡”；当出口总值大于进口总值时，出现贸易盈余，则为“贸易顺差”或“出超”；当进口总值大于出口总值时，出现贸易赤字，则为“贸易逆差”或“入超”。

净出口是指国家或地区某一时期某类或某种商品的出口量大于进口量的部分；净进口是指国家或地区某一时期某类或某种商品的进口量大于出口量的部分。

**课堂讨论 1-2：**由表 1-1 可见，2010 年以来我国货物贸易长期保持为贸易顺差，即净出口。对比贸易顺差和贸易逆差，顺差一定优于逆差吗？

## 四、贸易条件

贸易条件（terms of trade）表示一个国家出口一单位商品可以换回多少单位外国进口商品的比例，或称交换比价。贸易条件是衡量在一定时期内一个国家出口相对于进口的盈利能力和贸易利益的指标，反映该国的对外贸易状况。

$$贸易条件指数 = \frac{出口价格指数(P_x)}{进口价格指数(P_m)} \times 100\% \tag{1-1}$$

如果贸易条件指数大于 1，说明出口价格比进口价格相对上涨，即贸易条件得到改善；如果贸易条件指数小于 1，说明出口价格比进口价格相对下跌，出口同量商品能换回的进口商品比原来减少，该国的贸易条件恶化了。

## 五、对外贸易依存度

对外贸易依存度（dependence upon foreign trade）又称对外贸易系数，是指一个国家在一定时期内进出口贸易值与该国同时期国民生产总值或国内生产总值（GDP）的对比关系。

$$对外贸易依存度 = \frac{出口额 + 进口额}{GDP} \tag{1-2}$$

## 六、对外贸易地理方向

对外贸易地理方向（direction of foreign trade）亦称对外贸易地区分布或国别结构，说明一个国家出口商品的去向和进口商品的来源，反映一个国家与其他国家或区域集团之间经济贸易联系的程度。国际贸易地理方向（direction of international trade）也叫国际贸易地理分布，是指一定时期内世界各洲、各国或各个经济集团的对外商品贸易在整个国际贸易中所占的地位。

**课堂讨论 1-3**：查询联合国商品贸易统计数据库，说明我国纺织品服装的对外贸易地理方向。

## 七、对外贸易商品结构

对外贸易商品结构（structure of foreign trade）是指一定时期内一个国家进、出口贸易中各种商品的构成，即某大类或某种商品进、出口贸易与该国整个进、出口贸易额之比。表 1-2 为 2021 年中国对外贸易商品结构。

**表 1-2　2021 年中国对外贸易商品结构**

| 商品分类 | 出口 | | 进口 | |
|---|---|---|---|---|
| | 亿元 | 亿美元 | 亿元 | 亿美元 |
| 总额 | 217287.38 | 33630.23 | 173634.29 | 26871.43 |
| 第一类　活动物、动物产品 | 972.58 | 150.50 | 3689.89 | 570.76 |
| 第二类　植物产品 | 1819.41 | 281.60 | 6687.66 | 1034.66 |
| 第三类　动植物油、脂 | 152.84 | 23.65 | 1032.43 | 159.69 |
| 第四类　食品、饮料、酒 | 2383.13 | 368.87 | 2102.74 | 325.36 |
| 第五类　矿产品 | 3320.26 | 512.74 | 44433.55 | 6877.62 |
| 第六类　化学工业及其相关产品 | 13800.52 | 2136.37 | 12278.41 | 1900.00 |
| 第七类　塑料及其制品、橡胶及其制品 | 10481.18 | 1621.95 | 6556.10 | 1014.51 |
| 第八类　皮革、毛皮及其制品 | 2233.40 | 345.67 | 757.26 | 117.11 |
| 第九类　木制品、软木制品、稻草、秸秆 | 1343.59 | 207.95 | 1570.78 | 243.08 |
| 第十类　木浆、纸及纸板、纸及其制品 | 1855.11 | 287.11 | 2028.40 | 313.86 |
| 第十一类　纺织原料及纺织制品 | 19690.21 | 3047.39 | 2293.33 | 354.68 |
| 第十二类　鞋、帽、伞、杖、羽毛及制品 | 4734.08 | 732.68 | 499.01 | 77.06 |

续表

| 商品分类 | 出口 | | 进口 | |
|---|---|---|---|---|
| | 亿元 | 亿美元 | 亿元 | 亿美元 |
| 第十三类　石料、石膏、水泥、陶瓷制品 | 4430.48 | 685.65 | 823.43 | 127.36 |
| 第十四类　珍珠、宝石、贵金属及其制品 | 1892.85 | 293.25 | 4998.25 | 774.18 |
| 第十五类　贱金属及其制品 | 17074.36 | 2642.81 | 10018.65 | 1550.94 |
| 第十六类　机器、电气设备、录音机等 | 93424.88 | 14462.45 | 58143.08 | 8999.73 |
| 第十七类　车辆、航空器、船舶及运输设备 | 11240.84 | 1739.32 | 6710.84 | 1037.23 |
| 第十八类　光学、照相、仪器设备、乐器 | 6751.06 | 1044.89 | 7460.03 | 1154.57 |

数据来源：中国统计年鉴 2022

国际贸易商品结构（structure of international trade）指一定时期内各类商品或某种商品在整个国际贸易中的构成，通常以它们在实际出口总额中的比重表示。

**课堂讨论 1-4：**根据表 1-2 的 2021 年我国进出口贸易商品结构，说明主要顺差及逆差产品。

# 第三节　国际贸易分类

## 一、按标的物的性质分类

### （一）货物贸易

货物贸易（merchandise trade）也叫有形贸易（visible trade），指传统的商品进出口贸易。根据 2006 年《联合国国际贸易标准分类》修订版，货物贸易可分为 10 大类。

### （二）服务贸易

服务贸易（trade in services）也叫无形贸易（invisible trade），是指买卖一切不具备物质形态的商品的交换活动，主要指劳务、技术、旅游、运输、金融、保险等。服务贸易不经过海关办理手续，其金额不反映在海关统计上，但显示在一国国际收支表上。

## 二、按商品或服务移动方向分类

视频 1
国际贸易的分类

### （一）出口贸易

出口贸易（export trade）是指一国商人将本国所生产或加工的商品（劳务）输往国外市场进行销售，亦称输出贸易。

### （二）进口贸易

进口贸易（import trade）是指一国商人将外国生产或加工的商品（劳务）购进后，将其输入本国市场进行销售的交换活动，又称输入贸易。

### （三）过境贸易

过境贸易（transit trade）是指商品生产国与消费国之间进行商品买卖活动，其实物运输过程必须经过第三国国境，第三国要对此批货物进行海关监管，作为过境贸易加以统计。

### （四）复进口

复进口（re-import）是指本国商品输往国外，未经加工又输入国内，也称再进口。复进口在很大程度上与退货、资金断链相关。

### （五）复出口

复出口（re-export）是指外国商品经过结关进入国内后，未经加工改制又向外国出口。复出口在很大程度上同经营转口贸易有关。

## 三、按是否有第三国参与分类

### （一）直接贸易

直接贸易（direct trade）是指商品生产国与商品消费国不通过第三国进行买卖商品的行为。贸易的出口国方面称为直接出口，进口国方面称为直接进口。

### （二）间接贸易和转口贸易

间接贸易（indirect trade）和转口贸易（entrepot trade）是一件事物的两个方面，间接贸易指商品生产国与商品消费国通过第三国进行买卖商品的行为，间接贸易中的生产国称为间接出口国，消费国称为间接进口国，而第三国则是转口贸易国。

## 四、按统计标准分类

### （一）总贸易体系

总贸易体系（general trade system）是指以国境为标准划分的进出口贸易。凡进入国境的商品一律列为总进口；凡离开国境的商品一律列为总出口。

### （二）专门贸易体系

专门贸易体系（special trade system）是指以关境为标准划分的进出口贸易。只有从外国进入本国关境的商品以及从保税仓库提出进入关境的商品才列为专门进口。当外国商品进入国境后，暂时存放在保税仓库，未进入关境的，不列为专门进口。从国内运出关境的本国产品以及进口后未经加工又运出关境的商品，无论其是否离开国境，则可以计入专门出口。

## 五、按清偿方式的不同分类

### （一）现汇贸易

现汇贸易（cash-liquidation trade）又称自由结汇贸易，是用国际货币进行商品或劳务价款结算的一种贸易方式。

### （二）易货贸易

易货贸易（barter trade）是指商品交易的双方依据相互间签订的易货协定或易货合同，以货物经过计价作为结算方式，互相交换货物的一种交易行为。

### （三）协定贸易

协定贸易（agreement trade）是指两个国家（或地区）签订贸易协定，通过记账方式交易，不需要动用外汇，在一定时期内（通常为一年）进行结算。

## 六、按贸易方式不同分类

按贸易方式不同国际贸易可划分为包销、代理、寄售、招标、拍卖、商品交易所交易、加工贸易、补偿贸易、对销贸易、租赁贸易等。

### （一）加工贸易

加工贸易（processing trade）指利用本国的人力、物力或技术优势，从国外输入原材料、样品或图纸，在本国内加工制造或装配成成品后再向国外输出的，以生产加工性质为主的一种贸易方式。加工贸易包括：来料加工、来样加工和来件装配。

### （二）对销贸易

对销贸易（counter trade）又称“反向贸易”“互抵贸易”“对等贸易”等，出口方承诺从进口方购买等值或一定金额的商品或劳务，不用或少用外汇，使得贸易双方的进出口货款全部或部分抵消。

### （三）补偿贸易

补偿贸易（compensation trade）又称产品返销，指交易的一方在对方提供信用贷款的基础上，进口设备或技术，然后以该设备技术所生产的产品，分期抵付进口设备技术的价款及利息。

## 本章思维导图

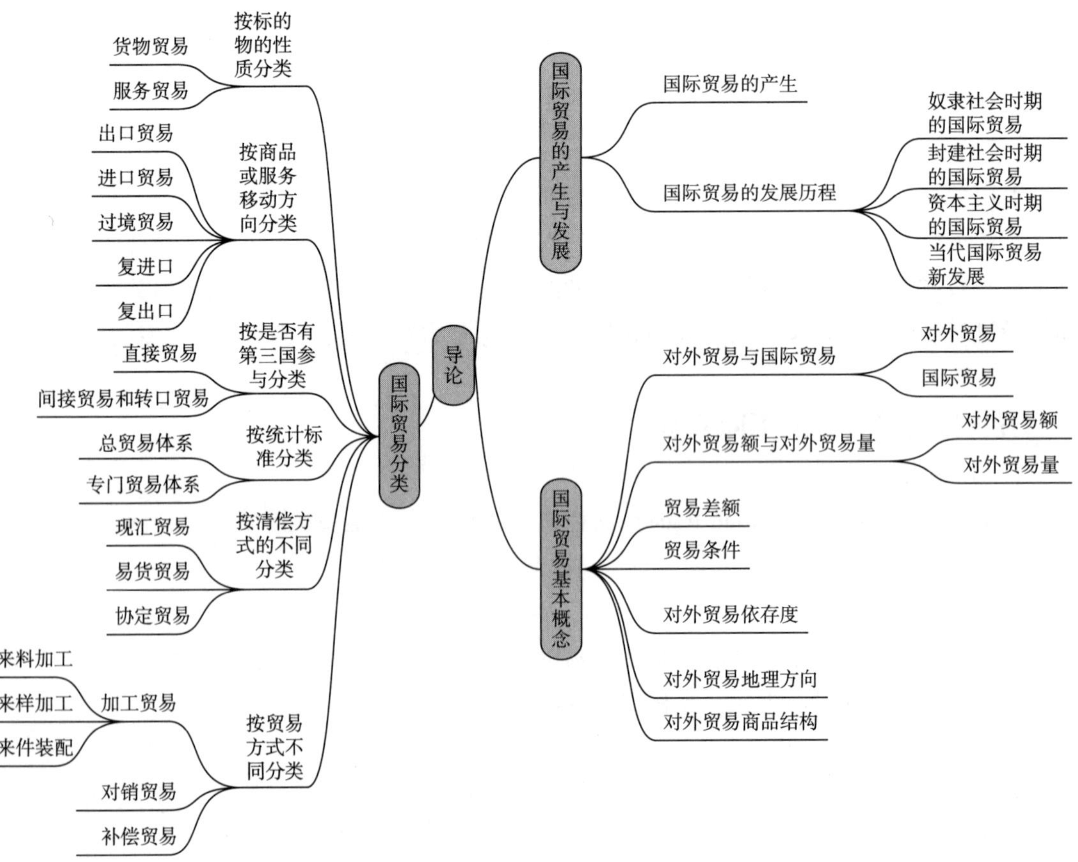

## 课后思考题

1. 什么是国际贸易？国际贸易与国内贸易有什么区别？

2. 简述国际贸易研究的对象。

3. 简述对外贸易地理方向的含义，查阅数据库说明我国某类纺织品服装的对外贸易地理方向。

4. 简述对外贸易商品结构的含义，查阅数据库说明我国与某国之间进出口贸易的商品结构。

5. 如果以2015年为基期（即2015年出口单位价格为100），2019年和2020年中国的出口价格指数分别为106.0和107.8，同期出口额分别为5933.2亿美元和7620.0亿美元，请通过计算贸易量来判断中国2020年相对于2019年出口实际规模的变动幅度。

6. 以2022年为基准年，某国进出口价格指数均为100，到2023年该国出口价格指数上涨了9%，进口价格指数下降了6%，计算其贸易条件变化。

## 答案

1. 国际贸易是指世界各国（或地区）之间在商品和服务方面的交换活动，它是各国（或地区）在国际分工的基础上相互联系的主要形式。国际贸易与国内贸易的区别主要体现在以下几个方面：

（1）范围：国际贸易是不同国家之间的商品和服务的交流，而国内贸易是一个国家内部进行的商品和服务的交流。

（2）跨国边界：国际贸易涉及跨越国际边界进行的交易，涉及国家间的货币、关税、法律等的差异，而国内贸易则在一个国家内进行，不涉及以上差异。

（3）市场规模：国际贸易具有更广阔的市场规模。

（4）交流方式：国际贸易需要通过国际运输、通信以及金融机构等多种方式进行交流和支付，而国内贸易则可以更方便地通过国内物流、邮政以及各种国内支付体系来进行。

（5）外汇：国际贸易涉及不同国家之间的货币交易，需要进行外汇的兑换和结算。

2. ①研究各社会历史发展阶段，特别是资本主义社会各发展阶段国际贸易发展的具体状况、形态、特点及其规律性。②研究国际分工与国际市场。③国际贸易理论与学说。④国际贸易政策、措施与管理。⑤主要国际贸易参与国对外贸易的理论与状况，包括发达国家与发展中国家对外贸易发展的特殊性。

3. 对外贸易地理方向是指一国出口商品的去向和进口商品的来源，反映一国与其他国家或区域集团之间经济贸易联系的程度，用市场占有率来计算，越高则说明联系越强。

4. 对外贸易商品结构是指一定时期内一个国家进、出口贸易中各种商品的构成。2023年，我国向美国出口最多的是机械电子类产品，占比41%；其次是纺织鞋服类产品，占比12.9%；第三是家具/灯具/玩具等杂项制品，占比12.6%。与出口一样，我国从美国进口最多的是机械电子类产品，占比 23. 4%；其次是农副食品类，占比 16. 7%；第三是能源类产品，占比 14%。

5. 2019 年的出口贸易量：5933. 2/1. 06=5597. 4（亿美元）

2020 年的出口贸易量：7620/1. 078=7068. 6（亿美元）

（7068. 6−5597. 4）/5597. 4=26. 3%

即 2020 年较 2019 年的出口贸易量增长了 26. 3%。

6. 以 2022 年为基准年，某国进出口价格指数均为 100，到 2023 年该国出口价格指数上涨了 9%，进口价格指数下降了 6%，计算其贸易条件变化。

2023 年贸易条件指数：

$$N = \frac{1 + 9\%}{1 - 6\%} \times 100\% = 116\%$$

说明 2023 年该国贸易条件改善。

# 第二章　国际贸易理论

## 教学目的与要求

向学生介绍不同历史时期的国际贸易理论，使学生了解国际贸易理论的产生与发展受不同历史发展阶段的影响，并从整体上把握贸易理论的演进过程，进而能够全面认识当代国际贸易理论发生和发展的诱因、过程和规律。

## 开篇导读

**孟加拉国计划与澳大利亚合作生产出口羊毛服装**

2023 年 12 月 15 日，孟加拉国《商业标准》报道，孟加拉国主要从中国、意大利或英国进口少量羊毛面料，用于生产高端服装并出口。然而，由于缺乏原材料，孟加拉国无法在这一产品领域发挥影响力。近期，世界上最大的羊毛生产国之一澳大利亚正在考虑将孟加拉国作为中国羊毛加工的替代国。孟加拉国商务部消息称，澳大利亚羊毛生产商协会首席执行官乔·霍尔带领的代表团于近期访问了达卡，会见了孟加拉国纺织厂协会（BTMA）代表及企业家。澳大利亚方表示愿意提供各种支持，开发孟加拉国羊毛加工的潜力。孟加拉国纺织厂协会表示，目前，澳大利亚是最大的羊毛生产国，他们 80% 的羊毛在中国加工。作为地缘政治转变的一部分，他们希望减少对中国的依赖，并考虑将孟加拉国作为替代选项。未来 5 年孟加拉国羊毛产品的出口额将从现在的 1 亿美元增至 10 亿美元。

来源：中国纺织经济信息网

国际贸易理论试图解释为什么会有国际贸易，国际贸易应当以什么样的方式进行，作为国际贸易的参与国，贸易给一国带来什么样的利益或损害等。国际贸易理论的发展源于批判重商主义，经过亚当·斯密、大卫·李嘉图、李斯特以及当代的克鲁格曼、杨小凯等人的逐步完善已经建立起相对完备的经济学体系，并不断应用于实际。从理论脉络上来划分，国际贸易理论的发展经历了古典、新古典、新贸易理论以及新兴古典国际贸易理论四个阶段。

古典和新古典国际贸易理论以完全竞争市场等假设为前提，强调贸易的互利性，主要解释了产业间贸易。第二次世界大战后，以全球贸易的新态势为契机，新贸易理论应运而生，从不完全竞争、规模经济、技术进步等角度解释了新的贸易现象。新兴古典国际贸易理论则以专业化分工来解释贸易，力图将传统贸易理论和新贸易理论统一在新兴古典贸易理论的框架之内。

PPT2. 1
古典贸易理论

# 第一节　古典贸易理论

19 世纪中叶，英国在世界上确立了“世界工厂”的地位。随着英国资本主义的迅速发展，新兴资产阶级要求扩大对外贸易，扩大海外市场和原料来源，而重商主义的贸易理论和政策限制了新兴资产阶级的利益，所以英国新兴资产阶级迫切要求废除重商主义的贸易保护政策，实行自由贸易。

## 一、亚当·斯密的绝对优势学说

亚当·斯密（Adam Smith，1723—1790），英国著名经济学家，其代表作是《国民财富的性质和原因的研究》（简称《国富论》），为古典经济学的建立打下了理论基础。

斯密认为人的本性在于追求自身利益，对利益的追逐产生物品交换的需要，进而产生劳动的分工，分工使每一种物品的生产都趋向专业化从而使劳动生产率提高。根据绝对优势理论，参与国际贸易的国家应该生产自身具有绝对优势的产品并在国际市场进行贸易以获得比自身生产更多的利益。为了说明这一理论，亚当·斯密举出下面例子：假定英国和葡萄牙两国都生产葡萄酒与毛呢，生产情况见表 2-1。

表 2-1　分工前两国的生产情况

| 国家 | 葡萄酒产量/单位 | 所需劳动人数/(人·年) | 毛呢产量/单位 | 所需劳动人数/(人·年) |
|---|---|---|---|---|
| 英国 | 1 | 120 | 1 | 70 |
| 葡萄牙 | 1 | 80 | 1 | 110 |

亚当·斯密认为，各国因地域和自然条件不同而形成的商品成本的绝对差异是国际贸易发生的原因。一国出口那些在本国进行生产有效率的商品，进口那些在国外进行生产有效率的商品，该国就会取得贸易利益。表 2-1 中，英国在毛呢生产上显然具有绝对优势，葡萄牙在生产葡萄酒上也具有绝对优势，在这种生产模式下，两国可以进行国际分工、国际交换，对两国都有利。分工后两国葡萄酒和毛呢的生产情况见表 2-2。

表 2-2　分工后两国的生产情况

| 国家 | 葡萄酒产量/单位 | 所需劳动人数/(人·年) | 毛呢产量/单位 | 所需劳动人数/(人·年) |
|---|---|---|---|---|
| 英国 | — | — | 2. 7 | 190 |
| 葡萄牙 | 2. 375 | 190 | — | — |

分工后，两国均以各自的绝对优势产品进行生产并交换，即英国用毛呢与葡萄牙的葡萄酒以 1∶1 的比例相交换。交换后两国拥有产品的情况见表 2-3。

**表 2-3 交换后两国拥有产品的情况**

| 国家 | 葡萄酒产量/单位 | 毛呢产量/单位 |
| --- | --- | --- |
| 英国 | 1 | 1.7 |
| 葡萄牙 | 1.375 | 1 |

与分工前相比，英国多获得了 0.7 单位的毛呢，而葡萄牙多获得了 0.375 单位的葡萄酒。所以国际贸易可以提高两国的产品总量。

绝对优势学说的创立有三个方面的意义。第一，它解释了国际贸易产生的原因，即各国不同的自然禀赋和生产条件使各国对同种商品的生产具有不同的绝对成本，一国如果在某种产品生产上具有比别国高的劳动生产率，该国在这一产品上就具有绝对优势；第二，它指明国际贸易能给参与到其中的国家带来比自给自足更大的利益；第三，它指出了自由贸易的必要性，既然一国可以通过国际贸易取得更多的利益，那么就应该自由贸易。

## 二、大卫·李嘉图的比较利益学说

大卫·李嘉图（David Ricardo，1772—1823），英国著名经济学家，资产阶级经济学古典学派的主要奠基人之一。其代表作是《政治经济学及赋税原理》。李嘉图的比较利益学说是对斯密的绝对优势学说的重大发展。

亚当·斯密的绝对优势学说的前提是两个国家、两种商品，贸易双方必须各有一种具有绝对优势的商品，通过贸易可取得绝对利益。但是如果一个国家连一个成本优势的商品都没有，而另一个国家两种商品都具有成本优势，那么双方还会发生贸易吗？这正是比较利益学说要回答的问题。

李嘉图认为：如果两个人都能制作鞋和帽，其中甲在两种职业上都比乙强些，不过制帽时只强 1/5（20%），而制鞋时强 1/3（33%），那么甲专门制鞋而乙专门制帽，这样对双方都有利。对两个国家来讲，即使一个国家的各个行业的生产都缺乏效率，而另一个国家各个行业的生产都有效率，通过国际贸易两国都可获得更大利益。

例如，生产同样 1 单位的葡萄酒，葡萄牙需要 80 人，英国需要 120 人；生产同样 1 单位毛呢，葡萄牙需要 90 人，英国需要 100 人。生产情况见表 2-4。

**表 2-4 分工前两国的生产情况**

| 国家 | 葡萄酒产量/单位 | 所需劳动人数/（人·年） | 毛呢产量/单位 | 所需劳动人数/（人·年） |
| --- | --- | --- | --- | --- |
| 英国 | 1 | 120 | 1 | 100 |
| 葡萄牙 | 1 | 80 | 1 | 90 |

从葡萄牙方面看，两种商品生产都比英国效率高、成本低，但是低的程度不同。毛呢的成本相当于英国的 90%（90/100），而酒的成本相当于英国的 67%（80/120）。可见，葡萄牙生产酒的效率相对更高些，而英国生产毛呢的效率相对高一些。

如果两国都生产具有相对优势的产品，即葡萄牙把全部劳动力都用来生产酒，英国把全部劳动力都用来生产毛呢，各自发挥相对优势，就可以使两种产品的产量都得到增加，见表 2-5。

**表 2-5 分工后两国的生产情况**

| 国家 | 葡萄酒产量/单位 | 所需劳动人数/（人·年） | 毛呢产量/单位 | 所需劳动人数/（人·年） |
|---|---|---|---|---|
| 英国 | — | — | 2.2（220/100） | 220 |
| 葡萄牙 | 2.125（170/80） | 170 | — | — |

分工前，两国共生产 2 个单位的毛呢和 2 个单位的酒。分工后，葡萄牙把 170 个劳动力都用来生产酒，则生产 2.125 个单位；英国把 220 个劳动力都用来生产毛呢，则生产 2.2 个单位；两种产品的产量分别从原来的 2 个单位提高了。假设两国的交换比价为 1∶1，那么交换后两国的消费情况见表 2-6。

**表 2-6 交换后两国的消费情况**

| 国家 | 葡萄酒产量/单位 | 毛呢产量/单位 |
|---|---|---|
| 英国 | 1 | 1.2 |
| 葡萄牙 | 1.125 | 1 |

可见，分工后，两国的劳动投入并没有增加，但是两种产品的总量却增加了，两国进行交换，双方都得到了比较利益。

李嘉图的比较利益学说说明了自由贸易的必要性，即只有在自由贸易下才能享受贸易利益，不仅拥有绝对优势的国家，拥有相对优势的国家也可以从国际贸易中获得比自身生产更多的利益，为现实中此类国际贸易提供了理论依据。

李嘉图比较优势学说的局限性主要有体现在三个方面：一是比较优势对国家间贸易的分析是静态的，它只能总结某一时间点上国家间贸易的优势所在，无法分析比较优势随着经济和社会发展可能会产生的变化。二是比较优势理论只以生产商品所需劳动时间为投入要素，忽视了各国的自然禀赋和技术条件等其他因素可能会影响到比较优势。三是比较优势没有说明国际贸易中利益的分配问题，即贸易双方以什么样的比例分配贸易利益。事实上，这样的国际分工是不存在的。李嘉图的主张只是有利于当时英国这个“世界工厂”的利益。

**课堂讨论 2-1**：绝对优势理论和比较优势理论都只考虑了劳动投入，实际生产中的投入要素有哪些？

# 第二节　新古典贸易理论

PPT2.2
新古典贸易理论

## 一、赫—俄的要素禀赋理论

赫—俄理论是瑞典著名经济学家伊·菲·赫克歇尔（Eli F Heckscher，1879—1959）和戈特哈德·贝蒂·俄林（Bertil Gotthard Ohlin，1899—1979）创立的国际贸易理论。赫克歇尔于1919年发表了题为《对外贸易对收入分配的影响》的著名论文，提出了要素禀赋论的论点。俄林继承了他的导师赫克歇尔的论点，于1933年出版了《域际贸易和国际贸易》一书，创立了要素禀赋理论，也叫赫—俄理论或新古典贸易理论。

赫—俄理论从要素禀赋结构差异以及由这种差异所导致的要素相对价格在国际间的差异方面来寻找国际贸易发生的原因，克服了李嘉图模型中只有一种生产要素投入的假定局限，是对比较利益学说的重大发展。

### （一）赫—俄理论的几个概念

（1）生产要素：生产过程中必须使用的主要因素，如土地、劳动、资本、企业家才能等。

（2）要素价格：生产要素的使用费用或要素的报酬，如土地的租金、劳动者的工资、资本的利息、管理的利润等。

（3）要素禀赋：要素禀赋是指一国所拥有的两种生产要素的相对比例，通常用“丰裕”和“稀缺”来说明要素的丰缺程度。这是一个相对的概念，与生产要素的绝对数量无关。例如，美国无论在资本存量，还是在劳动力绝对数量上，都远远高于瑞士和墨西哥这两个国家。但与瑞士相比，美国的人均资本存量低于对方，因此相对于瑞士而言，美国属于劳动丰富的国家。如果拿美国与墨西哥相比，则美国的人均资本存量高于墨西哥的水平，因此美国与墨西哥相比，属于资本丰富的国家。

（4）要素密集度：在产品生产中如果某种要素投入的比例大，则这一产品的该要素密集度程度就高。例如，纺织业生产中投入的劳动力要素比例大，称纺织品为劳动力密集型产品；计算机生产中投入的资本要素相对较高，称计算机为资本密集型产品。

### （二）赫—俄理论的主要内容

#### 1. 贸易的基础

生产要素禀赋差异导致要素相对价格不同，是国际贸易发生的根本原因。如A、B两国在贸易前由于要素禀赋的不同，导致了供给能力的差异，进而引起商品相对价格的差异。同一种商品在A、B两国的价格不同，就会从价格低的国家向价格高的国家流动，导致国际贸易发生。

#### 2. 贸易的产品

生产中投入更多廉价要素的商品相对便宜，生产中投入更多高价要素的商品相对昂贵，因此各国应该出口那些密集使用本国丰裕资源的商品，进口那些密集使用本国稀缺资源的商品。如果一国劳动力相对丰裕，资本相对稀缺，就应该出口劳动密集型产品，进口资本密集型产品；相反，如果一国资本相对丰裕，劳动力相对稀缺，就应该出口资本密集型产品，进口劳动密集型产品。例如，中国出口劳动密集型的服装和纺织品、鞋帽、玩具和箱包等轻工业产品，对于促进我国外贸的发展、解决就业都起到了重要的作用。

**课堂讨论 2-2**：根据要素禀赋理论，我国目前劳动力价格上涨，劳动力相对稀缺的原因是什么？

### （三）对赫—俄理论的评价

（1）赫—俄理论是对比较利益学说的重大发展。它最先从生产要素角度分析国际分工和国际贸易发生的原因。

（2）赫—俄理论正确地分析了生产要素在各国进出口中的作用。认为在国际竞争中，土地、劳动力、资本、技术等要素的结合是构成一国商品价格的重要因素，对一国的对外贸易产生重大影响。

（3）赫—俄理论的主要缺陷是：该理论是建立在一系列假定条件的基础上的，而这些假定条件都是静态的，忽视了它们的动态变化；掩盖了资本主义生产关系对国际分工和国际贸易的影响；忽视了科学技术在国际分工和国际贸易中的作用。

## 二、里昂惕夫之谜

华西里·里昂惕夫（Vassily W. Leontif，1906—1999），美国经济学家，投入产出经济学的创始人，诺贝尔经济学奖的获得者，其代表作有《投入—产出经济学》和《生产要素比例和美国的贸易结构：进一步的理论和经济分析》等。

### （一）里昂惕夫之谜的提出

在20世纪40~50年代，与其他国家相比，美国是一个资本要素丰裕而劳动力要素稀缺的国家，根据赫—俄的要素禀赋理论，美国应该出口资本密集型产品，进口劳动密集型产品。为了验证赫—俄理论的正确性，1953年里昂惕夫用投入—产出分析法对1947年美国200个行业的对外贸易商品结构进行了分析。他把生产要素分为资本和劳动力两种，计算出每百万美元的出口商品和进口替代商品中所含的国内资本与劳动量及其比例。计算结果见表2-7。

**表 2-7 每百万美元的美国出口部门和进口替代部门对国内资本与劳动力的需求量（1947 年）**

| 要素 | 出口部门 | 进口替代部门 |
|---|---|---|
| 资本（$K$）/美元 | 2550780 | 3091339 |
| 劳动力（$L$）/（人·年） | 182313 | 107004 |
| 资本/劳动力（$K/L$） | 13.991 | 18.185 |
| （进口替代部门 $K/L$）/（出口部门 $K/L$） | 1.30 | |

从表2-7可以看出，1947年美国进口替代部门的资本与劳动力比率与出口部门的资本劳动力比率之比为1.30。该结果表明，美国进口替代部门的资本密集程度反而高于出口部门的

资本密集程度，即美国参与国际分工是建立在劳动密集型生产专业化的基础上，而不是建立在资本密集型生产专业化的基础上。为什么会出现这种与要素禀赋理论相矛盾的现象？经济学界认为这是一个谜，所以里昂惕夫之谜也叫里昂惕夫悖论。

里昂惕夫于 1956 年用同样的方法，对美国 1951 年的贸易结构再次进行了检验，结果与第一次相同，检验结果见表 2-8。

**表 2-8　每百万美元的美国出口部门和进口替代部门对国内资本与劳动力的需求量（1951 年）**

| 要素 | 出口部门 | 进口替代部门 |
|---|---|---|
| 资本（$K$）/美元 | 2256800 | 2303400 |
| 劳动力（$L$）/（人·年） | 17391 | 16781 |
| 资本/劳动力（$K/L$） | 129. 77 | 137. 26 |
| 进口替代部门（$K/L$）/出口部门（$K/L$） | 1. 06 | |

从表 2-8 可以看出，1951 年美国平均每人进口替代部门的资本劳动比率与出口部门的资本劳动比率之比是 1. 06。这一研究结果再次证明美国出口商品具有劳动密集型特征，而进口替代商品则具有资本密集型特征。

里昂惕夫之谜激发了一些经济学家对其他国家的贸易结构进行研究，其研究结果证明其他国家也存在类似情况。于是对里昂惕夫之谜，西方经济学界提出了各种各样的解释。

### （二）对里昂惕夫之谜的几种解释

里昂惕夫之谜引起了西方经济学界的极大关注，解释里昂惕夫之谜的学说主要有以下几种。

#### 1. 劳动效率说

劳动效率说最先由里昂惕夫提出，他认为各国劳动生产率差异很大，如美国工人的劳动生产率大约是其他国家的 3 倍，因而在计算美国工人人数时必须将美国工人人数乘以 3。这样与其他国家相比，美国就成了劳动力要素丰裕而资本要素相对稀缺的国家。所以美国出口劳动密集型产品、进口资本密集型产品就理所当然，于是里昂惕夫之谜就不存在了。

后来，美国经济学家基辛对这一问题进一步加以研究，得出结论：资本要素丰裕的国家倾向于出口熟练劳动密集型商品，而资本要素稀缺的国家倾向于出口非熟练劳动密集型商品。美国工人熟练程度较高，因而进口熟练劳动密集型商品比重最低，而进口非熟练劳动密集型商品比重最高。印度的工人非熟练程度最高，因而进口非熟练劳动密集型商品比重最低，而进口熟练劳动密集型商品比重较高。这表明发达国家在生产熟练劳动密集型商品方面具有比较优势，而发展中国家在生产非熟练劳动密集型商品方面具有比较优势。因此，熟练程度不同而导致的劳动生产率不同是国际贸易发生和发展的一个重要原因。

#### 2. 人力资本说

人力资本说是由美国经济学家凯南、肯林等提出的。他们把资本分为物质资本和人力资本。人力资本主要是指一国用于职业教育、技术培训等技能劳动的投入。人力资本投入，可以提高劳动者的劳动技能和知识水平，提高劳动生产率。如果将人力资本加入美国出口部分的物质资本，则出口部门即为资本密集型部门，那么美国出口的仍然是资本密集型产品。这个结论是符合赫—俄理论的。

**3. 要素密集度逆转理论**

要素密集度逆转是指生产的某种商品，在劳动力相对丰富的国家中属于劳动密集型产品，但在资本相对丰富的国家中则属于资本密集型产品。因为两国要素存在价格差异，一种商品在 A 国属于资本密集型，而在 B 国则属于劳动密集型。即一种商品的要素密集类型在国家之间发生逆转。要素密集度的逆转使对于出口国是劳动密集型的商品在进口国被错误地统计为资本密集型，从而出现里昂惕夫之谜。

**4. 需求逆转理论**

本国对密集使用本国丰裕要素的商品具有强烈的需求偏好，例如，一个资本相对充裕的国家，国内需求偏向资本密集型产品，其贸易结构就可能是出口劳动密集型产品，进口资本密集型产品，这与里昂惕夫对美国的投入产出部门的解释相符。

**5. 新要素贸易学说**

新要素贸易学说认为，除了传统贸易理论在分析国际贸易时考虑的要素（如劳动、资本和土地）外，还有其他的生产要素对比较优势起着重要的作用，这些要素是人力资本、研究开发、规模经济和管理等。依据要素禀赋学说，拥有丰裕的新要素，可以出口新要素密集型产品。

### （三）对里昂惕夫之谜的评价

（1）里昂惕夫之谜是西方国际贸易理论发展史上的一个里程碑。里昂惕夫对传统的资源禀赋理论的验证，把统计学运用于经济理论分析，是一种创新，具有重大理论意义。

（2）里昂惕夫的检验结果彻底动摇了人们的思维定式。里昂惕夫的验证结果引起了西方经济学家的极大兴趣，引发了持续一代人的争论。从不同的角度提出了各种各样的解释，深化了对赫—俄理论的认识。

（3）以里昂惕夫为界限，之前是传统国际贸易理论，之后是新国际贸易理论。里昂惕夫之谜说明传统的贸易理论存在着理论与实际不符的严重缺陷，这个“谜”的提出，引起了对经济理论的广泛关注，促进了国际贸易理论的发展。

（4）里昂惕夫之谜的历史局限性主要表现在研究对象和研究内容方面。它的研究对象只有美国一个国家，研究内容只涉及资本和劳动两个要素，使复杂的国际贸易过程过分简单化，从而使里昂惕夫之谜的科学性、实用性和普遍性大打折扣。

## 第三节　新贸易理论

PPT2. 3
新贸易理论

20 世纪 60 年代以来，科技革命的迅速发展，使世界经济状况、国际分工和国际贸易都发生了巨大变化。传统的国际分工和国际贸易理论显得越来越脱离现实，暴露出明显的理论缺陷和矛盾，有的理论甚至已不适用。在这种情况下，一些西方经济学家便试图用新的学说来解释国际分工和国际贸易中出现的某些问题。尤其到20世纪70年代后期，对国际贸易理论的研究发展迅速，克鲁格曼、迪克西特、诺曼、赫尔普曼等经济学家不断尝试把新的理论应用到新古典贸易理论中来解释现代国际贸易现象，逐渐形成新贸易理论。其中，美国经济学家保罗·克鲁格曼是新贸易理论的代表人物。

## 一、产品生命周期理论

产品生命周期理论（product life cycle theory）是美国经济学家雷蒙德·弗农（Raymond Vernon，1913—1999）提出来的。他认为产品的生命周期经历四个阶段：导入期、成长期、成熟期和衰退期。在产品生命周期的不同阶段，一国的出口和进口是不同的，并根据产品各生命周期各阶段的特点，提出了不同产品生命周期的贸易模式。同时，弗农把贸易国区分为三类：出口新产品的创新国（如美国）、工业发达国家（如欧洲工业国及日本）、某些发展中国家。

（1）导入期：新产品开发出来并居于生产垄断和出口垄断的地位，生产厂商数量少，没有相近的替代品，新产品价格较高。在这个阶段，新产品由发明国占据优势地位，供应本国需要。

（2）成长期：产品通过试销效果良好，购买者逐渐接受该产品，产品在市场上站住脚并且打开了销路。在国内市场饱和以后，出口到国外市场。

（3）成熟期：产品进入大批量生产并稳定地进入市场销售，经过成长期之后，随着购买产品的人数增多，市场需求趋于饱和。国外技术水平相近的国家模仿并有部分出口。

（4）衰退期：产品在市场上逐渐被淘汰，需求下降。技术相对比较落后的发展中国家也掌握了该项产品的生产技术，满足本国市场需要，代替进口，进而成为该产品的主要出口国，之后产品进入衰退期。

上述四个阶段，产品要素密集型不同，技术先进程度不同，产品所属类型不同，因而使得各种不同类型的国家在产品的不同阶段具有不同的比较利益，而且，这种比较利益将从创新产品生产国逐渐转移到其他发达国家再到发展中国家。

**课堂讨论 2-3**：讨论复印机的产品生命周期，以及在不同产品生命周期的主要进出口国家和地区。

## 二、需求偏好相似理论

视频2 需求偏好相似理论

需求偏好相似理论（theory of demand preference similarity）是由瑞典经济学家林德（Staffan B. Linder）于1961年在其论文《论贸易和转变》中提出的，也称重叠需求理论或代表性需求重复理论。

林德认为，国际贸易是国内贸易的延伸，产品的出口结构、流向及贸易量的大小决定于本国的需求偏好，而一国的需求偏好又决定于该国的平均收入水平或代表性收入水平。

林德认为，人均收入水平较低的国家，选择消费品的质量也较低；人均收入水平较高的国家，选择消费品的质量也较高。人均收入水平越相似，两国消费偏好和需求结构越相近，产品的适应性就越强，贸易关系就越密切，如图 2-1（a）所示。但如果两个国家收入水平差距很大，该产品也不能成为贸易品，如图 2-1（b）所示。

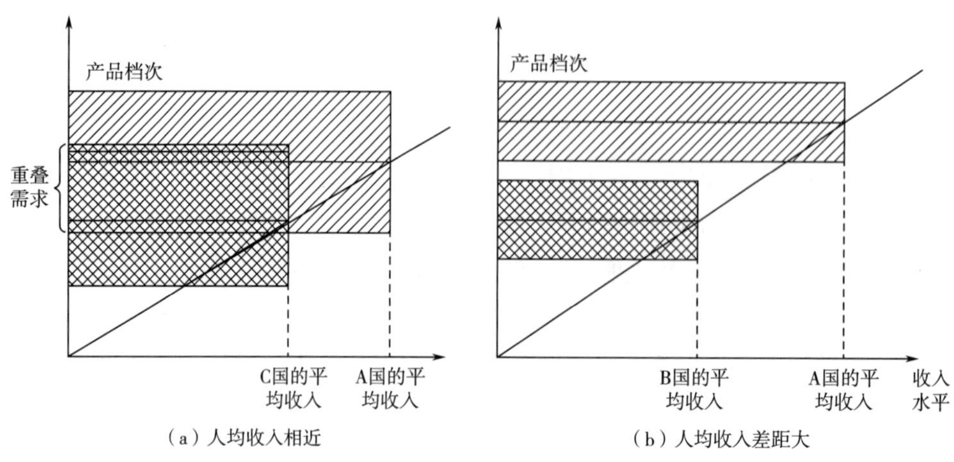


图 2-1　收入差距与重叠需求

此外，需求偏好相似理论还强调了需求对产品创新的影响。一种新产品首先在国内被生产出来的原因是国内市场上存在对该产品的需求，这种需求促使企业发明创造和生产新产品。当国内市场大到可以使新产品达到规模经济的生产量时，该产品才会被出口到其他国家。在这种情况下，第一个生产该种产品的国家与其贸易伙伴之间的需求偏好越相似，其潜在的贸易量就越大。

总的来说，需求偏好相似理论从需求的角度出发，强调了需求偏好和需求结构在国际贸易中的重要作用，该理论是解释发达国家之间产业内贸易现象的代表性理论之一。

## 三、产业内贸易理论

随着世界经济的发展和国际经济市场的扩大，针对发达国家之间的贸易不是工业制成品和初级产品之间的贸易，而是产业内同类产品的相互交换，即产业内贸易（intra-industry trade theory）。这一现象传统的国际贸易理论是无法解释的。加拿大格鲁贝尔（H. G. Grubel）和澳大利亚劳埃德（P. J. Lloyd）在 1975 年出版的《产业内贸易：差别化产品国际贸易的理论与度量》中系统提出了产业内贸易理论。

### （一）产业内贸易的概念及特点

格鲁贝尔等认为，当代国际贸易结构大致可以分为两类：一类是不同产业之间的贸易，即产业间贸易（inter-industry trade），如一国生产的工业品和另外国家生产的农产品进行交易。另一类是产业内部同类产品之间的贸易，即产业内贸易（intra-industry trade），是指一个国家或地区在一段时间内，同一产业部门的产品既进口又出口的现象。

产业内贸易具有以下特点：

（1）产业内贸易的产品流向是双向性的，即在同一产业内，产品在发生进口贸易的同时也会发生出口贸易。

(2) 产业内贸易的产品具有多样化的特点，既有劳动密集型产品也有资本密集型产品；既有标准技术产品，也有高技术产品。

(3) 产品必须具备两个条件才能进行产业内贸易，一是在消费上能够相互替代，尽管在外形和性能上存在差异，品牌也不相同。二是在生产上需要投入相近或相似的生产要素，所以各国的生产要素禀赋越是相似，它们就越具有产业内贸易的基础。

**(二) 产业内贸易指数**

产业内贸易指数是用来测度一个产业的产业内贸易程度的指数，是指同产业中双方国家互有贸易往来，在统计数据上显示同一类商品同时存在进口和出口的数额，表明在该产业有着互补性的贸易需求。

巴拉萨（B. Balassa）曾经对产业内贸易现象做过统计研究，并提出测量产业内贸易重要性程度的指标：产业内贸易指数（index of intra-industry trade，IIT）。其计算公式为：

$$T = 1 - \frac{|X - M|}{X + M} \tag{2-1}$$

式中：$X$ 和 $M$ 分别为某一特定产业或某一类商品的出口额和进口额，并且对 $X-M$ 取绝对值。$T$ 的取值范围为 [0, 1]，$T=0$ 时，表示没有发生产业内贸易；$T=1$ 时，表明产业内进口额与出口额相等；$T$ 值越大说明产业内贸易程度越高。

**课堂讨论 2-4**：查阅数据，分析目前我国产业内贸易程度较高的商品品种有哪些，并讨论原因。

## 四、国家竞争优势理论

国家竞争优势是指一国产业和企业持续以较低价格向国际市场提供高质量的产品，占有高市场份额并获取利润的能力。国家竞争优势理论（national competitive advantage theory）也称产业竞争力理论，是由哈佛商学院著名学者迈克尔·波特（Michael E Porter，1947—）教授提出的。

波特在《国家竞争优势》一书中提出全球竞争讨论的是为什么某个国家在某个产业特别具有竞争力，进而提出了国家竞争优势的“钻石模型”。波特的钻石模型包括四种决定因素和两种外部力量。四种决定因素包括要素条件，国内需求状况，相关产业及支持产业，公司战略、结构和竞争，两种外部力量是机遇和政府，如图 2-2 所示。

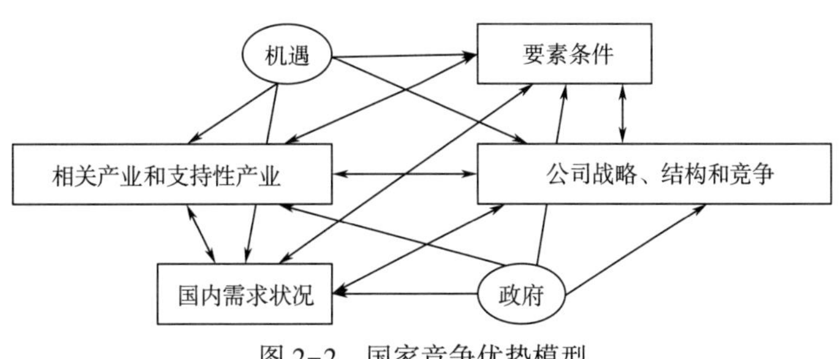


图 2-2　国家竞争优势模型

**1. 要素条件**

要素条件是指一国拥有的生产要素情况，要素可以归为下列几大类：人力资源、物质资源、知识资源、资本资源以及基础设施。要素可分为初级要素和高级要素、专门要素和一般要素。靠初级要素获得的竞争优势难以持久，而高级要素才能获得持续的竞争优势。高级要素资源相对稀缺，在全球市场上较难获得。同样，专门要素比一般要素更能为国家提供持久的竞争优势。

**2. 国内需求状况**

国内需求对竞争优势最重要的影响是通过国内买主的结构和买主的性质实现的。不同的国内需求使公司对买方需求产生不同的看法和理解，并做出不同的反应。

(1) 讲究、挑剔的买主。最讲究、最挑剔的买主可使一个国家的公司获得竞争优势。此外，讲究、挑剔的买主往往会给国内公司施加压力，使其在产品质量、性能和服务方面都建立起高标准。

(2) 前瞻性的买方需求。国内领先需求可使公司先意识到国际需求的到来，该国的公司便更能获得竞争优势。

(3) 国内独立的买主数量、需求的增长速度、需求的规模以及市场饱和的时间也会对一国公司的竞争优势产生影响。

**3. 相关产业和支持性产业**

支持性产业主要是指为主导产业提供原料、中间配套产品以及物流、销售等产业部门。支持性产业能够为主导产业提供所需的原材料、零部件、机械设备等，帮助主导产业快速适应市场需求变动，降低成本，提高竞争优势。

相关产业是指因共用某些技术、共享同样的营销渠道或服务而联系在一起的产业或具有互补性的产业。相关产业可以合作、分享信息，形成相关产业在技术、流程、销售、市场或服务商的竞争优势。一个国家如果有许多相互联系的有竞争力的产业，该国便很容易产生新的有竞争力的产业。

**4. 公司战略、结构和竞争**

公司战略、结构和竞争包括公司建立、组织和管理的环境以及国内竞争的性质。不同国家的公司在目标、战略和组织方式上都大不相同。国家优势来自对它们的选择和搭配。

**5. 机遇**

机遇包括重要的新发明、重大技术变化、投入成本的剧变（如石油危机时）、外汇汇率的重要变化、突然出现的世界或地区需求、战争等。

**6. 政府**

政府可以通过补贴、对资本市场加以干预、制定教育政策等影响要素条件，或通过确定地方产品标准、制定规则等影响买方需求；政府也能以各种方式决定相关产业和支持性产业的环境，影响企业的战略、结构、竞争状况等。但由于政府的影响主要是通过对四种决定因素的影响实现的，所以它没有被归入决定因素。

在上述六种因素中，前四种因素是国家竞争优势的决定因素，其情况如何直接导致国家竞争地位的变化；后两种因素对国家的竞争优势产生影响。六种因素的每一个都可单独发生作用，但又同时对其他因素产生影响。各个因素结合成一个有机体系，共同作用决定国家的竞争优势。

## 五、新经济地理学理论

"新经济地理学"是以美国经济学家保罗·克鲁格曼（Paul Krugman）和迈克尔·波特（Michael E. Porter）为首的经济学家提出的。在《地理和贸易》和《发展、地理和经济理论》等著作中，克鲁格曼基于国际贸易发生在要素禀赋相似的国家之间的事实，构建了一种即使没有比较优势的国家也会以提高福利为目的而进行贸易的模型。通过描述经济活动集聚的向心力和使经济活动分散的离心力，揭示经济活动的地理结构和空间分布如何在这两种力量的作用下形成集聚以及其微观基础决定因素。

目前，新经济地理学主要包括核心—边缘理论、城市与区域演化理论和产业集聚与贸易理论。

**1. 核心—边缘理论**

在新贸易理论的报酬递增说的基础上，克鲁格曼通过离心力和向心力解释了报酬递增、运输成本和要素流动之间如何相互作用并最终演变出完全不同的经济结构。离心力来源于某种固化效应存在而导致交易成本增大，向心力则主要取决于激励劳动者更接近消费品生产商的"前向联系"以及激励生产者集聚在较大市场的"后向联系"。当运输成本足够低、产品差异性显著和生产规模足够大的前提条件下，"前向"和"后向"关联足以克服非流动性农民产生的离心力，经济将会演化成"中心—外围"模式，即所有制造业都集中在一个地区。

**2. 城市与区域演化理论**

克鲁格曼在冯·杜能（Von Thünen）的基础上建立了动态多区域模型，将城市定义为被农业腹地包围的制造业集中地，并且抽象为空间结构均衡的等距离分布的集聚点。藤田昌久（Fujita Masahisa）和克鲁格曼发现由于人口的不断增加，导致腹地外部延伸并且远离中心城区，从而形成了众多新的城市。随着农业、工业运输成本的相对下降，则可能最终形成由大的核心城市组成的大都市群。

**3. 产业集聚与贸易理论**

新经济地理学把研究重点从集聚资源转到特定产业的地域集聚，并进一步从产业之间的关联、运输成本和要素的流动性来研究产业集聚与贸易。克鲁格曼认为，一方面产业集聚依赖于在该产业商品上的支出（包括中间投入等商品支出），一个较大规模的产业则恰恰能提供该产业的较大市场，商品生产者则被激励到上游产业区布局生产。另一方面，由于外部规模经济的存在，具有较大规模产业的地区将为最终商品的生产者提供多种中间投入品，降低该产业的最终商品的成本，激励中间产品的生产者在所控制的最大市场内布局生产。所以，在特定的地域，"前向关联"和"后向关联"效应可以产生一种专业化过程，是促进产业聚集和区域专业化发展的两种力量。

**课堂讨论 2-5：**列举目前比较成型的纺织服装产业集群，说明内部的主要产业链。

# 第四节　新兴古典国际贸易理论

PPT2.4　新兴古典国际贸易理论

新兴古典贸易理论（emerging classical trade theory）又称内生贸易理论，出现于20世纪末期，主要创立者是华裔经济学家杨小凯。该学派认为，各种经济现象都是劳动分工的内生演进引起的，贸易作为劳动分工的一个侧面，也可以从分工角度进行解释。

新兴古典贸易理论的关键假设是经济中的每个个体都既是生产者又是消费者。由于每个个人、厂商，甚至国家都不可能囊括所有商品的生产，因此生产者之间存在分工，这为贸易的产生提供了必要条件。同时也注意到了交易费用的存在，当交易费用大于专业化经济时，贸易不能产生。因此无论国内贸易还是国际贸易，都是折中专业化经济与节省交易费用之间冲突的结果。当分工产生的专业化经济大于进行贸易所需花费的交易成本时，贸易产生。所以分工与专业化经济大于交易成本是贸易产生的必要条件，二者缺一不可。随着社会经济的发展，交易效率在不断提高，交易所需的成本不断下降，分工经济的优势更加突出，又会促进商品生产的专业化程度的提高，从而使福利水平提高。

新兴古典国际贸易理论的进步性主要体现在三个方面。第一，新兴古典贸易理论以内生比较优势为依托，与古典贸易理论的外生比较优势形成对比，但又以之为基础。相比静态的古典贸易理论分析，新兴古典贸易理论以专业化经济为基础。对贸易产生的原因进行了探讨，并在此基础上对产品和市场的相关问题做了动态分析。动态分析使理论更加接近现实，增加了对现实的适用性和解释能力。第二，新兴古典贸易理论是现实化的理论，它以专业化经济和交易成本为衡量标准，为现实经济的运行提供理论依据，同时也为管理者对贸易选择相关决策的制定提供指导，以在分工经济和交易成本的矛盾之中找到平衡点，使经济的运行更加稳定和高效。第三，新兴古典贸易理论认为国内贸易和国际贸易的起源在本质上是相同的，即当分工产生的专业化经济大于交易成本时，贸易就符合人类最大限度追求自身利益的本性，因此自然产生。新兴古典贸易理论对国内贸易和国际贸易起源的统一是该理论对国际贸易理论体系的最大贡献。

新兴古典贸易理论的不足之处主要有两点。第一个不足是它无法指明参与国际贸易的国家应依据什么原则选择出口和进口商品。第二个不足在于其对现实经济解释力的欠缺，该理论追求形式上的全面性，而无法顾及对经济运行细节的说明，因此它在一定程度上是一个宏观的框架，而不致力于对细微现象的解释。

为了构建严密的逻辑框架，新兴古典贸易理论提出了严格的假设条件。而且该理论中所涉及的数据无法从现有资料中获取，从而无法对其进行检验或运用这一理论对现实状况进行预测。此外，新兴古典贸易理论更适用于解释长期中的经济现象，而对短期经济现象缺乏解释力，所以新兴古典贸易理论在现实中的适用之处极其有限，它在理论上对以往贸易理论的发展及对以后贸易理论的启示方面所起的作用远大于它对现实世界经济运行的解释和对经济发展的预示，即理论意义大于其现实意义。

# 第五节 保护贸易理论

PPT2.5
保护贸易理论

古典贸易理论、新古典贸易理论、新贸易理论以及新兴古典贸易理论都属于自由贸易理论，自由贸易是指国家对进出口贸易不进行干涉，不加以限制，允许商品自由地输入和输出的政策。与自由贸易理论相对的是保护贸易理论，即主张国家通过关税或非关税措施来限制进口数量以阻止外国竞争，扶植、加强和保全国内工业。这些理论的主要观点是绝对的自由贸易是行不通的，即使存在，也不可能使参与贸易者都从中获得利益。

## 一、重商主义学说

### （一）重商主义学说产生的历史背景

从经济学说史上看，重商主义（mercantilism）学说可追溯到15~16世纪。在这个时期，西欧封建制度逐渐瓦解，经济上，商业资本的力量日益强大，资本主义原始积累为资本主义生产方式的确立准备了条件。于是，一种代表商业资本利益的经济思想和政策体系应运而生。

### （二）重商主义学说的主要内容

重商主义也称作“工商业本位”，它的主要内容是“重商”“重工”与“国家干预”，产生并流行于15~17世纪中叶的西欧，反映资本原始积累时期资产阶级利益的经济理论和政策体系，重商主义分为早期重商主义和晚期重商主义两个阶段。

#### 1. 早期重商主义学说

早期重商主义者主张禁止货物进口，以防止贵金属外流，认为这是保留货币的有效手段。例如，当时的英国，为了不使外国人把出售商品得来的货币带出英国，颁布了消费法和侦探法两条法令。第一条法令规定外国人必须把自己在英国收到的汇款，完全用来购买英国的商品；第二条法令规定每个“外来的客人”都必须有一个“主人”或“侦探”将其交易行为统统记录下来，防止他们把货币运出英国。英国的威廉·斯塔福特（1554—1612）是这一学说的代表人物。

#### 2. 晚期重商主义学说

早期重商主义学说的禁止进口也极大阻碍了一国的出口贸易，到了晚期重商主义时期，该学说要求发展对外贸易，出发点是对外贸易所吸引进来的货币多于出去的货币，即实行出超的对外贸易。这种思想发展成为贸易平衡论，即狭义的重商主义学说体系。这一时期，商业已很发达，工场手工业已经产生，信用制度也随之发展起来。商业资产阶级对金银的态度已完全不同，因为他们懂得了货币只有在流通中才能成为资本，实现增值。

托马斯·孟（Thomas Mun，1571—1641）是晚期重商主义学说的重要代表人物，英国贸易差额说的主要倡导者，其代表作是《英国得自对外贸易的财富》，基本思想是：取消禁止货币输出的法令，重要的不是在于把货币藏起来，而在于把货币投入有利可图的对外贸易中去，只要在对外贸易中争取出超，就可以带来更多的货币，从而使英国致富。16 世纪下半叶，西欧各国力图通过实施奖励出口、限制进口的政策措施，保证对外贸易出超，以达到金银流入的目的。

无论是早期重商主义者还是晚期重商主义者，他们的研究对象都是流通，研究方法都是记述他们所观察到的现象，因而重商主义学说并不是一种科学的体系。

## 二、李斯特的保护幼稚产业学说

李斯特（F. List，1789—1846）是德国著名经济学家，历史学派的先驱者。早年倡导自由主义，后来转为贸易保护主义。他于 1841 年出版了《政治经济学的国民体系》，系统地提出了保护贸易学说。

视频 3
李斯特保护
幼稚产业学说

### （一）李斯特贸易保护学说的主要内容

#### 1. 经济发展阶段论

李斯特认为，各国经济发展必须经过五个历史阶段：原始未开化时期、畜牧业时期、农业时期、农工业时期和农工商业时期。处在不同历史阶段的国家应该实行不同的贸易政策。处于前三个阶段的国家应该实行自由贸易政策，因为自由贸易不但可以自由输出农产品，而且还可以自由输入外国工业产品，从而推进本国工业发展。处于农工业阶段的国家应该实行保护关税制度，因为保护关税可以限制外国工业产品进口，保护本国尚缺乏国际竞争力的工业的发展。处于农工商业阶段的国家应该实行自由贸易政策，因为自由贸易可以使本国得到最大利益。19 世纪 30 年代的英国经济发展已处在农工商业阶段，斯密提倡的自由贸易反映的是英国作为先发国的利益；而同期的德国经济发展处在工农业阶段，应该实行保护关税制度。

#### 2. 主张保护幼稚工业

李斯特认为，一个国家的财富和力量来源于本国社会生产力的发展，提高生产力是国家强盛的基础。购买国外的廉价商品，从眼前利益看，可能会得到一些实惠，但是从长远利益看，则会影响德国工业的发展。他主张国家干预经济，德国须对幼稚工业实行保护，提高关税，限制进口。保护的初期可能会导致国内工业品价格上涨，消费者也会受到损失，但是经过一段时间，德国工业发展起来以后，商品的价格就会下降，甚至会低于外国进口商品的价格。更为重要的是，这会使德国具备创造财富的能力，提高国力。

#### 3. 贸易保护的手段、目的和对象

李斯特贸易保护的手段主要是禁止输入和关税保护，保护的目的是发展本国生产力，保护的对象是国内幼稚工业，原因有以下几点。

（1）只有幼稚工业才需要保护，但并非保护所有幼稚工业，而是要保护有发展前途的幼稚工业。

（2）即使一国的工业幼稚，但在没有遇到强有力的国际竞争对手时也无须保护。

（3）当被保护的工业得到发展，其产品价格低于进口同类产品并能与外国竞争时，就无须再保护。

（4）农业不需要保护。

### （二）对李斯特保护幼稚工业的评价

**1. 积极作用**

李斯特贸易保护主义不是主张保护落后，而是主张通过保护关税“促进生产力的发展”。幼稚工业保护论影响了 19 世纪的德国和美国，影响了 20 世纪的日本，使他们都能在保护主义的篱笆后面成长，强大之后又转而推行自由贸易，当然该理论也适用于现今社会。

**2. 主要缺陷**

李斯特对“生产力”概念的理解是错误的，对影响生产力发展的各种因素的分析也是混乱的，他以经济部门作为划分经济发展阶段的基础是错误的，歪曲了社会经济发展的真实性。

**课堂讨论 2-6**：改革开放后我国哪些产业可定义为幼稚产业，是如何保护的，效果如何？

## 三、凯恩斯主义超保护贸易学说

约翰·梅纳德·凯恩斯（John Maynard Keynes，1883—1946）是英国资产阶级经济学家，凯恩斯主义经济学的创始人，其代表作是《就业、利息和货币通论》。

### （一）历史背景

超保护贸易学说在第一次世界大战与第二次世界大战之间盛行。在这个阶段，资本主义经济具有以下特点：一是垄断代替了自由竞争；二是国际经济制度和秩序发生了巨大变化；三是 1929~1933 年资本主义世界爆发了空前的经济危机，各国争夺资产的斗争进一步尖锐化。各国相继放弃了自由贸易政策，改变为奉行保护政策，强化了国家政权对经济的干预作用。于是各国经济学家提出了各种支持超保护贸易政策的理论根据，其中有重大影响的是凯恩斯主义的观点。

1929~1933 年大危机之前，凯恩斯是一个自由贸易者，他反对贸易保护主义，认为贸易保护主义不会有利于国内经济繁荣与就业。大危机之后，凯恩斯转而推崇重商主义，认为重商主义保护贸易的政策的确能保证经济繁荣和促进就业。

### （二）主要内容

**1. 理论依据：对古典自由贸易理论的批判**

凯恩斯主义认为古典学派的自由贸易理论已经过时，因为它是建立在国内充分就业的前提之上的，而 20 世纪 30 年代的经济大危机使失业成为各国的普遍现象，因此主张反对自由贸易。

凯恩斯及其追随者批评自由贸易论关于“国际收支自动调节说”的理论，认为该理论忽视了贸易顺差、逆差调节均衡的过程对一国国民收入和就业产生的影响。凯恩斯主义认为，顺差能增加国民收入，扩大就业；而逆差则会减少国民收入，加重失业。因此，他赞成贸易顺差，反对贸易逆差。该学说主张国家干预活动，采取各种手段和保护措施，减少进口，扩大出口，造成对外贸易顺差，促进国内经济发展。

**2. 对外贸易乘数理论**

对外贸易乘数理论是凯恩斯投资乘数在国际方面的应用，为证明新增加投资对国民收入和就业的好处，凯恩斯提出了投资乘数理论。

凯恩斯认为，一国投资的增长对国民收入的扩大是乘数或倍数关系，故称为乘数或倍数理论。他认为新增加的投资会引起对生产资料需求的增加，从而带动从事生产资料生产的人们（工人、企业主）收入的增加，进而引起他们对消费品需求的增加，以至引起从事消费品生产的人们收入的增加。如此连锁发展，结果增加的国民收入总量会等于原增加投资量的若干倍。他还认为，国民收入增加的倍数取决于“边际消费倾向”，如果“边际消费倾向”为零，那么人们会把增加的收入全部用于储蓄，而一点儿也不消费，所以国民收入就不会增加；如果“边际消费倾向”为 1，那么人们会把增加的收入全部用于消费，而一点儿也不储蓄，所以国民收入增加的倍数为 1+1+1+……直到无穷大；如果“边际消费倾向”介于 0 与 1 之间，那么人们会把增加的收入以 1/2 或 1/3 或 1/4 ……用于消费，所以国民收入增加的倍数在 1 和无穷大之间。

乘数 $K$ 的计算公式为：

$$K = \frac{1}{1 - \text{边际消费倾向}} \tag{2-2}$$

$$\text{国民收入增加量}(\Delta Y) = \text{乘数}(K) \times \text{投资的增加量}(\Delta I)$$

在国内投资乘数理论的基础上，凯恩斯主义引申出对外贸易乘数理论。这一理论认为，一国出口量的增加和国内投资一样，对国民收入的扩大也是乘数关系。而一国的进口则和国内储蓄一样，有减少国民收入的作用。当一国出口的商品和劳务增加时，会引起其他产业部门生产增加、就业增多、收入增加……如此循环往复，结果国民收入的增加量则是出口增加量的若干倍。当一国进口商品和劳务增加时，必然向国外支付更多的货币，引起国内收入减少，消费下降，与储蓄一样，成为国民收入中的漏洞。于是，他们得出结论：只有贸易为出超或国际收支为顺差时，对外贸易才能增加一国的就业量，提高国民收入，而国民收入的增加量将是贸易顺差的若干倍，这便是对外贸易乘数理论的含义。

#### （三）对凯恩斯主义超保护贸易学说的评价

超保护贸易学说（ultra protective trade theory）与传统保护贸易理论的本质区别是保护对象不同，它保护的是垄断产业，而非幼稚产业。这一理论推动了超保护贸易政策的实施，对这些国家经济发展、扩大就业、增加国民收入产生了重大影响。

凯恩斯主义对外贸易乘数理论具有明显的局限性。首先该理论存在自身的矛盾，超保护贸易政策主张减少进口，如果各国都减少进口，那么一国出口量的增加就无法实现，这显然是自相矛盾的。其次，该理论有碍国家贸易的发展，如果一国一味地追求贸易顺差，无度地实行贸易保护政策，其结果必然导致关税高筑，非关税壁垒盛行，贸易战烽烟四起，阻碍各国经济和贸易的发展。

### 四、发展中国家的中心—外围理论

中心—外围理论（core and periphery theory）是由阿根廷经济学家劳尔·普雷维什（Raúl Prebisch，1901—1986）提出的一种理论模式，其代表作是《拉丁美洲的经济发展及其主要问题》的报告，即著名的“拉丁美洲经委会宣言”。该理论将资本主义世界划分成两个部分：

一部分是生产结构同质性和多样化的“中心”；另一部分是生产结构异质性和专业化的“外围”。前者主要是由西方发达国家构成，后者则包括广大的发展中国家。“中心”与“外围”之间的这种结构性差异并不说明它们是彼此独立存在的体系，恰恰相反，它们是作为相互联系、互为条件的两极存在的，构成了一个统一的、动态的世界经济体系。

### （一）中心—外围论的主要论点

#### 1. 国际经济体系的中心与外围观

普雷维什认为，国际经济体系在结构上分两部分：一部分是由发达工业国构成的中心，另一部分是由广大发展中国家组成的外围。中心和外围在经济上是不平等的：中心是技术的创新者和传播者，外围则是技术的模仿者和接受者；中心主要生产和出口制成品，外围则主要从事初级产品生产和出口；中心在整个国际经济体系中居于主导地位，外围则主要从依附地位并受中心控制和剥削。

#### 2. 外围国家贸易条件的不断恶化

普雷维什认为，在比较优势理论基础上的国际贸易不利于发展中国家，而有利于发达国家。因为发展中国家长期出口的是初级产品，发达国家出口的是工业制成品，工业制成品和初级产品需求的收入弹性不同，导致发达国家由于技术进步获得更多利益，而初级产品贸易条件长期恶化，进而发展中国家贸易条件有逐渐恶化趋势。

#### 3. 外围国家的贸易保护观

基于上述分析，普雷维什认为传统的国际分工与贸易理论只适合用于中心国家之间，而不适用于中心—外围国家之间，外围国家只有实行保护贸易政策，独立自主地发展民族经济，实现工业化，才能摆脱在国际分工与贸易中的不利地位。

### （二）对中心—外围理论的评价

#### 1. 积极影响

普雷维什的“中心—外围”论一改过去以发达国家作为研究问题的出发点的做法，把发展中国家作为自己的主要研究对象，在国际贸易研究领域具有开拓性。

普雷维什的“中心—外围”论分析了发达国家与发展中国家在现存的国家分工与贸易体系中的不平等地位，探讨了发展中国家贸易条件长期恶化的趋势，提出了实行贸易保护政策，走发展工业化的道路，打破传统的国际分工体系，建立国际经济新秩序的一系列政策主张，其出发点是积极的，论点是基本正确的，政策主张也是有一定的实践意义。

普雷维什的“中心—外围”论第一次在理论上和实践上揭示了发达国家与发展中国家之间贸易关系的不平等的本质。

#### 2. 局限性

普雷维什的“中心—外围”论没有揭示出传统贸易理论如何造成利益分配的不平等，从而导致发展中国家经济贸易状况不断恶化的原因。其次，该理论解释的各种理由存在着一些不科学的成分，如对发展中国家贸易条件长期恶化的分析，应该区别不同国家和产品，结合具体影响因素，来做具体的分析，则更合理些。

## 本章思维导图

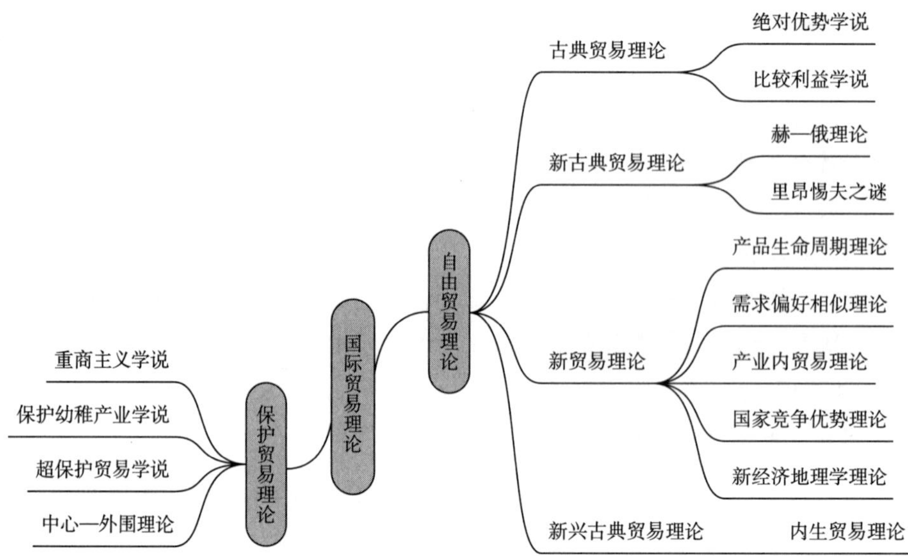


## 课后思考题

1. 在亚当·斯密的绝对优势理论中，对外贸易产生和发展的原因主要表现在哪些方面?
2. 李斯特的保护幼稚工业理论是在什么样的背景下产生的?
3. 试述李斯特的幼稚工业保护理论对当今发展中国家的借鉴意义。
4. 假设有甲、乙两国生产小麦和布匹，在国际分工前各国的投入产出如下：

| 国家 | 小麦 | | 布匹 | |
|---|---|---|---|---|
| | 劳动投入量/h | 产出量/磅 | 劳动投入量/h | 产出量/英尺 |
| 甲 | 15 | 120 | 5 | 100 |
| 乙 | 10 | 120 | 10 | 100 |

注　1磅≈0.4536kg，1英尺=30.48cm。

问：甲、乙两国分别在哪种产品生产上具有绝对优势?

5. 评价比较李斯特的保护贸易理论与凯恩斯主义保护贸易理论的区别。
6. 什么是里昂惕夫之谜?

## 答案

1. ①国际分工的基础是各国商品之间存在绝对成本差异。②以绝对优势的产品去进行贸易，能使各国的资源、劳动力和资本得到最有效的利用，将会大大地提高劳动生产率和增加各国的福利。

2. 英国已经完成了工业革命，在生产成本上具有绝对优势，为了向全世界抛售产品，施行的是自由贸易政策，而当时的德国工业正在起步阶段，受到来自英国的强大压力。

3. 李斯特保护幼稚工业理论内容：保护的条件、保护的对象、保护的手段、保护的时间意义：一是为促进有前途的幼稚工业的发展，政府应该保护；二是保护是动态的，有限度的，是以最终实现贸易自由化为目的的保护。

4. 甲国在生产布匹上有绝对优势，乙国在生产小麦上有绝对优势。

5. 凯恩斯主义贸易保护是对垄断工业的保护，而李斯特的贸易保护是对幼稚工业的保护。

6. 美国经济学家里昂惕夫 1953 年用投入—产出模型对美国 20 世纪 40 年代和 50 年代的对外贸易情况进行分析，考察了美国出口产品的资本—劳动比和美国进口替代产品中的资本—劳动比，发现美国参加国际分工是建立在劳动密集型专业分工基础之上的（即出口产品中的资本—劳动比低于进口替代产品的）。这一结果恰与赫—俄的要素赋予论相悖，引起了经济学界和国际贸易界的巨大争议。对里昂惕夫之谜的解释有以下几种：①劳动效率说；②要素密集度逆转；③需求逆转理论；④新要素贸易说；⑤人力资本说。

# 第三章　国际贸易政策

PPT3
国际贸易政策

## 教学目的与要求

本章介绍国际贸易政策的基本概念和演变规律，通过学习，要求学生掌握国际政策类型，把握当前世界各国贸易政策的最新动态和发展变化趋势，了解各主要历史阶段的国际贸易政策的倾向与特点，熟悉中国对外贸易政策的演进与特征。

## 开篇导读

**美国启动对中国加征关税复审程序**

2022 年 5 月 3 日，美国贸易代表办公室宣布，4 年前依据所谓“301 调查”结果对中国输美商品加征关税的 2 项行动将分别于 7 月 6 日和 8 月 23 日结束，该办公室即日起将启动对相关行动的法定复审程序。

美国贸易代表办公室当天发表声明说，将告知那些受益于对华加征关税的美国国内行业代表相关关税可能取消。行业代表可分别在 7 月 5 日和 8 月 22 日之前向该办公室申请维持加征的关税。该办公室将依据申请对相关关税进行复审，复审期间将维持这些关税。

美国贸易代表戴琪表示，美国政府将采取一切政策手段以抑制物价飙升，暗示削减对中国输美商品加征的关税将在考虑范围之内。

所谓“301 调查”源自美国《1974 年贸易法》第 301 条。该条款授权美国贸易代表可对他国的“不合理或不公正贸易做法”发起调查，并可在调查结束后建议美国总统实施单边制裁。这一调查由美国自身发起、调查、裁决、执行，具有强烈的单边主义色彩。依据所谓“301 调查”，美国先后自 2018 年 7 月和 8 月起分两批对从中国进口的商品加征 25%关税。

美国财政部长耶伦近日也表示，美国政府正在仔细研究对华贸易战略，取消对中国输美商品加征的关税是“值得考虑的”。

中国商务部新闻发言人此前表示，美方单边加征关税措施不利于中国，不利于美国，不利于世界。希望美方从中美两国消费者和生产者的根本利益出发，尽快取消全部对华加征关税，推动双边经贸关系早日回到正常轨道。

来源：新华网

# 第一节　国际贸易政策概述

国际贸易政策（international trade policy）是指世界各国和地区对外进行商品、服务和技术交换活动时所采取的政策。从单一国家或地区的角度出发，国际贸易政策就是对外贸易政策。

## 一、国际贸易政策构成

### 1. 对外贸易总政策

对外贸易总政策包括进口总政策和出口总政策，它是从国民经济的整体情况出发，在一个较长的时期内实行的对外贸易总的原则、方针和策略，即一国在总体上采取的是相对自由的贸易政策还是保护贸易政策。

### 2. 进出口商品和服务政策

根据对外贸易总政策、国内经济结构、市场供求状况等具体情况，针对不同商品和服务的进出口分别制定的贸易政策。其基本原则是对不同的进出口商品或服务实行不同的待遇。主要体现在关税税率、计税价格和清关手续等方面的差异。进出口商品政策通常与该国的产业发展政策密切相关。

### 3. 国别或地区贸易政策

一个国家会根据世界经济政治形势、本国或本地区对外政治经济关系，针对不同国家和地区制定不同的政策。

## 二、国际贸易政策类型

自从国际贸易产生与发展以来，基本上有两种类型的国际贸易政策，即自由贸易政策和保护贸易政策。20 世纪 80 年代以来，在国际经济联系日益加强而新贸易保护主义重新抬头的双重背景下又逐步形成了管理贸易政策，管理贸易是介于自由贸易和保护贸易之间的一种对外贸易政策，是一种协调和管理兼顾的国际贸易体制，是各国对外贸易政策发展的方向。

（1）自由贸易政策（free trade policy）：指国家取消进出口贸易的限制和障碍，取消对本国进出口商品的各种特权和优待，使商品能自由进出口，在国内外市场上自由竞争。自由贸易政策实质上是一种“不干预”政策。

（2）保护贸易政策（protective trade policy）：指国家广泛利用各种限制进口的措施，保护本国产品免受外国商品的竞争，并对本国出口商品给予优待和补贴以鼓励商品出口。保护贸易政策以加强本国民族利益为目的，其实质是“奖出限入”。

（3）管理贸易政策（managed trade policy）：又称“协调贸易政策”，是指国家对内制定一系列的贸易政策、法规，加强对外贸易的管理，实现一国对外贸易有秩序、健康的发展。如对外通过谈判签订双边、区域及多边贸易条约或协定，以协调发展和缔约国的经济贸易关系。

### 三、国际贸易政策的演变及特点

历史上资本主义国家对外贸易政策的演变，大致经历了如下四个阶段：第一阶段是 15 世纪至 17 世纪，资本主义生产方式准备时期，推行重商主义所鼓吹的保护贸易政策。第二阶段是 18 世纪至 19 世纪资本主义自由竞争时期，实行古典经济学家亚当・斯密和大卫・李嘉图所倡导的自由贸易政策，以及美国、德国所奉行的保护贸易政策。第三阶段是两次世界大战期间盛行保护贸易政策，奉行保护贸易政策的国家不仅有工业落后的国家，还有工业先进的发达国家。第四个阶段是“二战”后出现了贸易自由化趋势：1947 年，23 个国家参加签订了《关税与贸易总协定》，相互给予最惠国待遇；西欧成立了欧洲共同体（EEC）和欧洲自由贸易联盟，逐步实现内部工农业产品的自由流通；1968 年建立了发达国家单方面给予发展中国家的工业制成品和半制成品以关税减免待遇的“普遍优惠制”。

## 第二节 保护贸易政策

### 一、重商主义时期的对外贸易政策

重商主义时期是资本主义生产方式准备时期，当时西欧国家普遍实行保护贸易政策。重商主义产生于 15 世纪，16~17 世纪达到鼎盛，18 世纪后走向衰落。重商主义认为，国家应当干预经济生活，大力发展出口贸易，限制外国商品的进口。

早期的重商主义也叫重金主义，在对外贸易政策上奉行绝对的少买多卖原则，甚至只卖不买，以增加货币的流入。但是，由于各国都防止金、银外流，都想少买多卖，结果反而阻碍了对外贸易的发展。17 世纪下半叶开始，由重金主义发展为名副其实的重商主义，即晚期重商主义，这一时期的贸易政策主要是采取各种办法鼓励出口工业的发展，例如，给予奖金或补贴的办法鼓励出口企业；实行关税保护制度，限制外国消费品的进口等。

重商主义加速了当时西欧各国货币资本的积累，促进了资本主义工场手工业生产的发展，在一定的历史时期内起到了促进作用。但是，它仅仅从理论上考察了流通领域，而没有进入生产领域，到资本主义自由竞争时期它就成了资本主义经济进一步发展的障碍，从而为自由贸易政策所代替。

### 二、资本主义自由竞争时期的保护贸易政策

19 世纪 70 年代以后，美国和西欧的一些国家纷纷从自由贸易转向保护贸易，其主要原因在于这些国家的工业发展水平不高，经济实力和商品竞争力都无法与英国抗衡，需要采取强有力的政策措施（主要是关税措施）来保护本国新兴的产业，即幼稚工业，以免遭英国商品的竞争。

美国第一任财政部部长汉密尔顿（A. Hamilton，1757—1804）代表独立发展美国经济的资产阶级的要求，在 1791 年 12 月提出的《制造业报告》中强调，为使美国经济自立，应当保护美国的幼稚工业，其主要的方式是提高进口商品的关税。德国在 19 世纪 70 年代以后，

为使新兴的产业避免外国工业品的竞争，使之能充分发展，便不断要求实施保护贸易措施。1878 年，德国“铁血宰相”俾斯麦向德国国会提案，要求实行关税改革，并对粮食和工业品征收高额进口税。

### 三、两次世界大战期间的超保护贸易政策

两次世界大战期间，资本主义处于垄断阶段。此时，西方各国普遍完成了产业革命，工业得到迅速发展，各国争夺市场的斗争加剧。1929～1933 年的世界性经济危机，就使市场问题进一步尖锐化。资本主义各国的垄断资产阶级为了垄断国内市场和争夺国际市场，纷纷实行凯恩斯主义的超保护贸易政策。与资本主义自由竞争时期的保护贸易政策相比，超保护贸易政策具有以下特点：

（1）保护的对象不仅是幼稚工业，更多的是已高度发展的或出现衰落的垄断工业。

（2）保护的目的不再是培养自由竞争的能力，而是巩固和加强对国内外市场的垄断。

（3）保护的措施不只限于关税和贸易条约，还有各种非关税壁垒和其他奖出限入的措施。

（4）保护不是防御性地限制进口，而是在垄断国内市场的基础上对国外市场进攻性地扩张。

（5）保护的阶级利益从一般的工业资产阶级利益转向垄断资产阶级利益。

**课堂讨论 3-1**：超保护贸易政策的主要受益者是谁？为什么会制定这样的贸易政策？

### 四、新贸易保护主义政策

20 世纪 70 年代中期以后，在国际贸易自由化中出现了新贸易保护主义，以绿色壁垒、技术壁垒、反倾销和知识产权保护等非关税壁垒措施为主要表现形式。与之前的贸易保护主义相比，新贸易保护主义在表现形式上更胜一筹，具有强制性强、对贸易各方影响大而直接、受约束范围广和表现形式多样等特点。

随着世界经济相互依靠的加强，贸易政策的连锁反应也更加敏感。美国采取了许多贸易保护措施，它反过来又遭到其他国家或明或暗的反制措施，使得新贸易保护主义不断蔓延与扩张。与此同时，高失业率、工会力量的强大、党派的斗争和维护政府形象，为加强贸易保护主义提供了政治上的依据。“9·11”事件以后，世界经济也出现了衰退，美国、日本和欧盟经济滞涨甚至出现下滑，就业压力增加。为了保护本国市场，各国都加大了对国外产品的限制力度。

## 第三节　自由贸易政策

### 一、英国的自由贸易政策

#### （一）英国自由贸易政策的兴起

英国自 18 世纪中叶开始进入产业革命，此时英国的“世界工厂”地位已经确立并获得

巩固，其产品物美价廉，具有强大的国际竞争能力，因而自由贸易对其较为有利。重商主义时期的保护贸易政策便成为英国经济发展和工业资产阶级对外扩张的一大障碍。因此，英国新兴的工业资产阶级迫切要求废除重商主义时代所制定的一些外贸政策和措施，在世界市场上进行无限制的自由竞争和自由贸易政策。

**（二）英国自由贸易政策的主要标志**

19 世纪 20 年代，以伦敦和曼彻斯特为基地的英国工业资产阶级开展了一场大规模的自由贸易运动。运动的中心内容是废除英国的谷物法。工业资产阶级经过不断的斗争，最后终于战胜了地主、贵族阶级，使自由贸易政策逐步取得胜利。

**1. 废除谷物法**

1838 年，英国棉纺织业资产阶级组成“反谷物法同盟”（anti corn law league），展开了声势浩大的反谷物法运动。经过斗争，终于使国会于 1846 年通过废除谷物法的议案，即《谷物法》。

**课堂讨论 3-2**：《谷物法》保护了谁的利益？废除谷物法又保护了谁的利益？

**2. 逐步降低关税税率，减少纳税商品数目**

经过几百年的重商主义实践，英国有关关税的法令达 1000 件以上。1825 年，英国开始简化税法，废止旧税率，建立新税率。进口纳税的商品项目从 1841 年的 1163 种减少到 1853 年的 466 种，所征收的关税全部是财政关税，税率大大降低。

**3. 废除航海法**

英国的航海法是英国限制外国航运业竞争和垄断殖民地航运事业的政策。从 1824 年逐步废除。1849 年和 1854 年，英国的沿海贸易和殖民地航运全部向其他国家开放。至此，重商主义时代制定的航海法全部废除。

**4. 取消特权公司**

东印度公司对印度和中国贸易的垄断权分别于 1813 年和 1814 年被废止，从此对印度和中国的贸易开放给所有的英国人。

**5. 对殖民地贸易政策的改变**

18 世纪时，英国对殖民地的航运享有特权，殖民地的货物输入英国享受特惠关税的待遇。1849 年航海法废止后，殖民地已可以对任何国家输出商品，也可以从任何国家输入商品，通过关税法的改革，废止了对殖民地商品的特惠税率。同时准许殖民地与外国签订贸易协定，殖民地可以与任何外国建立直接的贸易关系，英国不再加以干涉。

**6. 对外签订贸易条约**

1860 年签订了英法条约，即《科伯登条约》，该条约是以自由贸易精神签订的一系列贸易条约的第一项，列有最惠国待遇条款。19 世纪 60 年代英国缔结了 8 项这种形式的条约。在英国带动下，许多国家降低了关税，荷兰、比利时相继实行了自由贸易政策。

## 二、第二次世界大战后的贸易自由化

第二次世界大战（简称“二战”）爆发使得国际分工与国际贸易处于停顿状态，“二战”

后，资本主义各国经济迅速恢复和发展，从20世纪50年代到70年代初期，出现了全球范围的贸易自由化。

美国在“二战”后逐步发展成为世界头号经济强国，为了实现对外经济扩张，美国积极主张削减关税、取消数量限制，成为贸易自由化的积极倡导者和推行者；西欧和日本的经济迅速恢复与发展，因而也有减少贸易壁垒的要求；发展中国家为了发展民族经济，扩大资金积累，也愿意通过减少贸易壁垒来扩大出口。

与此同时，《关税与贸易总协定》的签订有力地推动了贸易自由化。关贸总协定通过多边贸易谈判的进行和贸易规则的实施，不仅大幅度地削减了关税，而且在一定程度上限制了非关税壁垒的使用。同时，经济一体化组织的出现也加快了贸易自由化的进程，各种区域性的自由贸易区、关税同盟、共同市场均以促进商品自由流通、扩大自由贸易为宗旨。跨国公司的大量出现和迅速发展促进了资本在国际流动，客观上要求资本、商品和劳动力等在世界范围内的自由流动。这一时期的贸易自由化主要有以下几个特点：

（1）关税大幅降低：从1947年到1979年，关贸总协定缔约方的平均进口税率从“二战”后初期的50%左右降到5%左右。1993年乌拉圭回合谈判的结果使发达国家和发展中国家平均降税1/3，发达国家工业制成品平均关税水平降为3.6%左右。欧共体对内取消关税，原六国之间工农业产品的自由流通已于1969年完成；对外通过谈判达成关税减让协议，使关税大幅度降低，1975年欧共体同非洲、加勒比海和太平洋地区的46个发展中国家签订了《洛美协定》，规定共同体对来自这些国家的全部工业品和96%的农产品给予免税进口的待遇。从1971年开始，20多个发达国家对170多个发展中国家实施制成品和半制成品的普惠制优惠关税待遇。

**课堂讨论3-3**：签订《洛美协定》的历史背景是什么？

（2）非关税壁垒逐渐减少：“二战”后初期，发达国家对许多商品进口实行严格的进口限额、进口许可证和外汇管制等非关税壁垒措施。随着经济的恢复和发展，这些国家在不同程度上放宽了进口数量限制，到20世纪60年代初，西方主要国家间进口自由化率已达90%以上。中国内地与香港特别行政区经过多轮磋商，于2003年6月29日在香港达成《内地与香港关于建立更紧密经贸关系的安排》。

（3）发达国家之间的贸易自由化程度高于其对发展中国家和社会主义国家的贸易自由化程度：发达国家根据关贸总协定等国际多边协议的规定，较大幅度地降低了关税和放宽了数量限制。但对发展中国家的一些商品，特别是劳动密集型产品仍征收较高的关税，并实行其他的进口限制；对社会主义国家征收更高的关税和实行更严格的非关税壁垒进口限制。

（4）区域性经济集团内部的贸易自由化程度超过集团对外的贸易自由化程度：如欧共体，内部取消了关税和数量限制，实行商品完全自由流通，直至建立欧洲联盟，对外则有选择地、有限度地实行部分的贸易自由化。

（5）不同工业品的贸易自由化程度不同：工业制成品的贸易自由化程度超过农产品的贸易自由化程度；在工业制成品中，机器设备的贸易自由化程度超过工业消费品的贸易自由化程度，特别是所谓“敏感性”的劳动密集型产品，如纺织品、服装、鞋类、皮革制品和罐头食品受到较多的进口限制。

## 第四节 中国对外贸易政策

1840年以来中国所面临的最大变局是西方资本主义文明的强势崛起，在对外贸易领域，主要是西方殖民者凭借资本主义文明所确立的政治、经济、军事和文化优势，将中国逐渐纳入西方资本主义发展所需要的殖民贸易体系之中。中国长期都处于十分被动的局面，直至1949年中华人民共和国成立后，中国才焕发出前所未有的力量，我国的对外贸易政策可划分为以下几个阶段。

### 一、中华人民共和国成立至改革开放前的对外贸易政策（1949—1977年）

1949年9月29日，中国人民政治协商会议第一届全体会议通过的《中国人民政治协商会议共同纲领》规定："实行对外贸易的管制，并采用保护贸易政策。"这一规定定调了新中国成立后很长一段时期的对外贸易政策：一方面，通过一系列的管制政策和措施，彻底将对外贸易改造为独立自主的对外贸易；另一方面，在平等和互利的基础上，采取诸如合理的保护关税等政策，促进与各国政府和人民恢复并发展正常的通商贸易关系。按照这一原则，重点开展了以下几个方面工作：一是建立独立自主的对外贸易管理体系，取得海关行政的完全支配权。二是确立对外贸易管制和保护的基本原则。1950年12月8日，政务院第62次政务会议通过《对外贸易管理暂行条例》。三是突破"封锁"与"禁运"，实行东、西兼顾的对外贸易策略。

1958年，"大跃进"和人民公社化运动兴起之后，对外贸易的主要目标是：保护群众热情，鼓足革命干劲，克勤克俭，多快好省，组织思想上、工作上、贸易额上的"大跃进"，以支持国内工农业生产和建设的"大跃进"。1958年9月21日，对外贸易部雷任民副部长在华南八省外贸局长会议上发言时指出，工农业生产"大跃进"就必须要求对外贸易工作上的"大跃进"，提出对外贸易在反对右倾保守主义的基础上，贯彻"大进大出"的方针。

"文革"时期的对外贸易呈现出动荡与恢复性增长的反复变化。1972年1月16日，国家计划革命委员会提交《关于进口成套化纤、化肥技术设备的报告》，提出"为争取时间、掌握技术、加快我国化学纤维和工业建设的步伐，求得一个较大的突破，并为今后发展打下良好的基础"。1973年1月2日，国家计划革命委员会向国务院提交《关于增加设备进口、扩大经济交流的请示报告》，提出拟在今后三五年内，集中进口一批价值43亿美元的成套设备和单机设备计划。尽管这一方案并没有全部实现，但是这些技术设备的引进极大促进进出口贸易商品构成的变化。

### 二、改革开放时期的对外贸易政策（1978—2001年）

1978年12月18日召开的十一届三中全会明确要求必须在自力更生的基础上积极发展同

世界各国平等互利的经济合作。在对外开放方面，经历了从局部到全面，从“引进来”到“走出去”的开放历程：

（1）1980 年，设立深圳、珠海、汕头、厦门四个经济特区，成为对外政策的“窗口”，1980—1984 年，四个特区与外商签订的各种经济合作协议累计达 4700 多项，协议投资额 20 多亿美元，实际利用外资达到 8.4 亿美元。

（2）1984 年 3 月 26 日至 4 月 6 日，在北京专门召开的“沿海部分城市座谈会”中，建议进一步开放天津、上海、大连、秦皇岛、烟台、青岛、连云港、南通、宁波、温州、福州、广州、湛江和北海 14 个沿海港口城市。

（3）1985 年国务院在北京召开“长江三角洲、珠江三角洲和闽南厦漳泉三角地区座谈会”，提出先将长江三角洲、珠江三角洲和闽南厦漳泉三角地区，继而将辽东半岛、胶东半岛开辟为沿海经济开放区。

（4）1988 年 4 月，国务院做出进一步扩大我国沿海经济开放区的范围的决定，新增 140 个市、县，使我国由经济特区、沿海开放城市和经济开放区构成的沿海对外开放前沿地带显著扩大。

（5）1992 年邓小平发表重要的“南方谈话”，指出“改革开放胆子要大一些”。随后，国务院于 3 月 9 日、6 月 9 日和 7 月 30 日先后发布《国务院关于进一步对外开放黑河等四个边境城市的通知》（1992 年 3 月 9 日）、《国务院关于进一步对外开放南宁、昆明及凭祥等五个边境城镇的通知》（1992 年 6 月 9 日）、《国务院关于新疆维吾尔自治区进一步扩大对外开放问题的批复》（1992 年 6 月 9 日），《国务院关于进一步对外开放二连浩特市的通知》（1992 年 7 月 30 日）开放了黑河、绥芬河、珲春、满洲里、凭祥、东兴、畹町、瑞丽、河口、伊宁、博乐、塔城、二连浩特 13 个边境城市；《国务院关于进一步对外开放重庆等市的通知》（1992 年 7 月 30 日）又进一步对外开放重庆、岳阳、武汉、九江、芜湖五个长江沿岸城市，哈尔滨、长春、呼和浩特、石家庄四个沿边省会城市，太原、合肥、南昌、郑州、长沙、成都、贵阳、西安、兰州、西宁、银川等十一个内陆地区省会城市，至此，从沿海到沿江、从沿边到内陆、多层次、多渠道、全方位开放的格局确立。

（6）2001 年 11 月 10 日，在卡塔尔首都多哈举行的世界贸易组织（WTO）第四届部长级会议审议通过了《关于中华人民共和国加入 WTO 的决定》和《中华人民共和国加入 WTO 议定书》。2001 年 12 月 11 日，中国正式成为 WTO 成员，开始全方位融入并参与到国际贸易规则和秩序中。

在法制建设方面，1987 年颁布《中华人民共和国海关法》，1994 年颁布《中华人民共和国对外贸易法》，为外贸经营活动提供了法律基础，与国际贸易规则接轨。在外汇管制方面，1994 年以银行结售汇制度取代中央银行结售汇制度，为外贸企业提供了资金流通便利，为汇率市场化改革奠定了基础。在金融服务方面，中国进出口银行于 1994 年成立，为企业外贸发展提供了政策性信贷支持。

### 三、新时代开放型经济新体制的构建（2001 年至今）

中国加入世界贸易组织后，根据“入世”承诺，首先调整、清理、补充上千项法律法规，使得国内的规则与多边规则相承接；其次，修订《中华人民共和国对外贸易法》，外贸经营权由政府审批制转为备案登记制，外贸经营权全面放开；再次，逐步降低关税和消除非关税贸易壁垒，“入世”20年中国关税总水平由15.33%降至7.5%以下，积极实践世贸组织最惠国待遇、国民待遇、非歧视的原则；在服务贸易方面，截至2007年，中国“入世”承诺的100个服务业部门已全部开放，并且超出承诺范围共开放了120个部门。

2011年，“十二五”规划提出“稳增长、调结构、促平衡”的贸易政策。党的十八大指出，要坚持进出口并重，提高利用外资效率，加快走出去的步伐，统筹双边、多边、区域开放合作。“十三五”时期，中国面临的外部环境考验也在加剧，美国总统特朗普上台后，面对中国经济腾飞，美国奉行单边主义、保护主义，挑起中美经贸争端，对中国实行“科技封锁”，试图与中国“脱钩”，遏制中国。中国针对美方行动，采取反制措施，加征反制关税向美国施压，逼迫美国重回谈判桌达成《中美第一阶段经贸协议》。同时，中国坚定不移扩大开放，构建开放型经济新体制，提高风险应对能力。

**课堂讨论3-4**：2017年以来中美贸易摩擦中，两国主要采取了哪些遏制及反制措施？

在党的十九大报告中，提出全面开放的新思想、新理念与新战略，明确提出贸易强国战略，并依托“一带一路”倡议构建人类命运共同体。中国进一步缩减外商投资负面清单，通过《中华人民共和国外商投资法》，积极促进外商投资；建立完善18个自贸试验区，形成陆海统筹、东西南北中协调开放的态势；通过加入区域全面经济伙伴关系协定（RCEP），中欧全面投资协议、中日韩自贸区的建立等措施，推动区域化合作。据国家发展改革委数据，截至2023年8月24日，我国共与152个国家和32个国际组织签署200多份共建“一带一路”合作文件，覆盖了我国83%的建交国。

## 小知识

### “一带一路”倡议

2013年9月和10月中国国家主席习近平分别提出建设“新丝绸之路经济带”和“21世纪海上丝绸之路”的合作倡议，统称“一带一路”（the belt and road，B&R）倡议。“一带一路”倡议充分依靠中国与有关国家既有的双多边机制，借助既有的、行之有效的区域合作平台，借用古代丝绸之路的历史符号，高举和平发展的旗帜，积极发展与沿线国家的经济合作伙伴关系，共同打造政治互信、经济融合、文化包容的利益共同体、命运共同体和责任共同体。“一带一路”倡议的发展历程见表3-1。

**表3-1 “一带一路”倡议的发展历程**

| 时间 | 事件 |
|---|---|
| 2013年9月 | 习近平主席访问哈萨克斯坦时提出，用创新的合作模式共同建设“丝绸之路经济带”，以点带面，从线到片，逐步形成区域大合作。这是中国领导人首次在国际场合公开提出共同建设“丝绸之路经济带”的构想 |

续表

| 时间 | 事件 |
| --- | --- |
| 2013 年 10 月 | 习近平主席在印度尼西亚国会发表演讲时提出，中国致力于加强同东盟国家互联互通建设，倡议筹建亚洲基础设施投资银行，愿同东盟国家发展好海洋合作伙伴关系，共同建设 21 世纪“海上丝绸之路” |
| 2014 年 2 月 | 习近平主席与俄罗斯总统普京就建设“丝绸之路经济带”和“海上丝绸之路”，以及俄罗斯跨欧亚铁路与“一带一路”的对接达成了共识 |
| 2014 年 11 月 | 习近平主席在 2014 年中国 APEC 峰会上宣布，中国将出资 400 亿美元成立丝路基金，为“一带一路”共建国家基础设施、资源开发、产业合作和金融合作等与互联互通有关的项目提供投融资支持 |
| 2015 年 3 月 | 中国国家发展改革委、外交部和商务部共同发布了《推动共建丝绸之路经济带和 21 世纪海上丝绸之路的愿景与行动》的文件 |
| 2015 年 11 月 | 结合“一带一路”合作倡议和《中欧合作 2020 战略规划》，中国同中东欧 16 国共同发表《中国-中东欧国家中期合作规划》，推动“16+1 合作”提质增效 |
| 2016 年 8 月 | 习近平主席在推进“一带一路”建设工作座谈会上称，已经有 100 多个国家和国际组织参与其中，我们同 30 多个共建国家签署了共建“一带一路”合作协议、同 20 多个国家开展国际产能合作，联合国等国际组织也态度积极 |
| 2017 年 5 月 | 第一届“一带一路”国际合作高峰论坛在北京成功举行。论坛以“加强国际合作，共建‘一带一路’，实现共赢发展”为主题，包括 29 位外国元首和政府首脑在内的 140 多个国家和 80 多个国际组织的 1600 余名外宾与会 |
| 2019 年 4 月 | “一带一路”税收征管合作机制在中国宣告成立。34 个国家和地区税务部门在浙江乌镇共同签署《“一带一路”税收征管合作机制谅解备忘录》 |
|  | 第二届“一带一路”国际合作高峰论坛在北京成功举行。包括 37 位外国领导人以及联合国秘书长和国际货币基金组织总裁在内的 150 个国家、92 个国际组织的 6000 余名外宾与会 |
| 2023 年 10 月 | 国务院新闻办公室发布了《共建“一带一路”：构建人类命运共同体的重大实践》白皮书。国家发展改革委数据显示：2013—2022 年，中国与共建国家进出口总额累计达到 19.1 万亿美元，年均增长 6.4%；与共建国家双向投资累计超过 3800 亿美元，其中，中国对外直接投资超过 2400 亿美元 |
|  | 第三届“一带一路”国际合作高峰论坛在北京举行，成为纪念“一带一路”倡议十周年最隆重的活动，此次活动主题为“高质量共建‘一带一路’，携手实现共同发展繁荣” |

“一带一路”倡议自提出以来不断拓展合作区域与领域，合作范围不断扩大，合作领域更为广阔。它不仅给参与各方带来了实实在在的合作红利，也为世界贡献了应对挑战、创造机遇、强化信心的智慧与力量。

“一带一路”倡议为新时期世界走向共赢带来了中国方案，为全球均衡可持续发展增添了新动力，提供了新平台。“一带一路”涵盖了发展中国家与发达国家，实现了“南南合作”与“南北合作”的统一，有助于推动全球均衡可持续发展。对于参与“一带一路”建设的发展中国家来说，这是一次搭中国经济发展“快车”和“便车”，实现自身工业化、现代化的历史性机遇，有力地推动“南南合作”的广泛展开，同时也有助于增进南北对话，促进南北合作的深度发展。

## 本章思维导图

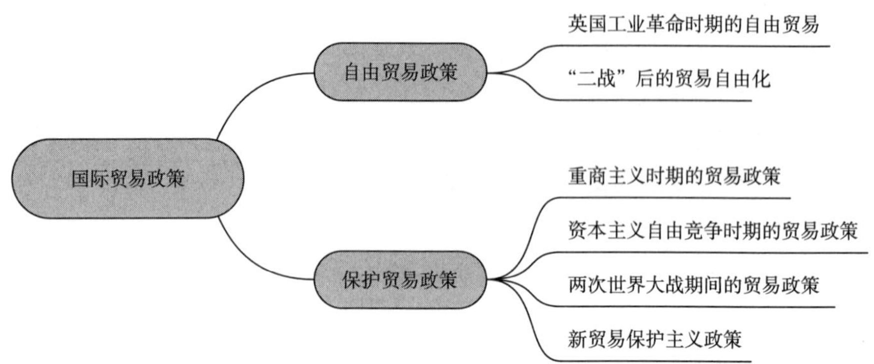


## 课后思考题

1. 英国率先实施自由贸易政策的主要措施有哪些？
2. 简述超保护贸易政策的特征。
3. 简述中国改革开放前后对外贸易政策的特点。
4. 什么是国际贸易政策？与国内经济贸易政策相比，有哪些特点？
5. 简述经济全球化对贸易保护效果的影响。
6. 什么是战略性贸易政策？对其如何加以正确认识和评价？

## 答案

1. ①废除谷物法。②降低关税税率，减少纳税商品数目。③废除航海法。④取消特权公司。⑤对殖民地贸易政策的改变。⑥对外签订贸易条约。

2. ①保护的目的、对象、手段、利益不同。②保护的措施多样化。③组成货币集团，瓜分世界市场。④掩饰发达国家危机和失业的真正原因。

3. ①改革前国家实行对外贸易管制，改革后对外贸易开放。②改革前实行高度保护的贸易政策，改革后逐步实行自由化。③改革前强调自力更生的基本指导思想，改革后加强对外贸易及交流。

4. 国际贸易政策是各国或地区间进行商品和服务交换时所采取的政策。国际贸易在交易环境、交易条件、贸易做法等方面所涉及的问题，都远比国内贸易复杂，其主要特点表现如下：国际贸易属于跨国交易，情况错综复杂；国际贸易线长面广，中间环节多；国际贸易风险大，具有不稳定性；国际市场商战不止，竞争激烈。

5. 在经济全球化日益深化的情况下，传统贸易保护手段的有效性越来越少，战略性贸易政策发生的外部作用已经基本不存在。开放市场、减少壁垒、进行公平有效竞争，在竞争中求生存、求发展逐渐成为一种现实的选择。

6. 战略性贸易政策是20世纪80年代发展起来的一种新的贸易政策理论。该理论以不完全竞争和规模经济理论为前提，以产业组织众多的市场结构理论和企业竞争理论为分析框架，突破了以比较优势为基础的自由贸易学说。

评价：战略性贸易政策理论强调了政府适度干预贸易对本国企业和产业发展的作用，以改善扭曲的竞争环境，因此具有一定的积极作用。

# 第四章 纺织品服装贸易格局及主要国家贸易政策

PPT4 纺织品服装贸易格局及主要国家贸易政策

## 教学目的与要求

通过学习，使学生了解世界纺织品服装产业转移历程以及世界纺织品服装贸易格局；理解中国纺织品服装对外贸易金额、产品结构、对外贸易地理方向等；掌握美国、欧盟等主要纺织品服装伙伴国的贸易现状及政策法规。

## 开篇导读

### 疫情以来的国际贸易及纺织品现状

2019 年受全球经济增长放缓、贸易环境恶化拖累，全球商品贸易规模有所减少，全球商品贸易额约 19 万亿美元，贸易额同比减少 3%，贸易量同比减少 0.1%，贸易量增速远远低于 2009 年金融危机以来 2.3%的年均增长水平。

2020 年新型冠状病毒感染暴发，全球贸易大幅下滑，货物贸易额同比下降 5.6%，是自 2008 年国际金融危机以来货物贸易的最大同比降幅。服务贸易受疫情打击，全年同比下降 15.4%，是 1990 年以来的最大降幅。

2022 年，由于世界局势动荡，能源价格高企，推高了大宗商品价格，全球商品和服务贸易总货物贸易额达到 25 万亿美元，同比增长 10%。在全球经济增长大幅放缓，贸易改善更显乏力的大背景下，2022 年全球纺织品出口下降 4.2%，总计 3390 亿美元，落后于大多数行业；全球服装出口总额为 5760 亿美元，同比增长 5%，出口量增长明显放缓，远低于 2021 年 20%的惊人增速。主要归因于疫情带来的经济低迷，主要进口市场美国和欧盟等国出现高通胀情况，对消费者可自由支配支出（包括服装购买支出）的可用预算产生了不利影响。

2023 年，越南、印度、印度尼西亚纺织服装出口有较大幅度提升，中国、土耳其、巴基斯坦大幅下降。2023 年中国纺织服装累计出口 2936.4 亿美元，同比下降 8.1%，从出口市场看，我国在欧、美、日等传统市场仍占据主导地位，在新兴市场的出口额和占比也在逐年增加。“一带一路”共建国家已成为拉动出口的新增长点。

# 第一节　世界纺织品服装贸易格局

目前亚洲国家在世界纺织服装贸易中占据主导地位，中国是世界最大的纺织品和服装出口国，越南、印度、孟加拉国等也成为全球纺织服装业的主要制造和出口中心，这些国家具有低成本劳动力和规模经济的优势，吸引了许多国际品牌和零售商。此外一些新兴市场，如巴西、波兰、墨西哥和土耳其等，也在纺织服装业出口贸易中占有一定优势，这些市场具有庞大的中产阶级消费者群体和不断增长的购买力，成为全球品牌和零售商开拓新市场的关键目标。在生产技术方面，随着环保意识的增强和对人类生命健康安全性的重视，许多国家开始关注纺织服装生产过程对健康及环境的影响。

## 一、世界纺织品服装产业转移历程

视频4　纺织产业转移历程

中国是世界上最早开始生产纺织品的国家之一，早在夏商时期就已经诞生了麻和丝绸，“丝绸之路”始于汉朝，当时中国主要出口的是丝绸、瓷器，此外当时的印度、伊朗、伊拉克、叙利亚等国家也出口丝织品。

18世纪中后期，英国的工业革命给纺织工业带来了源源不断的动力，英国成为世界纺织业的中心。此后全球纺织业共经历五轮大迁移：从英国到美国，美国到日本，日本到韩国、中国台湾、中国香港，第四轮再到中国内地，再到目前的南亚和东南亚。从各环节迁移顺序看，一般是服装、服饰等偏向终端加工、具有劳动密集属性的产业率先迁移，再到偏低附加值的纺织品产能的迁移，最终实现产业的转型升级，专注于高端制造和技术研发。

### （一）起源于英国

中世纪中后期西欧的主要手工业是毛纺织业，最初意大利的毛纺织技术在欧洲比较发达，而英国是后来者居上，1730~1780年，是英国毛纺织业鼎盛时期。英国能成为世界纺织业的中心是源于其18世纪的工业革命，在工业革命前英国已经开始发展棉纺织业，作为新兴工业部门，棉纺织业没有受到太多限制和束缚，也更受人们欢迎，因此更容易产生和应用新技术：1733年英国机械师凯伊发明了飞梭，大大提高了织布效率；1764—1767年纺织工詹姆斯·哈格里夫斯发明珍妮纺纱机，提高了纺纱的效率；1769年钟表匠阿克莱特发明了水力纺纱机，可以用水力纺纱；1776年詹姆斯·瓦特根据前人的成果，成功发明了单向蒸汽机，1782年又制造出双向蒸汽机，大大提高了纺纱和织布效率，极大推动了工业革命的发展，也标志着工业社会的开始。第一次世界大战（简称“一战”）前英国的棉纺工业发展到一个高峰，纺织工业的出口额占世界纺织贸易总额的58%以上，几乎垄断了全球的棉纺织产品市场。

### （二）“一战”后迁移到劳动力和资源丰富的美国

随着“一战”爆发，英国劳动力和原料资源相对匮乏，纺织品出口陷入低迷。美国凭借棉花资源的优势，大力发展棉纺业，棉纺工业生产逐步由劳动力充足和资源丰富的美国承担。

历史上臭名昭著的三角贸易，也是由棉花带动起来的，棉花作为翘板，翘起了美国和英国两个帝国，既让美国挣钱，又让英国的生产力得到发挥。1925 年，美国已经建造出世界上规模第二大的纺织业，棉纱产量占全球 50%以上。美国凭着工业和技术优势，大力发展机械制造和化纤工业。20 世纪 50 年代美国纺织品生产技术和纺织机械水平处于世界领先地位。在纺织业蓬勃发展的同时，服装辅料作为伴生行业应运而生，1893 年美国人维特康 · 贾德森研制出了“移动纽扣”，正是现代拉链的雏形，到“一战”期间，美国古德里奇公司将拉链的专利买下并开始大规模商用。

## 小知识

16 世纪开始的“三角贸易”共分为三个行程（图 4-1）。

出程：欧洲奴隶贩子从本国出发装载盐、布匹、朗姆酒等，在非洲换成奴隶。

中程：满载黑人的运“奴”船沿着所谓的“中央航路”通过大西洋，到达西印度群岛和美洲殖民地。

归程：奴隶在美洲换成蔗糖、烟草和稻米等种植园产品以及金银和工业原料，最后，满载金银和原料的船只返回欧洲。

“三角贸易”发生在欧洲西部、非洲的几内亚湾附近、美洲西印度群岛之间，航线大致构成三角形状，由于被贩运的是黑色人种，故又称“黑三角贸易”，历时达 300 年之久。

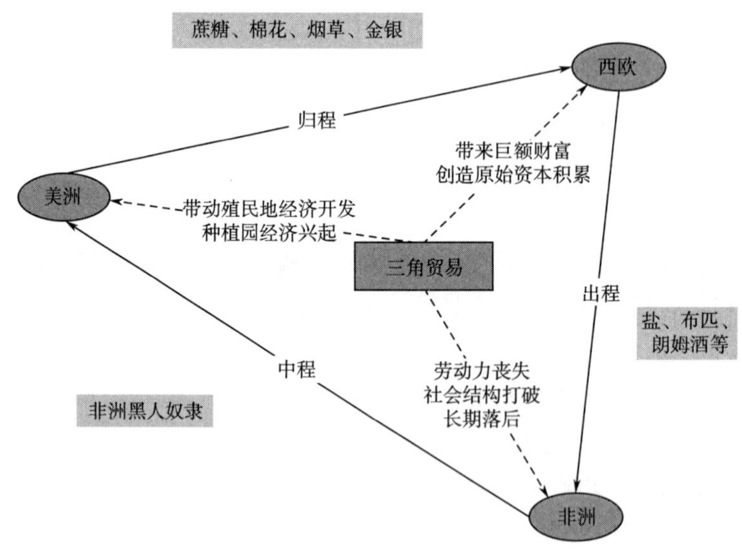


图 4-1　三角贸易

### （三）由欧美向日本转移

19 世纪末，日本已开始发展纺织业，20 年代后期随着科学管理模式的推崇和纺织设备升级，日本棉纱业劳动生产效率高于英美。“二战”期间，日本纺织业受到严重影响，直到 1955 年才回到正轨。50 年代日本低廉的劳动力成本使全球工业开始部分向日本转移，拉链行业也随着这一波浪潮开始了第一次大的产业转移，日本开始替代美国成为世界拉链制造中心。1956 年日本的纺织工业产值占到国内工业生产总值的一半以上，出口占全国出口总额的 34.4%。60 年代，西欧和美国纺织业出口份额持续下滑，最终通过大力发展合成纤维和高端设备制造完成纺织业转型升级。

**课堂讨论 4-1：** 纺织业从英国向美国转移和从美国向日本转移的动力分别是什么？

### （四）1970~1995 年，韩国以及中国港台地区成为纺织品出口中心

随着 20 世纪 60 年代末日本劳动力成本高涨，具备廉价劳动力和充分生产条件的韩国及中国台湾逐步承担纺织业分工角色。日本首先将成衣产能转移到韩国以及中国港台地区，日本成衣出口份额从 1965 年的 11%下降到 1975 年的 2%，韩国、中国台湾则分别从 2%提升到 7%~8%。1980 年日本、韩国、中国台湾纺织业出口份额分别为 6.8%、6.2%和 5.1%。20 世纪 80 年代末，韩国成衣出口份额达到峰值，与当时出口份额排名第一的意大利基本持平，随后由于劳动力成本上升，成衣环节陆续迁移到中国大陆。

### （五）1990~2015 年，中国纺织业迅速崛起至绝对领先

随着 20 世纪 80 年代开始的中国改革开放，中国大陆凭借绝对的人口优势和丰富的原料资源，开始迅速承担纺织品主要出口国角色，这一时期中国从成衣环节起步，纺织业迅速崛起至绝对领先。1987 年，我国纺织工业进行战略调整，即从以国内市场为主，转为保证国内市场供给的同时，着重抓出口创汇。1995 年韩国、中国台湾、中国大陆出口份额分别为 5.5%、4.7%和 12.0%，此时中国出口仍以成衣和棉纺面料为主。

据 1970 年以来的资料统计，纺织品和服装出口居全球第一的国家分别是日本（1970~1972）三年，德国（1973~1980）八年，意大利（1981~1983、1985~1986）五年。1994 年，我国纺织品出口额达 355.5 亿美元，占全球纺织品服装比重 13.2%，正式成为全球纺织服装第一大出口国。

2001 年，中国正式加入 WTO，2005 年纺织品配额取消，纺织服装出口得到充分释放。2015 年中国纺织品、服装出口份额分别占全球的 37.8%和 39.5%，同时承担了全球 70%的合成纤维生产。在纺织业转移的同时，拉链制造业也开始了第二次产业转移，制造中心从日本移至中国。

### （六）2010 年至今逐渐向南亚和东南亚转移

2010 年后，中国劳动力成本上升，劳动力成本仅为中国 1/3 的南亚和东南亚新兴国家迅速兴起，承担成衣等终端加工环节。2019 年，越南、孟加拉国、印度纺织业出口份额分别为 5.3%、4.6%和 4.5%，其中成衣份额更高一些，分别为 6.5%、6.6%和 4.4%。中国纺织业有部分剥离低端环节的趋势，棉制面料下降，合纤面料增长，同时高附加值产品比例也在迅速提高，2000 年特种纺织品比例仅 4.2%（同期的日本、韩国、中国台湾分别为 18%左右），2019 年达到 17.5%（日本、韩国、中国台湾分别为 35%、18%和 22%）。

**课堂讨论 4-2：** 探讨越南纺织服装业崛起的原因。

## 二、世界纺织品贸易格局

近年来受疫情、中美贸易摩擦的影响，以及“一带一路”倡议、RECP 等经济组织的推动，世界纺织品贸易格局发生了较大变化。

2019 年，由于全球经济增速放缓，纺织品和服装贸易额也有所减少，其中纺织品出口额为 3061.2 亿美元，同比减少 2.1%，服装出口额为 4935.1 亿美元，同比减少 0.1%。2020 年由于新型冠状病毒感染暴发，全球经济发展放缓，国际上世界纺织品贸易也出现了较大的滑落。

2021 年，全球纺织品服装贸易总额达 9031 亿美元，同比增长 16%，增速较 2020 年加快 18.8%，但低于同期大部分工业品贸易增速。从产品结构来看，纺织品和服装出口金额分别为 3542.7 亿美元和 5488.3 亿美元，同比分别增长 7.8%和 21.9%。表 4-1 为 2021 年世界主要纺织品进出口国家或地区、进出口金额及占比。

**表 4-1　2021 年世界主要纺织品进出口国家或地区**

| 出口 | | | 进口 | | |
|---|---|---|---|---|---|
| 国家/地区 | 金额/美元 | 占比/% | 国家/地区 | 金额/美元 | 占比/% |
| 中国 | 150977542638 | 42.62 | 美国 | 39554815082 | 11.17 |
| 印度 | 22232594575 | 6.28 | 越南 | 18606520247 | 5.25 |
| 德国 | 14884940696 | 4.20 | 中国 | 16167293371 | 4.56 |
| 美国 | 13122345071 | 3.70 | 德国 | 16109569496 | 4.55 |
| 意大利 | 11917259378 | 3.36 | 日本 | 9289012683 | 2.62 |
| 越南 | 11556130043 | 3.26 | 意大利 | 8915521942 | 2.52 |
| 土耳其 | 11097412006 | 3.13 | 法国 | 8765275320 | 2.47 |
| 巴基斯坦 | 9188212638 | 2.59 | 英国 | 7980906750 | 2.25 |
| 韩国 | 8677557697 | 2.45 | 印度尼西亚 | 7094376927 | 2.00 |
| 荷兰 | 7019733019 | 1.98 | 土耳其 | 6447689504 | 1.82 |
| 日本 | 6241881976 | 1.76 | 荷兰 | 6303622914 | 1.78 |
| 法国 | 5152174609 | 1.45 | 韩国 | 6287006643 | 1.77 |
| 西班牙 | 4940027823 | 1.39 | 墨西哥 | 6243650387 | 1.76 |
| 比利时 | 4721381422 | 1.33 | 西班牙 | 5522385664 | 1.56 |
| | | | 波兰 | 5514955362 | 1.56 |

数据来源：Uncomtrade 数据库计算整理

由表 4-1 可见，世界纺织品出口国主要分布在亚洲、欧洲和北美。其中，中国占世界纺织品总出口的 40%以上，遥遥领先于其他国家和地区。印度排名第二，目前纺织品已经成为继农产品之后的印度第二大外汇收入来源。印度、巴基斯坦、越南等南亚和东南亚国家借助其劳动力价格优势，贸易量得到较大提升。在欧洲，欧盟成员国德国、土耳其、意大利、荷兰、法国、西班牙、比利时等都在前15位。

世界纺织品主要进口国与出口国重合较多，也主要分布在亚洲、欧洲和北美。其中，美国以11%的占比居世界首位。越南虽然只有9000多万人口，却以其强大的加工能力，纺织品进口排名世界第二。土耳其和墨西哥因分别接近于欧美发达国家消费市场，其纺织品的进口分别占第十及第十三位。

## 三、世界服装贸易格局

2019年，全球服装出口额为4935.1亿美元，比2018年略有下降，同比减少0.1%。2021年，全球服装出口额为5488.3亿美元，同比上涨21.9%。增速较2020年回升26.8%。表4-2为2021年世界主要服装进出口国家或地区。

**表4-2 2021年世界服装进出口国家或地区**

| 出口 | | | 进口 | | |
|---|---|---|---|---|---|
| 国家或地区 | 金额/美元 | 占比/% | 国家或地区 | 金额/美元 | 占比/% |
| 中国 | 184628775189 | 33.64 | 美国 | 106287478411 | 19.37 |
| 越南 | 30621414353 | 5.58 | 德国 | 46602710988 | 8.49 |
| 德国 | 28417916259 | 5.18 | 法国 | 27058374359 | 4.93 |
| 意大利 | 27470850312 | 5.01 | 日本 | 26526626374 | 4.83 |
| 土耳其 | 18294022156 | 3.33 | 英国 | 23227406942 | 4.23 |
| 印度 | 16150083269 | 2.94 | 西班牙 | 19858276628 | 3.62 |
| 西班牙 | 16073445127 | 2.93 | 意大利 | 18088939427 | 3.30 |
| 荷兰 | 15205821250 | 2.77 | 荷兰 | 18059956151 | 3.29 |
| 马来西亚 | 14538366271 | 2.65 | 波兰 | 13621948874 | 2.48 |
| 法国 | 14171785716 | 2.58 | 中国 | 12307264302 | 2.24 |
| 波兰 | 11813167281 | 2.15 | 加拿大 | 11859196830 | 2.16 |
| 印度尼西亚 | 9350876683 | 1.70 | 韩国 | 11415581880 | 2.08 |
| 巴基斯坦 | 8455882869 | 1.54 | 俄罗斯 | 9076280590 | 1.65 |
| 柬埔寨 | 8126214749 | 1.48 | 瑞士 | 8939279446 | 1.63 |
| | | | 澳大利亚 | 8658837720 | 1.58 |

数据来源：Uncomtrade数据库计算整理

由表4-2可见，世界服装主要出口国分布在亚洲和欧洲。中国出口服装占全球的33.64%，占据绝对优势地位。排名第二的是东南亚国家越南，2015年12月，越南与欧盟签署了自由贸易协定，越南与欧盟两个经济体之间99%的货物关税在2018年协定生效后被取消，越南对欧出口实现“零关税”。同时，由于越南棉花进口配额不受限制，也成为中国纺织企业规模扩张和对外投资的热门选择。欧盟的意大利、德国、土耳其、法国、荷兰等国时尚产业发达，是欧洲服装产品主要出口国。南亚地区的印度和巴基斯坦，纺织服装市场发展蓬勃，出口和内销的增长十分迅猛。

世界服装消费市场主要在美国、欧盟、英国以及中日韩等亚洲地区，主要得益于这些地区消费能力强以及世界时尚中心的地位，俄罗斯服装进口排在第13位，也有较强的消费能力。

## 第二节　中国纺织品服装发展及对外贸易现状

### 一、中国纺织工业发展历程

中国纺织工业发展历史十分悠久，早在新石器时代就已经掌握了纺织技术，中国古代的丝麻纺织技术已达到相当高的水平，在世界上享有盛名。古罗马帝国最早是通过“丝绸之路”进行丝织品的传播，并称中国为“丝之国”。

中华人民共和国成立之初，中国正处于热火朝天的建设时期，根据当时的国情，中国政府重心在重工业上，纺织工业地位较低。1949年，我国棉纺生产能力只占世界约5%，全国人均年纤维消费量只占世界平均数的三分之一左右。即使在1954年为求社会转型，政府引进大规模纺织行业合作项目，但是相对于战略性质的重工业，仍然被忽略，产业投资严重不足，我国纺织相关技术极其落后。

1978年中国开始进行改革开放，此时纺织工业进入快速发展的黄金时期，服装生产量大大增加，从1978年的6.7亿件增长到2000年的100亿件，占全球总产量的20%，20世纪末，中国建成世界纺织大国，其中纤维加工总量占世界25%，出口占世界约20%。

随着服装产业链逐渐完善，也鼓舞了中国服装品牌的成立。2000年后，中国企业将目光更多地放在了增加值和品牌上，中国纺织企业不再只是生产制造，而是注重原创设计、用料研究和品牌营销，希望借此能够增加中国纺织服装产品本身的价值。2020年，中国纺织工业纤维加工总量占世界50%以上，国内人均纤维消费量已达到世界中等发达国家的水平，涌现出一批知名服装品牌，如海澜之家、太平鸟、森马、江南布衣等。

### 二、中国纺织品服装对外贸易现状

#### （一）中国纺织品服装对外贸易规模

2019年全球经济增速放缓，2020年持续下滑。2021年，在欧美等主要发达经济体财政和货币刺激政策效应外溢和全球大宗商品价格显著上涨等因素支撑下，全球货物贸易实现强劲反弹。全球商品贸易总额达21.6万亿美元，较2020年和2019年分别大幅回升16.8%和27.1%。同期，我国纺织品、服装出口分别占世界总出口额的41%和32%，是全国外贸顺差最大的产业。表 4-3 为 2011~2021 年中国纺织品服装的全球市场占有率。

**表 4-3 2011~2021 年中国纺织品服装全球市场占有率（%）**

| 年份 | 2011 | 2012 | 2013 | 2014 | 2015 | 2016 | 2017 | 2018 | 2019 | 2020 | 2021 |
|---|---|---|---|---|---|---|---|---|---|---|---|
| 纺织品 | 31.99 | 33.75 | 35.22 | 35.90 | 37.75 | 37.20 | 37.11 | 37.95 | 39.12 | 46.90 | 41.09 |
| 服装 | 36.66 | 38.39 | 39.17 | 38.81 | 38.49 | 35.53 | 33.82 | 31.96 | 30.59 | 31.44 | 32.08 |

由表 4-3 可知，近年来，中国纺织品的国际市场占有率稳步上升，从 2011 年的 31.99%上升到 2021 年的 41.09%，其中 2020 年的峰值可能是源于口罩等防护用品出口的激增。而同期内中国服装出口占有率呈现先上升后下降的趋势，从 2011~2015 年稳步上升，2016 年后由于成衣生产转移到了东南亚国家，2016—2019 市场占有率呈现下降趋势，2020~2021 年的小幅回升主要是由于疫情导致部分订单转移到中国。

## （二）中国纺织品服装对外贸易地理方向

### 1. 纺织品对外贸易地理方向

我国纺织品主要出口目的地是美国，约占美国纺织品服装总进口的三分之一。其次随着东南亚及南亚加工能力的增强，越南、孟加拉国、印度等逐渐成为我国纺织品服装的主要出口目的地。表 4-4 为 2021 年中国纺织品对外贸易地理方向。

**表 4-4 2021 年中国纺织品对外贸易地理方向**

| 出口 | | | 进口 | | |
|---|---|---|---|---|---|
| 目的地 | 出口额/亿美元 | 占比/% | 来源地 | 进口额/亿美元 | 占比/% |
| 世界 | 1455.6 | 100.00 | 世界 | 161.7 | 100.00 |
| 美国 | 167.9 | 11.54 | 越南 | 35.5 | 21.95 |
| 越南 | 147.7 | 10.15 | 日本 | 20.7 | 12.80 |
| 孟加拉国 | 83.7 | 5.75 | 印度 | 11.1 | 6.83 |
| 日本 | 54 | 3.71 | 韩国 | 10.6 | 6.56 |
| 印度尼西亚 | 46.8 | 3.22 | 巴基斯坦 | 8.4 | 5.20 |
| 印度 | 45.2 | 3.11 | 意大利 | 7.0 | 4.30 |
| 柬埔寨 | 40.5 | 2.78 | 乌兹别克斯坦 | 6.7 | 4.14 |
| 尼日利亚 | 35.3 | 2.42 | 美国 | 5.4 | 3.33 |
| 菲律宾 | 34.6 | 2.38 | 德国 | 5.0 | 3.08 |
| 韩国 | 34.5 | 2.37 | 印度尼西亚 | 3.8 | 2.38 |

数据来源：Uncomtrade 数据库整理

由表 4-4 可见，我国纺织品出口额远远大于进口，约为进口的 9 倍。主要出口目的国为美国、越南、孟加拉国、日本等国家，其中出口到美国、日本的为终端产品，而出口到东南亚的一般为中间投入品。进口来源地为越南、日本、印度、韩国、巴基斯坦等国家。

**2. 服装对外贸易地理方向**

中国是服装出口大国，出口额占世界总出口的40%左右，主要出口目的地为美、日、韩、欧盟等发达国家。我国服装进口第一大国是意大利，主要进口其奢侈品牌服装。表4-5为2021年我国服装对外贸易地理方向。

**表4-5 2021年中国服装对外贸易地理方向**

| 出口 | | | 进口 | | |
|---|---|---|---|---|---|
| 目的国 | 出口额/亿美元 | 占比/% | 来源地 | 进口额/亿美元 | 占比/% |
| 世界 | 1760.5 | 100.00 | 世界 | 123.1 | 100.00 |
| 美国 | 411.5 | 23.37 | 意大利 | 31.6 | 25.69 |
| 日本 | 149.3 | 8.48 | 越南 | 18.1 | 14.67 |
| 韩国 | 70.3 | 3.99 | 马来西亚 | 4.6 | 3.76 |
| 英国 | 69.4 | 3.94 | 柬埔寨 | 4.3 | 3.53 |
| 德国 | 64.4 | 3.66 | 法国 | 4.2 | 3.40 |
| 法国 | 50.9 | 2.89 | 印度尼西亚 | 4.2 | 3.38 |
| 澳大利亚 | 50.8 | 2.89 | 孟加拉国 | 4.1 | 3.33 |
| 俄罗斯 | 48.2 | 2.74 | 泰国 | 4.1 | 3.30 |
| 荷兰 | 45.3 | 2.57 | 葡萄牙 | 3.9 | 3.14 |
| 吉尔吉斯斯坦 | 43.4 | 2.47 | 土耳其 | 2.3 | 1.87 |

数据来源：Uncomtrade数据库整理

由表4-5可见，2021年我国服装出口远远大于进口，约为进口的14倍。主要出口目的国为发达国家，即使在中美贸易摩擦的情况下，美国依然占我国总出口的23.37%。进口来源地主要为欧洲的意大利、法国，以及东南亚的越南、马来西亚、柬埔寨等国家。

## 三、中国纺织品服装对外贸易政策

对外贸易政策是一国在一定时期对进出口贸易进行管理的原则，方针和措施手段的总称，不同发展阶段有不同的贸易政策，目前我国主要有以下这些贸易政策：

**1. 出口退税政策**

中国政府实施出口退税政策，对出口的纺织品和服装给予一定比例的退税，以降低企业出口成本并提升竞争力。

**课堂讨论4-3**：查询几类纺织品服装出口退税的退税率是多少。

**2. 质量检验和标准**

中国要求进口纺织品和服装符合中国国家标准和质量要求，进口的纺织品和服装需要经过严格的质量检验和认证，以确保产品质量和安全。目前主要使用的强制标准有：GB 18401—2010《国家纺织产品基本安全技术规范》、GB 31701—2015《婴幼儿及儿童纺织产品安全技术规范》、GB 20400—2006《皮革和毛皮　有害物质限量》以及 GB 21550—2008《聚氯乙烯人造革有害物质限量》。其中 GB 18401—2010 将纺织产品分为以下三类：婴幼儿纺织产品（年龄在 36 个月以内的婴幼儿使用的纺织产品）、直接接触皮肤的纺织产品、非直接接触皮肤的纺织产品，适用范围是在我国境内生产、销售的服装，装饰用和家用纺织产品，比如服装、床单、被套、手套、袜子、帽子、毛巾、窗帘、围嘴、吸汗巾等。

**3. 自由贸易区和经济合作协议**

中国积极参与国际自由贸易区和经济合作协议，与其他国家和地区签署了一系列自由贸易协定，如“一带一路”倡议促进了中国与“一带一路”沿线国家的贸易，RCEP 的成立进一步降低了区域内国家之间的关税和非关税贸易壁垒，扩大了市场开放度。

**4. 贸易保护措施**

中国政府对一些纺织品和服装实施贸易保护措施，如反倾销和反补贴调查、技术性贸易壁垒等。这些措施旨在维护国内纺织品和服装产业的良性发展。

需要注意的是，贸易政策会随着时间和国际形势的变化而调整，可能会有新的政策出台或现有政策进行修改。因此，及时了解最新的政策信息对于从事纺织品和服装对外贸易的企业非常重要。

## 第三节　美国纺织品服装对外贸易

### 一、美国纺织品服装对外贸易规模

**1. 出口规模**

美国是世界主要纺织品和服装出口国之一，同时也是世界上最大的进口市场。根据美国国际贸易委员会（USITC）的数据，2019 年，美国纺织品和服装出口总值约为 1056 亿美元，进口为 1110. 33 亿美元；2020 年，主要由于新型冠状病毒感染导致贸易量下降，美国纺织品和服装出口急剧下降至 895. 96 亿美元；2021 年再次反弹至 1139. 38 亿美元。

**2. 进口规模**

美国是世界上最大的纺织品和服装进口国。根据美国海关边境保护局（CBP）的数据，2019 年，美国从全球进口的纺织品和服装总值约为 830 亿美元，2022 年美国纺织品服装进口增长 16. 03%至 1322. 01 亿美元。

### 二、美国纺织品服装对外贸易格局

**1. 主要出口市场**

美国纺织品和服装的主要出口市场包括加拿大、墨西哥、中国、日本和韩国等。此外，美国还在不断开拓新的出口市场，如中东、东南亚和非洲等地。

**2. 主要进口市场**

美国纺织品和服装进口主要来自中国、越南、印度、印度尼西亚、孟加拉国和墨西哥等国家和地区。近年来，尽管美国对中国的纺织品和服装实施了额外关税，并采取了一系列反倾销和反补贴措施，但2022年中国仍以25.65%的市场份额，继续占据美国最大的纺织品和服装供应商地位。越南是美国纺织品服装的第二大供应商，占其14.87%的份额。

## 三、美国纺织品和服装对外贸易政策法规

**1. 关税措施和配额控制**

美国对一些纺织品和服装实施进口关税和配额控制。根据美国国际贸易委员会和美国海关边境保护局的规定，进口纺织品和服装需要缴纳相应的关税，并且对一些产品实施进口限额措施。

美国的关税税率分为三类：第一类是来自大多数国家/地区的商品的关税税率列在美国协调关税表HTS税率栏（rates of duty）第1列普通税率（general）子栏中，商品符合这些税率的国家被视为与美国有正常贸易关系"NTR"（normal trade relations）的国家。第二类是许多符合第1列税率的国家/地区也可能有资格根据第1列特定税率（special）子栏中列出的各种特殊贸易协定享受优惠税率，通常是free（免税）。第三类是来自非NTR范围的国家/地区的产品的税率列在HTS税率栏第2列，目前为古巴和朝鲜。

**2. 贸易协定**

美国与其他国家和地区签署了一系列贸易协定，如北美自由贸易协定（NAFTA）和美国—中南美自由贸易协定（CAFTA-DR）。这些协定降低了纺织品和服装进出口的关税和贸易壁垒，促进了贸易自由化。

**3. 贸易保护措施**

美国政府对一些纺织品和服装实施贸易保护措施，如反倾销和反补贴调查、技术性贸易壁垒、绿色壁垒以及劳工标准等。这些措施旨在保护国内纺织品和服装产业不受外来产品的冲击。

**课堂讨论4-4**：简述中美贸易摩擦在纺织服装方面的主要表现。

**4. 标签和认证要求**

美国对进口纺织品和服装的标签和认证要求比较严格。进口的纺织品和服装需要符合美国消费者产品安全委员会（CPSC）和美国联邦贸易委员会（FTC）的标准和要求。

**5. 劳工和环境要求**

美国对进口纺织品和服装的劳工和环境要求较高。进口的纺织品和服装需要符合美国劳工部和环境保护署的相关法规和标准。

当然，美国的贸易政策法规可能会随着时间和国际形势的变化而调整，可能会有新的法规出台或现有法规进行修改。因此，及时了解最新的政策法规信息对于从事纺织品和服装对外贸易的企业非常重要。

# 第四节　欧盟纺织品服装对外贸易

## 一、欧盟纺织服装业特点

欧盟成员国多为纺织工业发达的国家，纺织品服装生产具有以下几个特点。

第一，致力于生产高品质的纺织品。德国纺织业的主要产品为丝、棉、化纤和毛线及面料、工业用无纺布、家纺产品和最新发展的多功能纺织品等。目前德国产业用纺织品占纺织品总量的比重已超过40%，已占领了全球产业用纺织品新技术的制高点。德国纺织业在环境和医疗纺织品领域也保持着全球领先地位。法国近年来陆续推出多项振兴纺织服装业的发展策略，纺织企业正致力于在“智能面料”、生态科技面料等方面进行创新和生产。

第二，世界知名服装品牌众多。法国和意大利拥有很多世界著名品牌的服装，法国拥有享誉世界的五大著名品牌（卡地亚、香奈儿、迪奥、拉科斯特、路易威登），并且在全球服装市场已有极大占有率。意大利也是众多世界顶级奢侈品品牌的发源地，在米兰市中心就有超过十万家注册的服装品牌和制造商，比如1975年由时尚设计大师乔治·阿玛尼创立的阿玛尼（Armani）是世界著名奢侈品牌，1960年成立的华伦天奴（Valentino）享誉世界，融合意大利手工艺和现代美感，塑造优雅的华美典范；大名鼎鼎的普拉达（Prada）于1913年在米兰创建。

第三，精密纺织机械领先全球。目前高端纺织机械厂商主要集中在德国、意大利、比利时等。德国有100多家高水平纺织企业，产品涵盖了纺织生产领域的所有设备，包括纺纱、非织造、织造、针织、经编和整理。意大利的纺织机械业十分发达，2020年，意大利38%的纺织机械都出口到了亚洲，其中，对中国出口占意大利机械行业总出口量的14%（超1.9亿欧元）。

## 二、欧盟纺织服装对外贸易现状

欧盟约有4.5亿人口，人均GDP 3.8万美元，每年个人服装鞋履消费支出金额超过3600亿美元，是全世界最为重要的纺织品服装消费市场之一。欧盟纺织服装产品消费市场容量较大，且由于在纺织品服装方面的自主供给逐步减少，自外部进口是欧盟满足消费需求的重要途径。1999年，自外部进口占欧盟纺织品服装进口总额的比重尚不足一半，此后逐年提升；2010年起占比超过50%；自2016年起，欧盟每年从外部进口纺织品服装金额均超过1000亿美元；2022年进口金额达到1539亿美元。

**课堂讨论4-5**：查阅数据库，了解欧盟纺织品服装内部贸易额及占比。

欧盟也是世界上最大的纺织品和服装进口地之一，2020年，欧盟从全球进口的纺织品和服装总值约为3480亿欧元，主要从中国、孟加拉国、印度、土耳其和越南等国家和地区进口。

从欧盟角度来看，我国是欧盟纺织品服装进口第一大国，在欧盟纺织品服装进口市场中占比于2010年达到欧盟总进口的42.5%的峰值，此后逐年下降，2019年已降至31.1%。新型冠状病毒感染暴发，引发欧盟口罩、防护服等产品需求迅速增长，防疫物资大量进口将我国在欧盟纺织品服装进口市场中所占份额重新拉升至42.7%的高位。但此后，随着防疫物资需求从峰值回落，加上国际贸易环境日趋复杂，我国出口的纺织品服装在欧盟所占市场份额重回下降轨道，2022年为32.3%。在我国市场份额下降的同时，孟加拉国、印度、巴基斯坦等南亚三国市场份额提升最为明显。2010年，上述南亚三国纺织品服装仅占欧盟进口市场的18.5%，2022年该比重提升至26.7%。

欧盟纺织品和服装的主要出口市场，包括美国、中国、瑞士、日本和韩国等。此外，欧盟也在不断向新兴市场和发展中国家拓展出口，如东南亚、非洲和拉丁美洲等地。

## 三、欧盟纺织品服装对外贸易政策法规

欧盟是设立壁垒较多的地区，尤其是在标准、法规和评定程序方面采取了许多限制措施。在纺织服装方面欧盟所制定的技术法规主要涉及人体健康和安全、消费者权益保护等方面的内容。

（1）欧盟REACH法规（1907/2006/EC）：涉及30000余种化工产品及其下游产品，包括玩具、服装、纺织品、机电等。

（2）欧盟持久性污染物（POPs）法规（EU）2019/1021：所有销售到欧盟的各类产品。

（3）纤维成分及标签法规（EU）NO1007 /2011：①含纺织纤维80%以上的产品；②含有80%以上纺织品成分的家具、雨伞和遮阳伞；③以下纺织品成分至少占最上层或覆盖物80%：多层地毯的上层、床垫遮盖物、露营用品的覆盖物；④包含在其他产品中，成为产品不可分割部分的纺织品，并且成分已被标明。

（4）通用产品安全指令2001/95/EC（GPSD）—协调标准EN 14682《童装绳索和拉带安全要求》：适用于14岁以下儿童服装包括化妆服装和滑雪服。

（5）欧盟纺织品燃烧性技术标准：适用于出口欧盟相关纺织产品如睡衣、软垫、床垫等。

（6）欧盟纺织品生态标签eco-label：欧盟于1992年通过第EEC 880/92号条例出台了“欧盟生态标签”体系，用以表示具有“环境卓越性”的官方自愿性标签。

### 小知识

**生态纺织品标准** Oeko-Tex Standard 100

1992年，国际环保纺织协会颁布了Oeko-Tex Standard 100标准，Oeko-Tex Standard 100标准成为实际用于判定纺织品生态性能的重要基准，具有严格而详细的纺织品环保项目和测试方法的规定要求，通过该项认证的产品被誉为“信心纺织品”。该标准针对300多项有害物质规定了限量值，检测的物质包括禁用偶氮染料、致癌和致敏染料、针对天然纤维纺织品的杀虫剂、多环芳烃（PAH）、有机锡化合物、氯化苯酚、邻苯二甲酸酯（增塑剂）、PFOS、

PFOA 和表面润滑剂残留（APEO）等。

## 本章思维导图

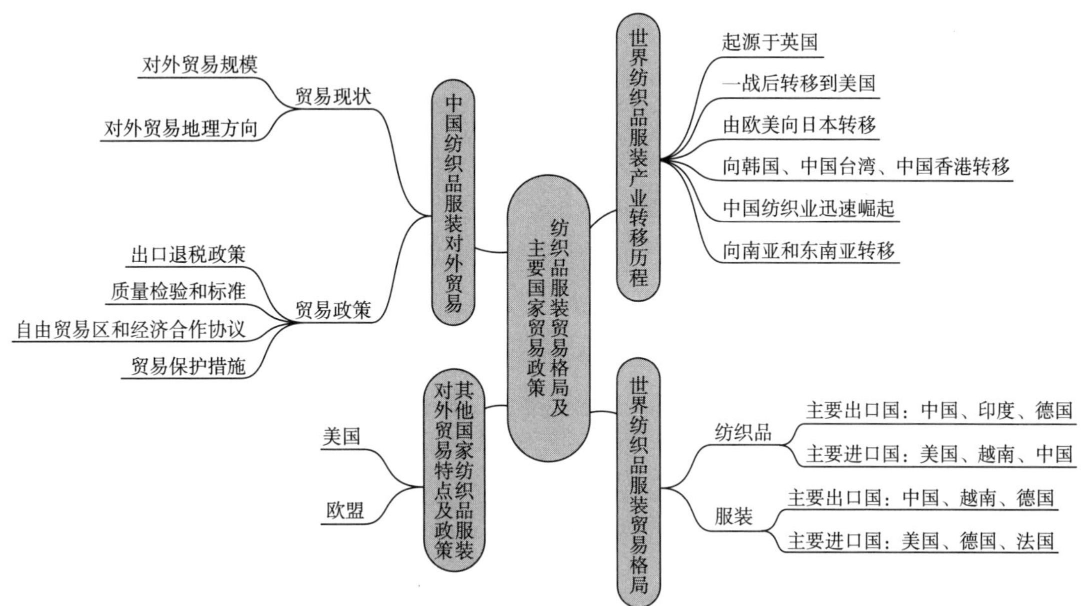


## 课后思考题

1. 简述国际纺织服装产业转移的历程，说明产业转移的动因。
2. 出口退税的意义是什么？查询我国目前对某类纺织服装产品的出口退税率。
3. 简述并举例说明美国的三种关税税率分别适用于哪些国家。
4. 比较欧盟纤维成分及标签法规与中国国标的区别。
5. 请比较自由贸易区与保税区有什么区别。
6. 简述上海自贸试验区的建立背景。

## 答案

1. 全球纺织业共经历五轮大迁移：从英国到美国，美国到日本，日本到韩国、中国台湾、中国香港再到中国大陆，再到目前的南亚和东南亚。动因是纺织业是劳动密集型产业，随着劳动力成本的上升，自然会向劳动力成本相对较低的国家转移。

2. 出口退税退的是国内增值税，一国为了鼓励本国商品的出口，避免商品在国内国外双重征税，会把本国已经征收的增值税进行退还，降低成本，提高本国商品在国际市场的竞争力。

3. ①第 1 列普通税率（general）子栏中，适用于大多数国家/地区的商品的关税税率，比如 WTO 成员如丹麦、芬兰、新西兰等。②第 1 列税率的特定税率（special）子栏，列出的是各种特殊贸易协定享受优惠税率，通常是免税（FREE），比如加拿大、墨西哥等。③第 2 列为来自非 NTR 范围的国家/地区的产品的税率，主要为社会主义国家，如古巴和朝鲜。

4. 从标准内容上来看，欧标和国标存在一定的差异。欧标在纤维、色牢度、可燃性等方面的要求更为严格。另外，欧标还对一些品种和品质纤维提出了更具体、更细致的规范和要求。国标相对来说更为基础和简约。在纤维的定义、颜色的规定、可燃性的要求等方面相较欧标要略逊一筹。

5. 监管力度不同；储存时间限制不同；货物管理方式不同；功能作用不同。

6. 中国加入世贸组织之后发展迅速，感到威胁的美欧日三大经济体建立了新的区域性贸易和服务规则来取代世贸组织，将中国排除在外，在此国际背景下，建立上海自由贸易试验区，对新的国际贸易规则进行试验，为区域贸易谈判积累经验，争取在国际市场的主动地位。

# 第五章　国际贸易措施

## 教学目的与要求

通过本章的学习，要求学生理解国际贸易措施的类型及特点，掌握关税措施、非关税措施以及鼓励出口的措施，能够分析国际贸易政策历史演进及动因，阐释发达、发展中国家的贸易措施的特征和发展趋势，把握当前世界各国贸易措施的最新动态和发展变化趋势。

## 开篇导读

**美国发布防护口罩标准**

2021 年 2 月 15 日，美国材料实验协会（ASTM）发布新的口罩标准 ASTM 3502。该标准为首个普通消费者使用的防护口罩标准，适用范围不包括在美国食品药品监督管理局（FDA）监管的医疗环境中使用的口罩（医用口罩）及在需要获得美国国家职业安全卫生研究所（NIOSH）批准的工作场所环境中用作个人防护设备（PPE）的呼吸器。防护口罩旨在通过减少从佩戴者的鼻子和嘴中喷出的飞沫的数量来进行源头控制，同时通过过滤颗粒物以减少佩戴者的吸入量来提供保护。

（一）性能

（1）亚微米级颗粒过滤效率 1 级（PFE）≥20%；2 级（PFE）≥50%。

（2）气流（呼吸）阻力：1 级吸入≤15mm$H_2O$，2 级吸入≤5mm $H_2O$。

（二）一般结构

（1）至少覆盖使用者的脸部和嘴部。

（2）紧密贴合以最大限度地减少泄漏。

（3）可以通过设计分析或使用 ASTMF 3407 进行定量泄漏评估。

（4）禁止包括排气孔，阀门或其他在呼气过程中允许气流绕过防护口罩过滤元件的功能。

（5）没有尖锐的边缘，尖锐的地方或毛刺。

（6）保留系统，用于在用户的鼻子和嘴巴上覆盖障碍物，以达到预期的使用效果和时间。

（7）尺寸。

（三）易燃

根据 16 CFR（联邦法规）1610 进行测试时，材料应分为 1 类或 2 类。

（四）合格评定

（1）指南 ASTM 3050 中的模型 A 要求。

(2) PFE和空气流动（呼吸）阻力评估必须经ISO 17025认可并在其认可范围内在实验室进行特定测试。

(五) 标签

标签是产品和包装都需要标注的一些关键信息。

(1) 制造商名称和信息。

(2) PFE的性能和抗气流（呼吸）能力（级别1和级别2）或连续性能示意图。

(3) 材料。

(4) 可追溯性信息。

当前，市场上有许多防护口罩可用。但消费者很难区分不同产品的性能。该标准将成为品牌和零售商开发防护口罩的有用工具，以评估产品的性能并用标签向消费者传达有用的性能信息。

来源：锦桥纺织网

一国的对外贸易政策是通过实施具体的措施实现的。保护贸易政策的主要措施是设置贸易壁垒或贸易障碍，对国外商品或劳务交换设置人为限制。根据我国《对外贸易法》和商务部《对外贸易壁垒调查规则》的规定，贸易壁垒是指一国（地区）政府采取或者支持的措施或者做法，违反该国（地区）在国际条约或者未能履行有关国际条约下应承担的义务，以及在产品或者服务的准入或者准出方面对该国造成负面贸易影响的措施或者做法。国际贸易措施主要包括关税措施、非关税措施、出口管理措施等。

# 第一节 关税措施

PPT5.1
关税措施

关税措施是贸易壁垒的主要形式之一。它是指一国（地区）政府所设置的海关对进出口本国（地区）关境的商品征收关税所形成的一种贸易壁垒。

## 一、关税的特点与作用

### （一）关税的特点

关税（tariff）是税收的一种，是一国财政收入来源之一，同其他税收一样，关税具有强制性、无偿性和预定性。除此之外，关税还具有以下三个特点。

(1) 关税是一种间接税。

(2) 关税的税收主体和客体分别是进出口商人和进出口货物，税收机构是海关。

(3) 关税的课征以关境为界，不是以国境为界。

### （二）关税的作用

#### 1. 增加财政收入

在早期，关税收入曾占一些国家财政收入的很大比例，例如，1805年美国联邦政府的财政收入90%~95%是来自关税。但在当今社会，大多数国家关税占财政收入的比重已经大大下降，但在少数国家仍然是财政收入的重要来源。

**2. 保护国内产业**

关税可以通过提高进口商品的价格，使国内产品在市场上更具竞争力。这种保护措施可以帮助国内产业发展和创造就业机会，特别是对于新兴产业或国内竞争较弱的行业更是如此。

**3. 促进国内经济多样化**

通过对某些进口商品征收高关税，可以鼓励国内企业投资和发展其他相关产业。这可以减少对特定进口商品的依赖，促进经济的多样性和可持续发展。

**4. 进行国际经济斗争的重要武器**

一国采取什么样的关税政策直接关系到国与国之间的主权和经济利益，因此关税已成为各国政府维护本国政治、经济权益，乃至进行国际经济斗争的一个重要武器。

当然，关税也可能带来一些负面影响，如提高消费价格、限制消费者选择、引发贸易争端，甚至有些商品因关税税率过高而成为走私的对象等。因此，制定和实施关税政策时需要权衡各方利益，并寻求平衡。

## 二、关税的分类

### （一）按照商品流向分类

按照商品流向的不同，关税可分为进口税、出口税、过境税。

**1. 进口税（import duty）**

进口国海关在外国商品输入时，对本国进口商所征收的关税。为了保护本国生产者的利益，大部分国家对工业制成品征收较高关税，对半制成品的进口税率次之，对原料的进口税率最低甚至免税。

**2. 出口税（export duty）**

出口国海关在本国商品输出时，对本国出口商所征收的关税。目前大多数国家对大多数产品不征收出口税，通常是针对出口原材料征收，以保护本国的生产。

**3. 过境税（transit duty）**

过境税又称通过税，一国对通过其关境或领土而运往另一国的外国货物所征收的关税。过境税最早产生、流行于欧洲各国，其目的是增加国家财政收入。目前世界上大多数国家不征收过境税。

### （二）按照征税的目的分类

按照征税的目的不同，关税可分为财政关税和保护关税。

**1. 财政关税（revenue tariff）**

财政关税是为了增加国家财政收入而征收，与国内的销售税相似，税率较低。当征税的进口货物是国内不能生产或无代用品而必须从国外输入时，或者征税的进口品在国内有大量消费时，会设置税率适中的财政关税。

**2. 保护关税（protective tariff）**

保护关税是为了保护国内某些商品市场，促进这些产业发展而设置的关税。税率越高越能达到保护的作用，当然税率并非越高越好。

**（三）按照差别待遇分类**

按照征税时的差别待遇，关税可分为普通关税、最惠国税、普惠制、特惠税。

**1. 普通关税（general tariff）**

普通关税指一国对来自未建交的国家或未签订贸易协定的国家或地区的产品征收的关税。普通关税的税率一般由进口国自主制定，一般比优惠税率高 1~5 倍，少数商品甚至高达 10~20 倍。

**2. 最惠国税（most favored nation duties）**

最惠国税适用于与该国签订有最惠国待遇条款贸易协定的国家或地区进口的商品，也是世界贸易组织成员之间在正常贸易下必须给予的关税待遇。最惠国待遇分为有条件的最惠国待遇和无条件的最惠国待遇。

**3. 普惠制（generalized system of preferences tariff，简称 GSP tariff）**

发达国家对进口原产于发展中国家的工业制成品、半制成品和某些初级产品给予降低或取消进口关税待遇的一种关税优惠，简称普惠制。普惠制税率要低于普通税率和最惠国税率。

**小知识**

**普惠制**

普惠制由“七十七国集团”在 1964 年第一届联合国贸发会议上正式提出。1971 年关贸总协定成员国作出决定，要求每个发达国家制定各自的普惠制方案，给予发展中国家普遍优惠待遇。普惠制是对关贸总协定中最惠国待遇原则所体现的形式上公平，实质上是对不同经济发达水平的成员获益不同的一种不公平校正。

普惠制的三项原则是：①普遍的，即所有发达国家对所有发展中国家出口的制成品和半制成品给予普遍的优惠待遇。②非歧视的，即应使所有发展中国家都无歧视、无例外地享受普惠制待遇。③非互惠的，即非对等的，发达国家应单方面给予发展中国家特别的关税减让，而不要求发展中国家给予同等优惠。

**4. 特惠税（special preferential duty）**

特惠税指对从某个国家或地区进口的全部商品或部分商品，给予特别的低关税或免税待遇。一般来说，宗主国与殖民地附属国之间会采用特惠税。洛美协定和科托努协定中当时的欧盟 25 国（爱尔兰、比利时、丹麦、德国、法国、荷兰、卢森堡、葡萄牙、西班牙、希腊、意大利、英国、奥地利、芬兰、瑞典、波兰、捷克、匈牙利、斯洛伐克、斯洛文尼亚、拉脱维亚、爱沙尼亚、立陶宛、塞浦路斯和马耳他）对非加太地区 78 国（其中非洲地区 48 国，加勒比地区 15 国，太平洋地区 15 国）采用的是特惠税。

**课堂讨论 5-1**：查阅美国海关数据，比较一下这四种税率的高低。

### （四）其他关税

#### 1. 进口附加税（import surcharge）

进口附加税又称为特别关税，是进口国家在对进口商品征收正常进口税后，还会出于某种目的，再加征部分进口附加税。进口附加税不体现在海关税则中，并且是为特殊目的而设置的，一般是临时性的或一次性的，其税率的高低往往视征收的具体目的而定。进口附加税有反倾销税、反补贴税、报复性关税、紧急关税等。

（1）反倾销税（anti-dumping duties）：是对实施倾销的进口商品所征收的一种进口附加税，其目的在于抵制商品倾销，保护本国的市场与工业。

关税与贸易总协定第 6 条对倾销与反倾销的规定，主要有以下几点：①用倾销手段将一国产品以低于“正常价格”的价格挤入另一国市场时，如因此对某一缔约方领土内已建立的某项工业造成重大损害或产生重大威胁，或者对某一国内工业的新建产生严重阻碍，这种倾销应该受到谴责。②缔约方为了抵消或防止倾销，可以对倾销的产品征收数量不超过这一产品的倾销差额的反倾销税。“正常价格”是指相同产品在出口国用于国内消费时在正常情况下的可比价格。③如果没有这种国内价格，则是相同产品在正常贸易情况下向第三国出口的最高可比价格，或产品在原产国的生产成本加合理的推销费用和利润等。

（2）反补贴税（countervailing duties）：乌拉圭回合达成的《补贴与反补贴协议》对补贴的定义是：政府或任何公共机构对企业提供的财政捐助和政府对收入或价格的支持。反补贴则是针对进口的某些产品，如果它们在出口国得到了补贴或其他形式的优惠，使其价格在进口国市场上低于正常价值并对本国产业造成实质性损害时，进口国可以对这些产品进行加征关税的措施。

（3）报复性关税（retaliatory tariff）：也叫惩罚性关税（penalty tariff），是指当出口国家某种商品的出口违反了与进口国之间的协议，或者未按进口国的规定办理进口手续时，由进口国海关对该进口商品所征收的一种具有惩罚或罚款性质的进口附加税。

（4）紧急关税（emergency tariff）：在国际贸易中，外国某种商品大量涌入某国，进口量大大超过正常水平，对该国生产此种产品的行业构成威胁，甚至造成巨大损失，通过正常谈判渠道又难以解决时，该国往往以加征紧急进口关税来限制该商品大量涌入，保护本国产业。

#### 2. 差价税

差价税（variable levy）又称差额税。当某种本国生产的产品国内价格高于同类的进口商品价格时，为了削弱进口商品的竞争能力，保护国内生产和国内市场，按国内价格与进口价格之间的差额征收关税，称为差价税。

## 三、关税的征收方法

按照征税的方法或征税标准，关税可以分为从量税、从价税、混合税、选择税、滑准税。

### （一）从量税

从量税（specific duties）是以进口商品的数量、体积、重量等计量单位为计量基准的一种计征关税的方法。计算公式为：

$$从量税额=商品数量\times每单位从量税 \tag{5-1}$$

因为每一种进口商品的单位应税额固定，不受该商品进口价格的影响，所以采用这种计征方法手续简便，在同一税目下对于质好价高的商品的限制作用较小，对数量众多、价值低廉的商品进口的限制作用较大。

**课堂讨论 5-2**：查一查海关总署网站，哪些商品在使用从量税？

### （二）从价税

视频 5　从价税

从价税（ad valorem duty）指以课税对象的价值为标准征收的关税，其税率表现为货物价格的一定百分率。计算公式为：

$$从价税额=商品总值\times从价税率 \tag{5-2}$$

征收从价税最重要的前提是确定进口商品的完税价格（dutiable value）。各国对完税价格的确定标准各不相同，关贸总协定东京回合达成了《海关估价协议》，该协议规定了 6 种海关商品的估价方法，海关在使用这些方法时，应严格遵守下列顺序。

第一种方法：交易价值。

第二种方法：相同商品的交易价值。

第三种方法：相似商品的交易价值。

第四种方法：扣除法。

第五种方法：估算价值。

第六种方法：其他合理方法。

如果用上述任何方法都不能确定海关估价，应通过采用与本协议的原则或总协定第七条相符的合理方法并在进口国可得到信息的基础上加以确定。

### （三）混合税

混合税（mixed duties）也称复合税，是对某种进口商品混合使用从价税和从量税的一种计征关税的方法。

混合税既能发挥从量税抑制低价进口商品的特点，又可发挥从价税税负合理、稳定的特点。

### （四）选择税

选择税（alternative duty）就是对同一种进口商品同时规定从量税和从价税两种税率，在征税时海关一般选择一种税额较高的税率进行计征。在物价上涨时，使用从价税；在物价下落时使用从量税，既可保证税收数量，又可发挥保护作用。

这种征税方式的优点是灵活，缺点是很难把握，也容易引起其他国家的争议，所以很少采用。

### （五）滑准税

滑准税（sliding duty）是指关税的税率随着进口货物价格的变动而反方向变动的一种税率形式，即价格越高，税率越低，税率为比例税率。我国对棉花、新闻纸等实行滑准税。

## 四、关税保护率

关税保护程度一般以课征关税后该国经济产生的变化与课征关税前该国经济相比的百分率来表示，有关税水平和关税保护率两种形式。衡量对一国整体经济或某一经济部门的保护程度时，通常以全部进口货物或某类货物的平均关税税率，即关税水平来表示。衡量对某一类货物的保护程度时，传统的方法以在关税的作用下国内市场价格与国际市场价格之差与国际市场价格的百分比，即关税保护率来计算。关税保护率又可分为名义保护率和有效保护率。

### （一）名义保护率

名义保护率（normal protection rate），是指一类商品在各种贸易保护措施作用下，其国内市场价格超过国际市场价格部分与国际市场价格的百分比，通常与税则中的税率是一致的。计算公式为：

$$NRP = \frac{P - P^*}{P^*} \times 100\% \tag{5-3}$$

式中：$NRP$ 为名义关税税率；$P^*$ 为国际市场价格；$P$ 为进口商品的国内价格。

### （二）有效保护率

有效保护率（effective rate of protection）的概念是加拿大经济学家巴伯于 1955 年提出的，由于一些国家需要大量进口原材料和中间产品，出口最终产品，因此，在关税谈判中，什么商品可以减税，减税幅度多大，如何不影响对本国加工制造业的保护而又达到相互减让的目的非常关键。计算公式为：

$$ERP = \frac{V' - V}{V} \tag{5-4}$$

式中：$ERP$ 为有效关税保护率；$V'$ 为保护措施下生产过程的增值（国内增值）；$V$ 为自由贸易条件下加工增值。

如果已知中间投入品和最终产品的名义关税税率，以及中间投入品占最终产品的比重，有效保护率也可以表示为：

$$ERP = \frac{T - Pt}{1 - P} \tag{5-5}$$

式中：$T$ 为进口最终商品的名义关税税率；$t$ 为进口原材料的名义关税；$P$ 为原材料价格在最终成品中所占的比重。

### （三）关税有效保护率的政策意义

（1）当最终产品的名义税率大于其中间投入品的名义税率，则对最终产品的有效保护率就大于名义保护率。

（2）当最终产品的名义税率等于其中间投入品的名义税率，则对最终产品的有效保护率就等于名义保护率。

（3）当最终产品的名义税率小于其中间投入品的名义税率，则对最终产品的有效保护率就小于名义保护率。

（4）对中间投入品征收的税率过高时，就会出现负数的保护率。

**课堂讨论 5-3：**对照有效保护率的政策意义，查一查某国海关棉纱、棉布、棉质衬衫的名义关税税率。

## 五、海关税则

海关税则（customs tariff）：海关税则又称关税税则，是指一国制定和公布的对进出其关境的货物征收关税的条例和对进出口应税和免税商品加以系统分类的一览表。

### （一）海关税则的内容

海关税则包含两个部分，一是海关课征关税的规章条例及说明，二是应税物品的关税税率表。其中关税税率表包括三个部分：

①税则号列，简称税号；②货物分类目录；③税率。

关税税则不是一成不变的，它随着国家经济管理体制和经济政策的变化而相应调整，我国的关税税则几乎每年都有不同程度的变化和调整。

### （二）海关税则的分类

**1. 根据关税税率栏目的多少，可分为单式税则和复式税则**

（1）单式税则：指一个税目只有一个税率，适用于来自任何国家同类商品的进口，没有差别待遇。

（2）复式税则：指对一个税目设置多个税率，对来自不同国家的同类商品适用不同的差别税率的制度。

**2. 根据海关税则中税率制定方式的不同，可分为自主税则和协定税则**

（1）自主税则：指一国自主制定的关税税则，也称国定税则。自主税则根据税率栏项又可分为自主单一税则，自主最低、最高税则和自主多重税则。

（2）协定税则：指税则中的税率不是由一国政府单方面制定的，而是由两个或两个以上国家通过缔结关税贸易协定订立的。协定税则根据协定方式的不同又分为双边协定税则、多边协定税则和片面协定税则三种。

# 第二节　非关税措施

PPT5. 2
非关税措施

非关税措施（non-tariff barrier），又称非关税贸易壁垒，指一国政府采取除关税以外的各种办法，对本国的对外贸易活动进行调节、管理和控制的一切政策与手段的总和，其目的是试图在一定程度上限制进口，以保护国内市场和国内产业的发展。

## 一、非关税措施产生的背景及特点

### （一）非关税措施产生的背景

非关税措施产生于20世纪30年代资本主义国家第一次经济大危机时期，兴盛于20世纪70年代，由于频繁爆发经济危机，而关税及贸易总协定（GATT）的宗旨又是降低关税，所以发达资本主义国家就要寻求新的限制进口的措施，非关税措施应运而生。非关税措施的主要目的是限制进口，其理由可以归纳为以下几个方面：

（1）健全国内产业：国家可以采取非关税措施以保护本国产业，例如实施配额限制进口数量或限制某些产品的进口以促进本国产业的发展。

（2）保护消费者：一些非关税措施是为了保护消费者免受低质量或有害产品的影响，例如要求进口产品符合特定的质量标准或通过特定的安全检验。

（3）维护国家安全：国家可能会使用非关税措施来保护其国家安全利益，例如禁止某些军事相关技术的进口，以防止技术泄露或用于敌对行为。

（4）防止倾销：当出口国将产品以低于正常价值的价格销售到进口国时，进口国可能会采取非关税措施，例如反倾销或反补贴调查，以保护本国产业免受不公平竞争的影响。

（5）环境保护：一些国家可能会使用非关税措施以保护环境或推动可持续发展。例如对高碳排放产品征收额外关税或实施环境标准来限制其进口。

（6）健康和动植物检疫：国家可能会实施非关税措施来预防和控制动植物疾病的传播，例如对进口农产品和动物产品要求的检疫及相关证明文件。

**（二）非关税措施的特点**

（1）灵活性和针对性：非关税措施通常采用行政程序制定与实施，制定起来比较迅速，程序也较简单，能随时针对某国或某种商品采取或更换相应的限制进口措施，从而较快地达到限制进口的目的。

（2）直接性和有效性：一些非关税措施如进口配额，预先限定进口的数量和金额，超过限额就直接禁止进口。

（3）隐蔽性和歧视性：一些非关税措施往往透明度差，隐蔽性强，有较强的针对性，容易对别的国家实施差别待遇。

## 二、非关税措施的种类

非关税措施可以分为直接和间接两大类，前者是由海关直接对进口商品的数量、品种加以限制，其主要措施有：进口限额制、进口许可证制、“自动”出口限额制、出口许可证制等；后者则是对进口商品制订严格的海关手续或通过外汇管制，间接地限制商品的进口，其主要措施有：实行外汇管制、对进口货征收国内税、制定购买国货和限制外国货的条例、采取复杂的海关手续、使用烦琐的卫生安全质量标准以及包装标准等。

**（一）数量限制的非关税壁垒**

**1. 进口配额制**

进口配额制（import quota system）是一国政府在一定时期（如一季度、一年）内，对于某些商品的进口数量或金额加以直接限制，在规定的期限内，配额以内的货物可以进口，超过配额不准进口（绝对配额），或者征收较高的关税或罚款（关税配额）。

（1）绝对配额（absolute quota）。绝对配额是指在一定时期内，一国对某些商品规定一个最高的进口数量或金额，一旦达到这个最高数额就不准进口，2005 年之前，美国对从中国进口纺织品采用“绝对配额”。绝对配额又分为全球配额和国别配额两种形式。

①全球配额（global quota）：指一国在一定时期内对某种商品规定一个全球性配额度，不分国别地区，直到配额总额用完为止，超过总额就不准进口。

②国别配额（country quota）：是进口国在总配额内根据国别和地区进行分配，来自任何国家或地区的商品超过规定的配额，便不准进口。

（2）关税配额（tariff quota）。关税配额是指一国不绝对限制商品的进口总量，而是在一定时期内对一定数量的进口商品，给予低税、减税或免税的待遇，对超过此配额的进口商品，则征收较高的关税或附加税和罚款。

**2. "自动"出口配额制**

"自动"出口配额制（"voluntary" export quota system）又称"自愿"限制出口，是出口国或地区在进口国的要求和压力下，主动为出口商品的数量或金额设定额度的一种非关税措施。

"自动"出口配额制有两种：

（1）非协定式的"自动"出口配额；是出口国迫于进口国的压力，自行单方面规定某种商品的出口数量，限制商品出口。

（2）协定式的"自动"出口配额：进口国与出口国通过谈判，签订自限协定或有秩序销售协定，在协定的有效期限内规定某些产品的出口配额。

## 小知识

**日本汽车对美出口的"自动"出口配额制**

美国是自动出口限制的始作俑者，于1935年第一次提出用自愿出口限制这种方式来限制日本对美纺织品的出口。20世纪80年代，日本对美汽车出口份额持续扩大，美国国内强大的政治力量要求保护汽车工业，为了避免单方限制措施会引发贸易战，美国政府要求日本限制出口。1981年双方达成了第一份协议，日本每年向美出口汽车数量限制在168万辆。执行3年后，限制标准被调整到185万辆。通过这一自愿出口限制协议，美国汽车制造商保住了市场份额，还鼓励日本企业将部分汽车制造转移到美国，美国实现了"一箭双雕"。

**3. 进口许可证制**

进口许可证制（import license system）是指一国政府为了禁止、控制或统计某些进口商品的需要，进口国家规定某些商品进口必须事先领取许可证，才可进口，没有许可证，一律不准进口。

加入世贸组织前，我国对汽车的进口实施的是进口配额管理，进口商必须申请并取得与配额相关的进口许可证才能进口。根据中国加入世界贸易组织的承诺，2005年1月1日起我国取消汽车进口的配额许可证管理。

### （二）金融方面的非关税措施

**1. 外汇管制**

外汇管制（foreign exchange control）是指一国政府为平衡国际收支和维持本国货币汇率

而对国际结算和外汇买卖进行限制的措施。外汇管制一般可分为三大类：

①数量型外汇管制（quantitative foreign exchange control）：国家外汇管理机构对外汇买卖的数量直接进行限制和分配，控制外汇支出，实行外汇分配，以限制进口商品数量、种类和国别。

②成本型外汇管制（cost based foreign exchange control）：国家外汇管理机构对外汇买卖实行复汇率制，即一国政府对本国货币与另一国货币的兑换规定一种以上的汇率，如优惠汇率、一般汇率，最高汇率等，每一种汇率适用于某一种商品或劳务的交易，其目的在于限制某些商品的进口。

③混合型外汇管制（mixed foreign exchange control）：指同时采用数量型和成本型的外汇管制，对外汇实行更为严格的控制，以控制商品的进口。

**2. 进口押金制**

进口押金制（advanced deposit）又称进口存款制，即要求进口商在进口时，必须预先按进口金额的一定比率和规定的时间，在指定的银行无息存入一笔现金，才能进口。进口押金制增加了进口商的资金负担，影响了资金的周转，从而起到了限制进口的作用。

意大利政府从 1974 年 5 月 7 日到 1975 年 3 月 24 日，曾对 400 多种进口商品实行进口押金制度。它规定，凡项下商品进口，无论来自哪一个国家，进口商必须先向中央银行交纳相当于进口货值半数的现款押金，无息冻结 6 个月。

**3. 进口最低限价制**

进口最低限价制（minimum import price）是指进口国政府规定某种商品进口的最低价格，凡进口商品的价格低于所规定的价格则征收进口附加税或禁止进口，从而达到限制低价商品进口的目的。

1985 年智利对绸坯布进口规定每公斤的最低限价为 52 美元，低于此限价，将征收进口附加税。2016 年 8 月 1 日，印度对自中国进口的钢材实施最低限价，热轧卷产品的最低限价为 474 美元/吨，热轧板产品的最低限价为 557 美元/吨，征税额为到岸价和最低限价之间的差额。

### （三）技术性贸易壁垒

**1. 含义**

技术性贸易壁垒（technical barrier to trade，TBT）又称“技术性贸易措施”或“技术壁垒”，是指进口国为了限制进口而规定的复杂苛刻的技术标准、检验标准、卫生检疫规定以及有关商品包装、标签等的规定。

根据 WTO《技术性贸易壁垒协议》（以下简称《TBT 协议》）的有关规定，WTO 成员有权制定和实施旨在保护国家或地区安全利益、保障人类、动物或植物的生命或健康、保护环境、防止欺诈行为、保证出口产品质量等的技术法规、标准以及确定产品是否符合这些技术法规和标准的合格评定程序。

**2. 技术性贸易壁垒的类型**

（1）技术法规。《TBT 协定》对技术法规（technical regulations）的定义：技术法规指规定强制执行的产品特性或其相关工艺和生产方法（包括适用的管理规定）的文件，以及规定适用于产品、工艺或生产方法的专门术语、符号、包装、标志或标签要求的文件。

技术法规具有强制性特征，即只有满足技术法规要求的产品方能销售或进出口。凡不符合这一标准的产品，不予进口。

（2）技术标准。技术标准（technical standard）是对标准化领域中需要协调统一的技术事项所制订的标准。它是根据不同时期的科学技术水平和实践经验，针对具有普遍性和重复出现的技术问题，提出的最佳解决方案。技术标准一般分为基础标准、产品标准、方法标准和安全、卫生、环境保护标准等。

**课堂讨论 5-4**：杭州某经贸公司出口到西班牙的儿童圣诞老人服装被西班牙海关扣留。原因是不符合欧盟玩具安全标准 EN 71-2 第 5.2 条规定：用头发或相似材料做成的胡须、假发等，突出于玩具表面 50mm 或更多；在燃烧试验中，当火焰移去后，燃烧持续时间超过 2s，超过最大限度的 50%（胡须全部燃烧）。讨论该技术性贸易壁垒实施的意义。

（3）合格评定程序。TBT 协议指出，合格评定程序（conformity assessment procedures）是指任何用以直接或间接确定是否满足技术法规或标准有关要求的程序。包括取样、检测和检查的程序，评估、审核和确保一致性的程序，注册、认证、批准以及它们的组合程序。

出于安全、健康或环保等原因，WTO 成员有权针对产品制定强制性的技术法规或推荐性的标准，以及确定是否符合这些技术法规和标准的检验、认证程序。但是，这些技术法规、标准和合格评定程序有时会变成不合理的贸易壁垒，例如过高的标准、歧视性的技术法规、过于烦琐的程序等。

### （四）绿色贸易壁垒

绿色贸易壁垒（green trade barrier）也称为环境贸易壁垒（environmental trade barriers），以保护自然资源、生态环境和人类健康为名，通过制定一系列复杂苛刻的环保制度和标准，对来自其他国家和地区的产品及服务设置障碍，限制进口，以保护本国市场为目的的新型非关税壁垒。

绿色壁垒通常是进出口国为保护本国生态环境和公众健康而设置的各种保护措施、法规和标准等，它是国际贸易中的一种以保护有限资源、环境和人类健康为名，通过制定一系列苛刻的、高于国际公认或绝大多数国家不能接受的环保标准，限制或禁止外国商品的进口。在新的一轮贸易保护主义运动里，发达国家利用自身技术优势，先后出台各种环保法规标准、绿色标志等创新制度安排，以期达到抑制发展中国家产品的输入与保护国内经济的目的。

从 1996 年开始，我国对欧洲的服装出口开始趋缓，主要原因是相当一部分服装残留污染，不符合环保要求。仅 1996 年一年，欧盟国家禁止进口的非绿色产品价值就达 220 亿美元，其中发展中国家提供的产品占 90%。

### （五）社会壁垒

社会壁垒（social barriers）是指以劳动者的劳动环境和生存权利为借口而采取的贸易保护措施。社会壁垒由社会条款而来，社会条款是对国际公约中有关社会保障、劳动者待遇、劳工权利、劳动标准等方面规定的总称，它与公民权利和政治权利相辅相成，相关的国际公约有100多个，包括《男女同工同酬公约》《儿童权利公约》《经济、社会与文化权利国际公约》等。国际劳工组织（ILO）及其制定的上百个国际公约也详尽地规定了劳动者权利和劳动的标准问题。1993年在新德里召开的第13届世界职业安全卫生大会上，欧盟国家代表明确提出把人权、环境保护和劳动条件纳入国际贸易范畴，对违反者予以贸易制裁，促使其改善工人的经济和社会权利。

在社会壁垒中，比较引人注目的是SA 8000标准，该标准是从ISO 9000质量管理体系及ISO 14000环境管理体系演绎而来的道德规范国际标准，近年来社会壁垒成为阻碍发展中国家劳动密集型产品出口的主要障碍。

**课堂讨论5-5**：了解并讨论耐克血汗工厂事件。

**（六）动物福利**

动物福利（animal welfare barrier）是指为了使动物能够康乐而采取的一系列行为或措施，给动物提供各种舒适的外部条件。动物福利尤指动物的生存状况，许多发达国家已开始对动物福利进行立法，要求保证动物享有不受饥饿、生活舒适、避免肉体疼痛、精神恐惧以及享有表达天性等方面的自由权利。

1993年在意大利成立了由15个国家参加的欧洲替代方法验证中心（ECVAM）。在有关文件中明确规定：如果在1998年1月1日以后，用于化妆品或化妆品成分检测的动物试验，其替代方法还没有得到充分验证的话，将会禁止再用动物试验，相关产品不得在欧洲出售。

**（七）政府直接参与的非关税壁垒**

**1. 进出口国家垄断（state monopoly of import and export）**

进出口的国家垄断是指国家对某些商品的进出口实行国家垄断经营，是国家资本在对外贸易方面的一种表现。其经营形式包括国家直接经营和把商品的进出口权正式委托给某个垄断组织经营。

**2. 歧视性政府采购政策（discriminatory government procurement policy）**

指国家制定法令，规定政府机构在采购时，要优先购买本国产品的一种做法，这种做法是对外国供应商的一种歧视。

## 小知识

### 购买美国货法案

1933年美国政府通过了《购买美国货法案》，该法案规定，凡是美国联邦政府采购的货物，都应该是美国制造的，或者是用美国的材料制造的。凡是货物商品成分中的50%以上是国外生产的，就称外国货。该法案于1954年和1962年做了两次修改，规定只有在美国自己生产不够或者价格过高，或不买外国货有损美国利益的情况下，才可以购买外国货。美国国防部和财政部经常采购超过国外价格50%的美国货。

**3. 专断的海关估价（arbitrary measures for customs valuation）**

专断的海关估价是特指一些国家海关为了提高进口商品的进口关税压力，妨碍商品的进口，独断地提升一些进口商品的海关估价的做法。

## 第三节　鼓励出口的措施

PPT5.3　鼓励进出口的措施

### 一、经济措施

#### （一）出口信贷

出口信贷（export credit）是指一个国家为了鼓励商品出口，由本国银行对本国出口厂商或国外进口厂商提供的一种优惠贷款，其利率一般要低于国际金融市场的贷款利率。

出口信贷是一国出口厂商利用本国银行提供的贷款扩大商品出口，特别是金额较大、期限较长的商品出口的重要手段；其利率低于国际金融市场贷款的利率，其利差由出口国政府给予补贴。根据贷款人的不同，出口信贷可分为卖方信贷和买方信贷。

**1. 卖方信贷（seller's credit）**

卖方信贷是指出口方银行向本国出口厂商提供的贷款，贷款协议在本国出口厂商与本国银行之间签订。常用于机器设备、船舶的出口，其流程如图 5-1 所示。

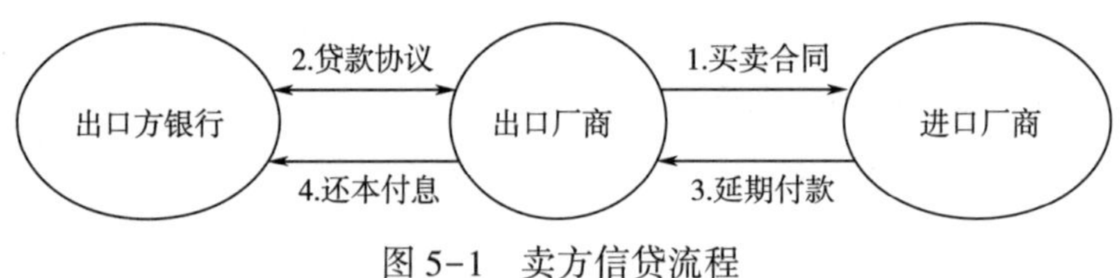


图 5-1　卖方信贷流程

**2. 买方信贷（buyer's credit）**

出口方银行直接向外国的进口厂商或进口方的银行提供的贷款叫作买方信贷，该贷款协议的附带条件是此贷款必须用于购买债权国的商品，其流程如图 5-2 所示。

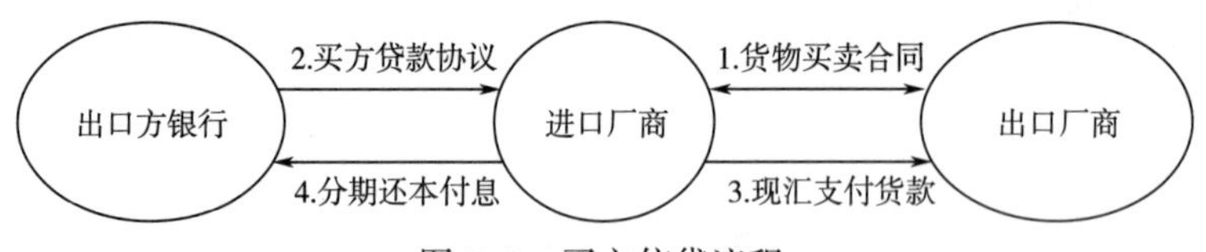


图 5-2　买方信贷流程

#### （二）出口信贷国家担保制

出口信贷国家担保制（export credit insurance guarantee system）是指国家为了扩大出口，对于本国出口厂商或商业银行向外国进口厂商或银行提供的信贷，由国家设立的专门机构出面担保，当外国债务人拒绝付款时，此国专门机构即按照承保的数额给予补偿。按照担保对象不同可分为对出口厂商的担保和对商业银行的担保两种形式。

#### （三）出口补贴

出口补贴（export subsidies）又称出口津贴，是一国政府为了降低出口商品的价格，增强其在国外市场的竞争力，在出口某商品时给予出口商的现金补贴或财政上的优惠待遇。

直接补贴是指出口商在出口某项商品时，政府直接给予出口商的现金补贴，主要来自财政拨款。间接补贴是政府对某些商品的出口给予财政上的优惠待遇，如退还或减免出口商品所缴纳的国内税、暂免进口税或退还已征收的进口税等。

《补贴与反补贴协议》将补贴分为禁止使用补贴、可申诉的补贴和不可申诉补贴三类，并规定了禁止使用补贴的出口种类。

**（四）外汇倾销**

外汇倾销（foreign exchange dumping）是一国用本国货币对外贬值的方法进行商品倾销，争夺国外市场的一种手段。货币贬值可以起到促进出口限制进口的双重作用。原理如下：

一国货币贬值，导致以外币表示的出口商品的价格降低，出口商品的竞争能力提高，扩大商品出口。

一国货币贬值，导致以外币表示的进口商品的价格上升，进口商品的竞争能力下降，减少商品进口。

**课堂讨论 5-6**：讨论 2024 年日元贬值事件对日本商品的促销作用。

## 二、行政组织措施

行政组织措施是指政府通过建立出口促进机构、简化手续、提供融资支持、解决贸易摩擦等方式，为企业提供更多的便利和支持，推动出口的发展。

（1）设立出口贸易促进机构：政府可以建立专门的出口贸易促进机构，提供出口相关的信息、指导和支持，协助企业开展出口业务。如中国国际贸易促进委员会、中国国际商会等。

（2）简化出口手续：政府可以简化出口手续，提高通关效率。例如，推行一体化通关流程，简化出口报关手续，减少出口所需时间和成本。

（3）出口融资支持政策：政府可以提供出口信用保险、融资担保等金融支持措施，降低企业的融资难度和风险，以帮助企业获得资金支持，扩大出口规模。

（4）贸易摩擦解决机制：政府可以积极应对贸易摩擦和贸易争端，通过外交渠道进行谈判和协商，保护本国出口企业的利益。

## 三、经济特区措施

经济特区措施（special economic zone measures）是指一国或地区在其管辖的地域内划出一定地理范围，实行特殊的经济政策，以吸引外商从事贸易和出口加工等业务活动。改革开放以来，经济特区措施对我国扩大出口起到了极大的推动作用。经济特区措施的主要形式有自由港或自由贸易区、保税区、出口加工区、多种经营的经济特区、自由边境区等。

（1）自由港或自由贸易区：自由港（free port）是指不受海关管辖的港口或港区；自由贸易区（free trade area）指某一国家或独立关税地区在本国或本地区境内所划出的特定贸易区。在自由港和自由贸易区内，外国商品可以自由加工、分装、改装、装卸储存、展览、再出口等，不受海关管制，免征关税。自 2013 年 8 月设立中国（上海）自由贸易试验区以来，我国共在14个省设立了自贸区，促进了当地经济的发展。

（2）保税区：保税区（bonded area）又称保税仓库区，功能定位为“保税仓储、出口加工、转口贸易”三大功能。保税区具有进出口加工、国际贸易、保税仓储商品展示等功能，享有“免征、免税、保税”政策，实行“境内关外”运作方式，是中国对外开放程度最高、运作机制最便捷、政策最优惠的经济区域之一。

（3）出口加工区：出口加工区（export processing zone）是国家划定或开辟的专门制造、加工、装配出口商品的特殊工业区，常享受减免各种地方征税的优惠。出口加工区多设于沿海港口或国家边境附近。

（4）多种经营的经济特区：多种经营的经济特区（diversified business zones）简称多种经营特区，是指一国在其港口或港口附近等地划出一定的范围，新建或扩建基础设施和提供减免税收等优惠待遇，吸引外国或境外企业在区内从事外贸、加工工业、农畜业、金融保险和旅游业等多种经营活动的区域，我国所设立的经济特区就属于这一种。1979年以来，我国先后在深圳、珠海、汕头、厦门和海南省设立了经济特区。

（5）自由边境区：自由边境区（free border zone）是指在本国的边境省、市或地带划定某一地段，按自由贸易区或出口加工区的优惠措施，吸引国内外厂商投资，以开发边远地区经济的自由区域。

## 第四节　鼓励进口的措施

进口鼓励措施是指进口国政府通过有关经济和行政的办法及措施鼓励外国商品进口的行为。实行进口鼓励政策和本国进口限制政策之间尽管在形式上是对立的，但在内容上却是互补的，它们正好表明了一国对不同进口商品的不同态度。极端的进口限制并不是最优越的对外贸易政策，只有区别不同的进口商品，实行不同的贸易政策，才能产生最有利于本国的结果。

实施进口鼓励措施的商品通常有以下几类：

一是国内紧缺的生产性原材料。为了维持国内生产供给的正常化，政府将对国内稀缺的原材料的进口实行鼓励。

二是国内急需的各种先进的生产技术和设备。发展中国家为了加快本国工业化进程，促进产业升级换代，需要对这类产品的进口实行鼓励政策。

三是国内生产极少或根本不生产的某些产品。由于技术水平、资源禀赋状况存在差异，每个国家都有一些不能生产或生产成本很高的不具有比较优势的商品。对于这类商品的进口也可实行鼓励政策，以满足国内生产需求或消费需求。

四是某些特殊的具有战略安全意义的商品。为了保卫国家安全，政府对那些具有战略意义的先进的军事装备或相关的其他技术设备和资料的进口可以实行鼓励政策。

在全球各国鼓励出口、限制进口的大背景下，中国反其道而行之。2018年以来，中国国际进口博览会（China International Import Expo，CIIE，简称进博会），吸引了全球的目光，进博会由中华人民共和国商务部和上海市人民政府主办，中国国际进口博览局、国家会展中心（上海）承办，为世界上第一个以进口为主题的国家级展会。

举办中国国际进口博览会是中国着眼推进新一轮高水平对外开放作出的一项重大决策，是中国主动向世界开放市场的重大举措。进博会让展品变商品、让展商变投资商，交流创意和理念，联通中国和世界，成为国际采购、投资促进、人文交流、开放合作的四大平台，成为全球共享的国际公共产品。

## 本章思维导图

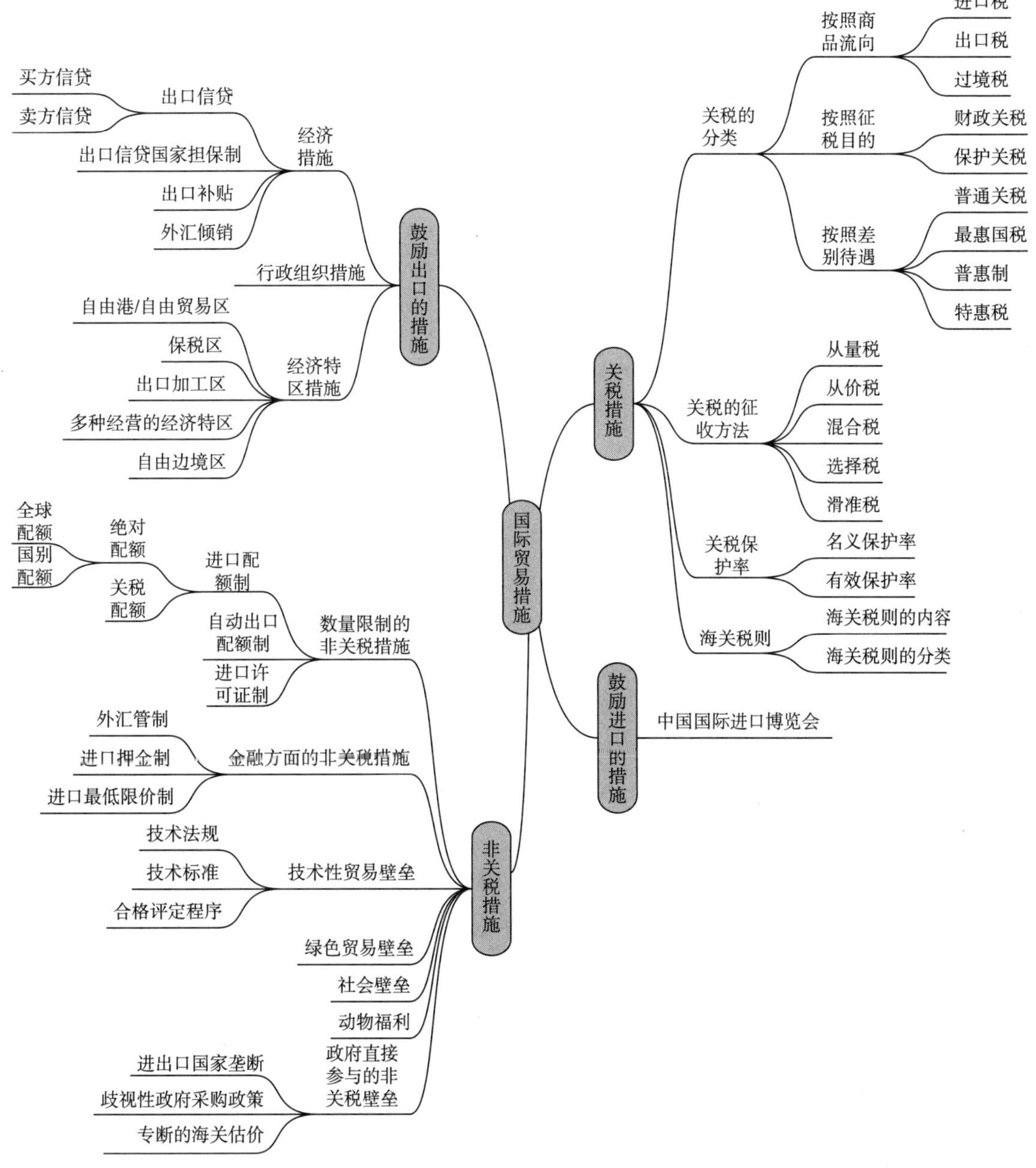

## 课后思考题

1. 简述进口附加税的种类及征税目的，并举例说明。

2. 简述非关税壁垒的种类，举例说明我国纺织品出口遭遇的非关税壁垒。

3. 进口关税按照征税待遇不同有哪些种类？查阅数据库，列出我国某类纺织品（HS 编码）的关税税率，并说明税率水平不同的原因。

4. 了解某制成品的中间投入品，并查阅该最终产品各个中间投入品及最终制成品的关税水平。请说明一国在制定税率时的基本原则。

5. 我国纺织品服装出口中遭遇的主要技术性贸易壁垒有哪些？请举例说明。

## 答案

1. 进口附加税主要有反倾销税、反补贴税、报复性关税、紧急关税。

征收进口附加税的目的有：应对国际收支危机，维持进出口平衡；防止外国商品低价倾销；对国外某个国家实行歧视或报复等。

在后配额时代，我国纺织品服装出口价格偏低，经常受到欧美国家实施反倾销调查及征收反倾销税。

2. 非关税壁垒种类很多，有数量限制的非关税壁垒如进口配额制、"自动"出口配额制等；有金融方面的非关税措施，如外汇管制、进口押金制等；目前最主要的是技术性贸易壁垒和绿色贸易壁垒；此外还有社会壁垒、动物福利和政府直接参与的非关税壁垒。我国产品主要遭遇的是技术性贸易壁垒。

3. 进口关税按照征税待遇不同主要有：普通关税、最惠国税、普惠制税、特惠税等。

4. 例如我国对棉纱线和棉布的最惠国税率分别为 5%和 8%。关税税率设置的基本原则：一国利用关税保护国内市场时不仅依赖于较高的税率，还要有合理的关税结构，即对原料和中间产品征收较低的关税，对最终产品实行高关税，使最终产品受到最充分的保护。

5. 我国纺织品服装出口中遇到的主要技术壁垒有：①技术标准和法规更为严苛，比如欧盟规定纺织品服装的纤维成分标签必须准确无误地标明各种纤维的具体含量，且误差范围极小，一旦超出规定的误差范围，产品将被判定为不合格，不准进入其市场。②一些国家推行纺织品生态标签制度。如德国的"蓝色天使"、北欧的"白天鹅"等生态标签，只有获得这些标签的产品才被认为是符合环保要求的优质产品，在市场上更具竞争力。③儿童服装饰品方面要求颇多，比如扣子容易脱落有引起孩子窒息的风险等。

# 第六章　国际贸易救济措施

PPT6　国际贸易救济措施

## 教学目的与要求

介绍不公平贸易的主要表现形式以及为纠正不公平贸易所实施的国际贸易救济措施，掌握反倾销、反补贴和保障措施的含义及实施方法，能分析并理解国际贸易救济措施对我国对外贸易的影响及应对策略。

## 开篇导读

### 印度对华粘胶长丝纱线作出反倾销终裁

中国贸易救济信息网

2023年9月29日，印度商工部发布公告，对原产于或进口自中国的粘胶长丝纱线（Viscose Rayon Filament Yarn，VFY）作出反倾销终裁，建议对中国涉案产品征收为期5年的反倾销税，税率为CIF5.48%~20.87%，征税详情见表6-1。涉案产品包括染色纱线和未染色纱线以及通过离心纺纱（PSY）和连续纺纱（CSY）工艺生产的粘胶长丝纱线，涉及印度编码5403项下的产品。通过线轴纺纱（SSY）工艺生产的粘胶长丝纱线和印度海关编码5401项下的用于刺绣机的即用小线轴绣花线不适用本案的反倾销措施。

2022年9月30日，印度商工部发布公告称，应印度国内企业Grasim Industries Limited和印度人造纤维工业协会（Association of Man-Made Fibre Industry of India）提交的申请，对原产于或进口自中国的粘胶长丝纱线启动反倾销调查。涉案产品的印度海关编码为54031000、54031090、54033100、54033200、54034110、54034120、54034130、54034150、54034170和54034190项下的产品。

**表6-1　印度对华粘胶长丝纱线反倾销终裁征税表**

| 序号 | 原产国家/地区 | 出口国家/地区 | 生产商英文名 | 生产商中文参考译名 | 反倾销税CIF/% |
|---|---|---|---|---|---|
| 1 | 中国 | 包括中国在内的任意国家/地区 | Yibin Hiest Fibre Limited Corporation | 宜宾海丝特纤维有限责任公司 | 12.98 |
| 2 | 中国 | 包括中国在内的任意国家/地区 | Gaoxian Changxin Thread LLC | 高县长信线业有限责任公司 | 12.98 |
| 3 | 中国 | 包括中国在内的任意国家/地区 | Yibin Changxin Thread Co.，Ltd | 宜宾长信线业有限责任公司 | 12.98 |

续表

| 序号 | 原产国家/地区 | 出口国家/地区 | 生产商英文名 | 生产商中文参考译名 | 反倾销税 CIF/% |
|---|---|---|---|---|---|
| 4 | 中国 | 包括中国在内的任意国家/地区 | Xinxiang Chemical Fibre Co. Ltd | 新乡化纤股份有限公司 | 5.48 |
| 5 | 中国 | 包括中国在内的任意国家/地区 | Jilin Enka Viscose Co., Ltd. | 吉林艾卡粘胶纤维有限公司 | 6.72 |
| 6 | 中国 | 包括中国在内的任意国家/地区 | Jilin Chemical Fibre Stock Co., Ltd. | 吉林化纤股份有限公司 | 6.72 |
| 7 | 中国 | 包括中国在内的任意国家/地区 | 除序号1-6之外的任意生产商 | | 20.87 |
| 8 | 除中国之外的任意国家/地区 | 中国 | 任意生产商 | | 20.87 |

国际贸易救济措施是指为维护公平贸易和正常的竞争秩序，世贸组织允许成员方在进口产品倾销、补贴或过激增长等给国内产业造成损害的情况下，使用反倾销、反补贴和保障措施等手段，对国内产业进行救济的措施。如反倾销和反补贴措施针对的是存在倾销和补贴的不公平贸易行为，纠正的是企业的价格歧视以及由于政府或公共机构的补贴而使其出口产品获得的不公平竞争优势；保障措施是针对进口激增的情况而采取的紧急进口限制措施，是成员方履行义务时的“例外条款”和“安全阀”。成员方实施贸易救济措施均要经过立案调查，所采取的措施一般为征收特别关税。此外，反倾销和反补贴措施还可以实施价格承诺，保障措施还可以实施进口数量限制等措施。

## 第一节　倾销与反倾销

### 一、定义

倾销（dumping）是指一国（地区）的生产商或出口商以低于正常价值（国内市场销售价格、结构价格或第三国出口价格）的价格将其商品销售到另一国（地区）市场的行为。进口国一般都会对倾销行为采取限制措施，即反倾销措施（anti-dumping）。《WTO反倾销协议》有明确规定，是否倾销主要取决于这一产品是否以低于它的正常价值在国外市场销售。

### 二、倾销的种类

按倾销的性质不同，倾销可分为以下三类：

（1）偶然性倾销：某一商品的生产商为防止商品的大量积压危及国内的价格结构，在短期内向海外市场大量地低价抛售该商品。

（2）间歇性或掠夺性倾销：某一商品的生产商为了在某一海外市场上取得垄断地位而以低于边际成本的价格向该市场抛售商品，待将竞争对手驱逐出该市场后再实行垄断高价。

（3）持续性倾销：某一商品的生产商为了实现规模经济效益而大规模地进行生产并长期低价向海外市场销售的行为。

## 三、反倾销的认定程序

视频6　反倾销实施条件

根据 WTO 规定，实施反倾销措施必须满足三个条件：①倾销成立；②国内产业受损；③倾销与损害之间存在因果关系。当进口国认为外国企业存在倾销行为时，可以发起调查，如果调查结果表明倾销存在、产业受损且二者存在因果关系，并确定了倾销幅度，进口国就可以实施反倾销措施。反倾销措施一般是征收反倾销税，以抵消出口国不合理的价格优势。主要程序有：

（1）提出申请：反倾销调查从国内产业的全部生产或合计总产量占大部分的国内生产商提出书面申请开始，特殊情况下进口国主管机构可以自主决定立案调查。

（2）立案：进口方主管机构收到申请后，应审查申请材料的准确性和充分性，以及申请人的代表性，判断是否有足够的证据证明立案调查是适当的，并就是否立案作出决定。

（3）反倾销调查：立案后，主管机构开始实施反倾销调查，被调查产品的出口商、生产商或利害关系方均有权要求参与反倾销调查，陈述观点和意见。

（4）裁决：反倾销调查的结局就是依据倾销是否存在，是否构成对国内产业的影响作出最终裁决并予以公告。

（5）行政复审和司法审议：反倾销届满后，进口方主管机构就是否继续征收反倾销税的必要性进行审查和论证，并根据复审结案公告做出保留、修改或者取消反倾销税的决定。

**课堂讨论 6-1**：搜集一条反倾销裁定的案例，分析其流程。

## 四、市场经济地位对反倾销裁定的影响

市场经济地位是一些国家在反倾销调查中确定倾销幅度时使用的法律技术用语。例如，美国反倾销法中规定了国家市场经济地位和行业市场经济地位标准。欧盟反倾销法中规定了企业市场经济地位标准，并据此提出了国家市场经济地位标准。如果某产品的出口国被进口国认定为非市场经济国家，该进口国在进行反倾销调查时，就可以引用被其认为是“市场经济国家”的第三国（即替代国）的价格数据测算出口国（地区）涉案产品的正常价值，进而确定倾销幅度。由于进口国调查机关往往选择国内销售价格或生产成本比被调查出口国高得多的国家作为“替代国”，从而导致倾销成立，倾销幅度被高估。

**课堂讨论 6-2**：美国不承认中国市场经济地位的目的是什么？

## 第二节　补贴与反补贴

### 一、定义

补贴（subsides）是指出口国（地区）政府或者其任何公共机构提供的并为接受者带来利益的财政资助以及任何形式的收入或者价格支持。反补贴（countervailing）是进口国反击出口补贴国家的行为，一般程序是进口国（地区）主管机构依法对接受补贴的进口产品进行调查，并通过征收反补贴税或价格承诺等方式，抵消由禁止性补贴和部分可诉性补贴造成的不利影响。

### 二、补贴的类型

WTO下现行关于补贴和反补贴的主要法律文件是乌拉圭回合通过的《补贴和反补贴措施协定》（*agreement on subsidies and countervailing measures*，即SCM协定）。SCM协定认为，补贴是指成员方政府或位于其境内的任何公共机构提供的财政资助或任何形式的收入或价格支持，使相关主体因此受惠的行为。当然并不是所有的补贴都会遭遇反补贴措施，反补贴措施针对的是符合一定条件的补贴。

根据SCM协定，补贴分为三类：禁止性补贴、可诉性补贴和不可诉补贴。禁止性补贴分为出口补贴（目的在于鼓励出口）和进口替代补贴（目的在于使用本国产品）。比较常见的禁止性补贴包括：出口直补、出口优惠信贷、购买国产零部件的退税、出口名牌扶持措施等。可诉性补贴通常为国内支持补贴，不与出口直接挂钩。比较常见的可诉补贴包括：针对特定地区、行业和企业的优惠贷款、税收优惠、技改贴息、低价出让土地使用权、开发区的一系列优惠措施等。对于禁止性补贴和对其他世贸成员造成损害或不利影响的可诉性补贴，有关世贸成员可以采取反补贴措施，或者将其诉诸世贸争端解决机制。不可诉补贴通常为研发活动支持、落后地区援助和环保补贴等，已到期失效。

**课堂讨论6-3**：我国对纺织品服装的出口退税是出口补贴吗？

### 三、反补贴措施分类

（1）临时措施：在反补贴初步调查结果表明补贴的事实和损害存在时，为阻止损害的继续发生，有关当局可以采取的临时反补贴措施形式包括：临时反补贴税、现金保证金、保函。

（2）承诺：出口方政府或企业为了避免缴纳反补贴税，在进口方当局作出肯定的初步裁决后，自愿承诺取消或限制补贴，或提高出口产品的价格以取消补贴的损害后果。

（3）征收反补贴税：是指对在生产、加工、运输和销售过程中，直接或间接地接受任何补贴的进口商品所征收的一种进口附加税。反补贴税不得超过补贴的金额，征收的期限应以抵消补贴造成的损害所必需的时间为基准，但最长不得超过5年。

# 第三节　保障措施

## 一、含义

保障措施（safeguard measures）是指世贸组织成员方在进口产品数量激增并对其国内相关产业造成严重损害或严重损害威胁时，采取的进口限制措施。保障措施在性质上完全不同于双反措施，因为保障措施针对的是公平贸易条件下的进口产品，而反倾销和反补贴措施针对的是不公平贸易。

## 二、实施保障措施的条件

按照世贸组织《保障措施协定》规定，成员方实施保障措施必须满足三个条件：第一，某产品的进口激增；第二，进口激增是由于不可预见的情况和成员方履行世贸组织义务的结果；第三，进口激增对国内生产同类产品或直接竞争产品的产业造成了严重损害或严重损害威胁。当一国对某产品实施保障措施时，不分来源，针对所有出口国家和地区限制进口，可以采取提高关税、数量限制和关税配额等形式。

## 三、实施保障措施的程序

实施保障措施的程序主要包括调查、通报和磋商三个环节。

**1. 调查**

WTO 成员主管机构在采取保障措施前，应向所有利害关系方发出公告、举行公开听证会，或给进口商、出口商及其他利害关系方提供适当的机会，以陈述证据和看法，对其他相关方的陈述做出答复。

**2. 通报**

WTO 成员方应将下列事项立即通报保障措施委员会，内容包括：发起调查的决定及理由；对进口增长造成严重损害或损害威胁的调查结果，就实施或延长保障措施作出的决定。

**3. 磋商**

保障措施会影响 WTO 相关产品所享有的权利，因此采取或延长保障措施的成员应与各利害关系方进行磋商，并达成谅解，磋商结果应及时通知货物贸易理事会。

# 第四节　特别保障措施

特别保障措施（special safeguards）简称“特保措施”，是保障措施的例外，指可以针对一个国家而不是所有国家的进口产品，单独采取的保障措施。“特保措施”是世贸组织成员利用特定产品过渡期保障机制针对来自特定成员的进口产品采取的措施，即在 WTO 体制下，在特定的过渡期内，进口国政府为防止来源于特定成员国的进口产品对本国相关产业造成损害而实施的限制性保障措施。特保措施与一般保障措施的区别在于：一是只针对某个国家，具有歧视性；二是采取特保措施的标准低，易被世贸成员滥用。

最早的特保措施应用于日本，1953 年日本申请加入关税及贸易总协定（GATT）时，一些 GATT 缔约国担心日本的纺织品进口可能对本国相关产业造成损害，决定在日本加入 GATT 之后其他成员国可以对日本适用特别保障条款，即 GATT 缔约国在发现原产于日本的纺织品进口数量增加从而对本国市场构成扰乱时，可以单方面针对日本的纺织品采取保障措施，以抵消或减少对国内产业的冲击。此后，在波兰、匈牙利、罗马尼亚等国家加入 GATT 时，也适用特别保障措施条款。

针对中国的特保措施实际上是“发达国家把中国当作非市场经济国家对待的产物”。1995 年 WTO 成立后，中国开始加入漫长的谈判。以美国为代表的一些西方国家对中国要价太高，“一致要求中国接受特别保障措施条款”。经过多次反复磋商，我国政府权衡利弊，采取务实和灵活的态度，最终于 1999 年与美国达成包含了特保措施条款的关于中国“入世”的双边协议，2001 年我国“入世”时被确定为《中华人民共和国加入世界贸易组织议定书》的正式条款。特保措施是美国贸易利益的直接体现，是中美双方利益均衡和政治妥协的结果。特保措施条款为其他 WTO 成员滥用保障措施提供更大的可能性和便利条件，使我国企业面临更大的挑战，对我国的产业发展与企业运营产生重大影响，同时也影响了国家宏观贸易政策和贸易制度的调整。

## 小知识

### 中国入世 242 条款

《中国加入世贸组织工作组报告书第 242 段（纺织品特殊限制措施）》，即 242 条款，主要适于纺织品和服务产品贸易。根据 242 条款的规定，如一个世贸组织成员认为《纺织品与服装协定》所涵盖的原产于中国的纺织品和服装产品自《世贸组织协定》生效之日起，造成成员国市场扰乱，威胁阻碍成员国的产品贸易的有序发展，则该成员可请求与中国进行磋商，以期减轻或避免此市场扰乱。

磋商将在收到磋商请求后 30 天内进行。双方将在收到这种请求后 90 天内，尽一切努力就双方满意的解决办法达成协议，除非双方同意延长该期限。如在 90 天磋商期内未能达成双方满意的解决办法，则磋商将继续进行。提出磋商请求的成员可对磋商涉及的一个或多个类别的纺织品或纺织制成品实行限制。

中国入世时签订的议定书有 3 个条款，即《中国加入世贸组织议定书》第 15 条的反倾销和反补贴条款、第 16 条的特保条款以及《中国加入世贸组织工作组报告书第 242 段（纺织品特殊限制措施）》。其中 242 条款截止日期为 2008 年 12 月 31 日。

## 第五节　纺织品服装对外贸易中的救济措施

### 一、纺织品贸易救济案件数量

1995 年至 2023 年，全球发起的贸易救济案件共 7436 起，其中反倾销 6222 起，占比 83.67%，反补贴 664 起，占比 8.93%，保障措施 461 起，占比 6.20%，特别保障措施 89 起，占比 1.20%。

1995 年至 2023 年，全球纺织工业发起的贸易救济案件共 381 起，占案件总数量的 5.1%。其中反倾销 275 起，占比 72.18%，反补贴 16 起，占比 4.20%，保障措施 33 起，占比 8.66%，特别保障措施 57 起，占比 14.96%。

1995 年至 2023 年，全球对中国纺织工业发起的贸易救济案件中，反倾销 97 起，占全球纺织业反倾销案件总量的 35.27%，可见全球三分之一的反倾销案件针对的是中国纺织品。反补贴 3 起，中国占比 18.75%。保障措施 33 起，特别保障措施 57 起，也就是说保障措施和特别保障措施全是针对中国的纺织品。全球对我国纺织行业发起的 190 起贸易救济案件中，排名前五的申诉国家分别为美国、印度、土耳其、印度尼西亚和哥伦比亚。

### 二、中国纺织行业遭受贸易救济调查的特点

#### （一）贸易救济案件高发

2005 年之前，全球纺织品与服装贸易一直采用“配额制”，2005 年之后，随着 WTO《纺织品与服装协定》规定的 10 年过渡期的结束，以“市场配置为基础的全球化自由贸易”正式取代“配额制”。当时，各国普遍认为，“配额制”的取消将使全球纺织行业实现资源配置的最优化，这对于拥有物美价廉纺织产品的中国而言，无疑是重大利好。然而进入“后配额时代”后，我国的纺织行业却面临着更大挑战，遭遇了更为严峻的贸易摩擦。为防止中国出口的纺织品大幅增长，阻碍本国国内产业发展，许多国家利用反倾销、特别保障措施等贸易救济手段，对我国纺织产品发起大规模贸易救济调查。根据中国贸易救济信息网统计的数据，仅 2005 年，国外对我国纺织品发起的贸易救济案件就高达 40 起，尽管此后案件数量有所回落，但全球对我国纺织行业发起的贸易救济案件仍呈高发态势。

#### （二）涉案产品类型扩大

在全球对我国纺织行业贸易救济案件高发的背景下，受贸易救济调查影响的纺织产品类型也不断扩大。受贸易救济调查影响的纺织产品包括：服装、服饰配件、涤棉混纺织物、袜子、涤纶纱线、聚酯长丝纱线、尼龙长丝纱线、含金属纱线、拉伸变形丝、亚麻纱、聚酯高强力纱等。

#### （三）美国和印度是对我国纺织品发起贸易救济调查的主要国家

美国是我国纺织产品出口的主要市场，也是对我国纺织产品发起贸易救济调查最多的国家。中美在双边经贸领域存在诸多利益交汇点，自 2017 年特朗普政府就任以来，就极力推行

霸权主义、贸易保护主义，对我国出口产品增设各种不合理的贸易壁垒，导致中美贸易摩擦不断升级，不仅阻碍了中美关系的健康发展，也破坏了全球经济的稳定性。

印度和中国相邻，二者均是发展中国家，双方在社会、经济等方面面临相似的机遇与挑战。2020 年中国取代美国成为印度最大的贸易伙伴。尽管如此，双方贸易水平仍然较低，且贸易摩擦频繁。纺织行业是印度重要的支柱性产业，不仅为印度提供了大量的就业机会，还为印度每年贡献了约 7%的工业产值和 15%的出口额。自莫迪总理上台以来，印度进一步加大对纺织业的扶持力度。由于中国与印度纺织产品存在互补性差、产业结构及产品相似性强等特点，两国在纺织行业贸易方面存在明显竞争，印度频繁采取贸易保护手段，对我国纺织工业产品设置出口障碍。

## 三、我国纺织业应对贸易救济调查的对策

目前，我国纺织贸易已占全球纺织贸易总量三分之一，无论是产业链完整性方面，还是制造能力方面，我国纺织工业都已居于全球领先位置。针对外国对我国的贸易救济调查，行业及企业应当采取以下对策，推动行业持续健康发展。

### （一）积极应诉

积极应诉是企业在贸易救济调查中掌握主动权、提高胜诉率的关键。过去，考虑到应诉成本，部分国内企业在贸易救济调查案件中放弃应诉或消极应诉，最终导致企业被加征高额惩罚性关税，面对长达 5 年或者更久的高额税率，导致许多企业不得不放弃这些国家的出口市场，利润明显下降。近年来一些国内纺织企业应诉意识不断提高，通过积极应诉，利用有限的时间做足应诉准备，成功在调查中获得零税率或较低税率，不仅维护了自身合法权益，同时也提高了企业在国际市场的竞争力。

**案例阅读**

**积极应诉获得较低反倾销税率**

2013 年 4 月 26 日，土耳其对原产于中国、印度和马来西亚的聚酯合成长丝纱线启动反倾销调查，本案中，中国企业面临的最棘手问题在于土耳其当局只承认印度和马来西亚的市场经济地位，不认可中国市场经济地位，这导致我国企业在抗辩中处于被动地位。尽管案件形势不利于国内企业，但仍有 13 家中国企业积极应诉，通过提交书面材料的方式，从倾销、损害两方面进行抗辩，最终成功争取到与印度、马来西亚公司相同的 8%的税率，切实维护了企业权益。

### （二）提高产品附加值

长期以来，国内纺织企业普遍利用低成本形成的价格优势开拓国际市场。为争夺海外市场份额，国内企业竞相压低出口价格，利用“价格战”阻击同行业竞争者，企业利润空间被大幅挤压。另外，过低的出口价格也使我国纺织工业产品遭遇了更为频繁的贸易救济调查。

反倾销调查中，由于许多国家未承认我国的市场经济地位，外国通常使用替代国价格来确定我国产品的正常价值。许多国家在选择替代国时存在明显偏颇，导致替代国价格远高于正常价值，加之我国纺织产品出口价格本就较低，这就造成国内纺织产品经常因价值低而被外国征收高额反倾销税。当前，我国纺织企业已经开始向高附加值盈利模式发展，产品创新、技术创新、绿色发展、品牌推广等是我国纺织企业高质量发展的主要途径。

### （三）开拓多元国际市场

欧美国家是我国纺织品出口的主要市场，也是对我国纺织产品发起贸易救济调查最多的国家。此外，新型冠状病毒感染暴发后，欧美等发达国家经济增长显著衰退，其国内纺织市场消费能力也随之下降。目前，在“一带一路”倡议的深入推进下，我国与“一带一路”共建国家的贸易往来更为频繁，相关出口贸易机遇不断显现。我国纺织企业应充分把握上述机遇，积极推动纺织工业与“一带一路”共建国家的贸易，加速完善国际市场布局，努力形成新的市场增长优势。

## 本章思维导图

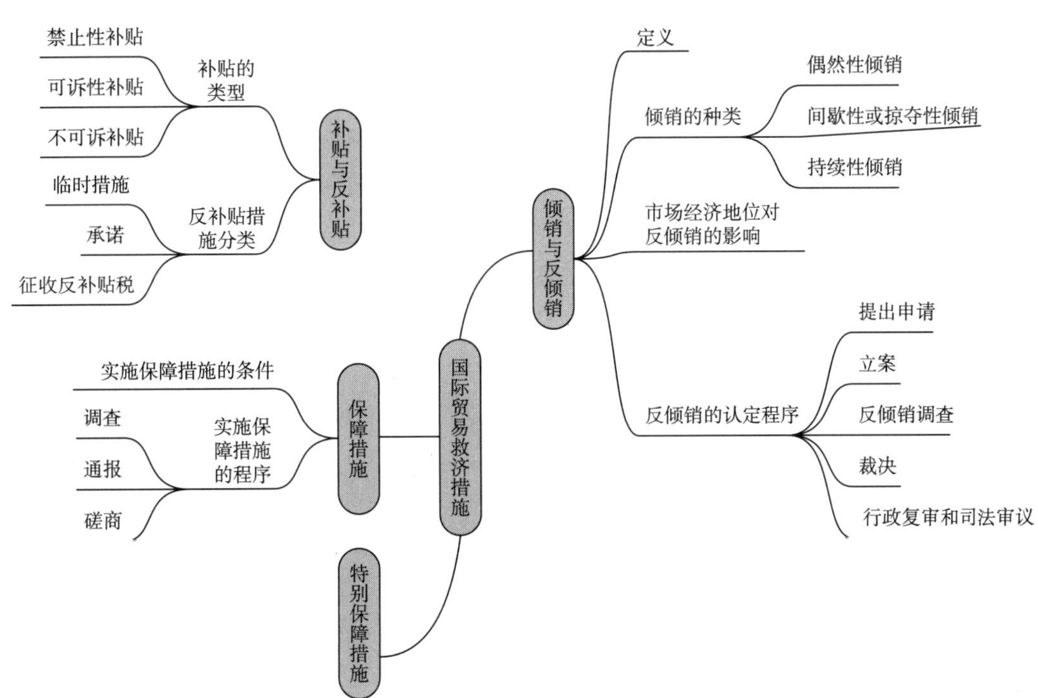


## 课后思考题

1. 简述实施反倾销措施的条件。
2. 简述征收反补贴税的原则。
3. 简述后配额时代我国纺织品频繁被实施贸易救济措施的原因。

4. 案例分析：2024 年 3 月 11 日，WTO 保障措施委员会发布美国代表团于 2 月 28 日向其提交的保障措施通报。2024 年 2 月 28 日，美国国际贸易委员会（ITC）对进口细旦涤纶短纤（Fine Denier Polyester Staple Fiber）发起保障措施调查。本案涉及美国协调关税税号 5503. 20. 0025 项下的产品。请问美国对进口细旦涤纶短纤发起的保障措施一旦成立，会对哪些国家实施？对哪些国家产生影响？

5. 论述我国应对反倾销的对策。

6. 生产补贴与出口补贴有什么区别？

## 答案

1. 实施反倾销措施必须满足三个条件：倾销成立；国内产业受损；倾销与损害有因果关系。

2. 不超过补贴的金额；不得与反倾销税同时征收；出口退税不属于补贴。

3. 2005 年之前，全球纺织品与服装贸易一直采用“配额制”，2005 年之后，随着 WTO《纺织品与服装协定》规定 10 年过渡期的结束，以“市场配置为基础的全球化自由贸易”正式取代“配额制”，为防止中国出口的纺织品大幅增长，阻碍本国国内产业发展，许多国家利用反倾销、特别保障措施等贸易救济手段，对我国纺织产品发起大规模贸易救济调查。

4. 保障措施针对的是全球所有国家，但实际上主要限制来自中国的产品。

5. 完善法制和建立反倾销保障措施；加快市场化改革；优化出口结构；实施可持续发展战略；政府强化保障措施；企业积极应诉；会计制度和会计准则国际化。

6. 生产补贴与出口补贴的主要区别在于它们的受益对象和市场影响。生产补贴是一种直接或间接补贴国内生产环节的政策，旨在提高生产能力，降低出口产品的生产成本，从而提高出口竞争力。这种补贴不区分产品是否在国外市场销售，为内销和出口产品都带来直接或间接的益处。出口补贴则是政府对出口产业的生产补贴，专门用于促进出口贸易发展。市场影响方面，生产补贴没有直接影响国内市场价格，从而没有在增加出口的同时牺牲本国消费者的利益。

# 第七章 国际贸易条约与协定

PPT7 国际贸易条约与协定

## 教学目的与要求

引导学生掌握国际贸易条约与协定的概念、特点、分类，了解双边贸易条约的类型以及有关纺织品的贸易条约与协定，理解国际商品综合方案。引导学生树立文化自信、制度自信的价值观。

## 开篇导读

对外贸易能够促进一国的经济增长、增加就业、提高收入水平。但是，就一国而言，出口比进口对本国经济发展更为有利。因为出口的扩大、市场的开拓，会给国家带来更多的收入，并通过外贸乘数带动整体经济发展。而进口虽然给消费者带来价廉物美的商品并由此而增加了福利，但它对本国市场的冲击则会使生产者蒙受损失。外来的竞争虽然可以促使本国生产者改进技术、转变结构，进口还可带来技术外溢，但这往往需要假以时日并付出一定的代价。因此，各国在制定外贸政策时，几乎都奉行“奖出限入”的信条，以从国际贸易中尽可能多地受益，这样会引起国际的贸易纠纷，阻碍世界经济贸易的平稳发展。针对这种状况，有必要加强国际的磋商与协调，签订贸易条约和协定，制定各国都能遵守的国际贸易准则，以减少和平息各种纠纷。

## 第一节 贸易条约与协定

### 一、贸易条约与协定的概念

贸易条约与协定（commercial treaties and agreements）是两个或两个以上的主权国家或独立关税区为确定彼此间的经济关系，特别是贸易关系所缔结的书面协议，如通商航海条约、贸易协定、支付协定等。

贸易条约按照参加国的多少，可分为双边贸易条约和多边贸易条约两种。两国之间签订的，称为双边贸易条约；两个以上国家之间签订的，称为多边贸易条约，如国际商品协定、关税及贸易总协定、洛美协定等。

贸易条约和协定的条款，通常是在所谓“自由贸易、平等竞争”的原则下签订的。但实际上，缔约国在经济上的利益往往是靠经济实力来保证的。因此，缔约国之间从贸易条约和协定中获得的利益是不等的。

## 二、贸易条约与协定的种类

### （一）贸易条约

贸易条约（commercial treaties）的名称很多，如“通商条约”“友好通商条约”“通商航海条约”“友好通商航海条约”等。贸易条约的内容比较广泛，常涉及缔约国经济和贸易关系各方面的问题，如关税的征收、海关手续、船舶航行、双方公民和企业组织在对方国家所享受的待遇，还有特别所有权（专利权、商标和版权等）、进口商品应征收的国内捐税、铁路运输和转口问题等。这种条约一般由国家首脑和其特派的全权代表来签订，并经双方的立法机构讨论通过，最高权力机构批准才能生效。条约的有效期限也较长。

### （二）贸易协定和贸易议定书

贸易协定（trade agreement）是缔约国间为调整和发展彼此的贸易关系而签订的书面协议。与贸易条约、通商航海条约比较，贸易协定所涉及的面比较窄，内容比较具体，有效期较短，签订的程序也较简单。一般只需国家的行政首脑或其代表签署即可生效。

贸易协定的内容一般包括：贸易额、双方的出口货单、作价办法、使用的货币、支付方式、关税优惠等。没有签订通商航海条约的国家间，在签订贸易协定时，通常把最惠国待遇条款列入。

贸易议定书（trade protocol）一般是对已签订的贸易协定的补充或解释。它的内容和签订程序更简单，只经签字国有关行政部门的代表签订即生效。在国际贸易中，贸易议定书的形式为许多国家采用。它既可以用来修改、补充和解释贸易协定的某些条款，又可以在两国还没有签订贸易协定的情况下，先签订贸易议定书作为两国贸易的临时依据。如果两国签有长期贸易协定，则可以通过贸易议定书来确定年度贸易的具体安排。

**课堂讨论 7-1**：为什么英国脱欧后，多国表达出强烈意愿与英国签订双边贸易协定？

### （三）支付协定

支付协定（payment agreement）是两国间关于贸易和其他方面的债权债务结算办法的协定。支付协定是在外汇管制情况下产生的，在外汇管制的情况下，一种货币往往不能自由兑换成另一种货币，对一国所具有的债权不能用来抵偿对第三国的债务，结算就只能在双边的基础上进行，因而需要通过缔结支付协定来规定两国间的债权债务结算办法。这种通过相互抵账来清算两国的债权债务的办法，有助于克服外汇短缺的困难，促进双边贸易的发展。

自 1958 年以来，主要发达国家相继实行货币自由兑换，双边支付清算逐渐为多边现汇支付结算所代替。至于一些因外汇短缺而仍然实行外汇管制的发展中国家，有时还需要用支付协定规定对外的债权债务清算办法。

### （四）国际商品协定

国际商品协定（international commodity agreement）是指某项商品的主要出口国和进口国就该项商品购销、价格等问题，经过协商达成的政府间多边贸易协定。

国际商品协定的主要对象是发展中国家所生产的初级产品。这些产品由于受到世界市场行情变化影响，价格波动的幅度较大，贸易量也不稳定。发展中国家为了保障自身利益，希望通过协定维持合理的价格，而作为主要消费国的发达国家则希望通过协定保证初级产品价格不至于涨得太高，并能保证供应。国际商品协定用来稳定价格的办法，主要有设立缓冲存货（存款）、签订多边合同、规定出口配额等方法。

**1. 缓冲存货（存款）**

缓冲存货（存款）（buffer stock）是由该商品协定的执行机构依照最高限价和最低限价的规定，运用其成员国提供的实物和资金，干预市场和稳定价格。当市场价格涨到最高限价时，抛售缓冲存货的实物以维持价格在最高限价之下；当市场价格跌到最低限价以下时，利用缓冲存款的现金在市场上收购，把价格保持在最低限价以上。

**2. 多边合同**

多边合同（multilateral contract）是稳定商品价格的另一种方法。这类合同通常会设定一个最低价格和一个最高价格（价格幅度），进口国可以在规定的价格幅度内从生产国购买一定数量的商品，生产国也可以在规定的价格幅度内销售一定数量的商品到进口国。多边合同多发生在几个出口国和几个进口国之间。

**3. 出口限额与缓冲存货相结合**

商品协定的执行机构同时采用出口限额和缓冲存货两种办法来控制市场和稳定价格。首先，规定商品的最高限价和最低限价；其次，确定指示价格。指示价格是各主要交易所 15 个连续营业日的每日价格的平均数。当指示价格超过最高限价或低于最低限价时，就采取出口限额和缓冲存货所规定的办法调节价格，使价格恢复到最高限价与最低限价的幅度内。

这些方法都是通过干预市场供求关系，确保价格不会出现大幅波动，从而保护生产者和消费者的利益。

主要的国际商品协定有：①国际可可协定（1973 年）；②国际天然橡胶协议（1979 年）；③国际咖啡协定（1962 年）；④国际糖协定（1953 年）；⑤国际锡协定（1956 年）；⑥国际小麦协定（1949 年）；⑦国际橄榄油协定（1958 年）。

## 小知识

### 国际可可协定

《国际可可协定》（*international cocoa agreement*）是世界主要可可生产国和消费国 1972 年所达成的单项商品的国际协定。1993 年 7 月 16 日达成新的《国际可可协定》，1994 年 2 月 22 日生效。

国际商品协定除了价格原因外，也有的是进口国为了保护国内市场而与出口国签订的，以对某一时期某种商品的进出口数量作出安排。如 2004 年 12 月 31 日终止的国际多种纤维协定（MFA），就是在多边的基础上管理纺织品和服装的出口和限制这些商品的市场准入，它包括出口国和进口国。

## 三、贸易条约与协定所依据的法律原则

贸易条约与协定所依据的法律原则最基本的有：最惠国待遇原则、国民待遇原则和互惠原则。

### （一）最惠国待遇原则

最惠国待遇原则（most favored nation treatment）是缔约国一方现在和将来所给予任何第三国的优惠和豁免，必须同样给予对方。最惠国待遇条款适用的范围有大有小。在贸易协定中，其适用范围一般包括：有关进口、出口、过境商品的关税和其他捐税；商品进口、出口、过境、贮存和转运方面的有关海关规定、手续和费用；有关进出口商品国内管理和使用的法律、规章。

最惠国待遇原则按照有无条件，分为有条件和无条件两种。无条件最惠国待遇原则，即缔约国一方现在和将来所给予任何第三国的优惠和豁免，立即无条件无补偿地自动地适用于对方。有条件的最惠国待遇原则，即如果缔约国一方给予第三国的优惠和豁免是有条件的，那么另一方必须提供同样的条件，才能享受这些优惠和豁免。有条件的最惠国待遇原则已极少在国际使用。

### （二）国民待遇原则

国民待遇原则（principle of national treatment），从商品贸易角度就是缔约国一方保证缔约国另一方的公民、企业和船舶在本国境内享受与本国公民、企业和船舶同等的待遇。它适用的范围通常包括：外国公民的私人经济权利（私人财产、所得、房产、股票）、外国产品应交的国内税、利用铁路运输和转口过境的条件、船舶在港口的待遇、商标注册、版权、专利权等。但沿海贸易权、领海捕鱼权、土地购买权等均不包括在内。在服务贸易方面，国民待遇的实施不如商品贸易彻底，是按相关国家在贸易谈判中作出具体承诺的范围和程度来实施的。

### （三）互惠原则

互惠原则指缔约双方在贸易条约或协定中相互给予对方以贸易上的优惠待遇。它有着两方面的意义：一方面它不仅明确了各缔约国在关税谈判中相互之间应采取的基本立场，而且也包含着各缔约国之间应建立一种怎样的贸易关系；另一方面，从关贸总协定的多轮谈判来看，互惠原则是谈判的基础，其作用也正是在互惠互利的基础上实现的。比如：如果 A 国对 B 国降低某种农产品的进口关税，作为回报，B 国也会对 A 国的某些工业制成品降低进口关税，或者在其他贸易领域提供对等的优惠条件，如放宽市场准入、减少贸易壁垒等。

互惠原则是国际贸易中利益平衡的重要体现，它有助于促进双方贸易的积极开展，使双方都能够从贸易合作中获得实际利益，也是国际贸易协定能够长期稳定维持的重要基础之一。

**课堂讨论 7–2：**分析理解“非国民待遇”是什么意思。

# 第二节　与纺织服装有关的国际贸易条约与协定

## 一、多种纤维协定

《多种纤维协定》（*multi fiber arrangement*，MFA）是关税及贸易总协定（GATT）主持下的关于纺织品服装贸易的重要协议，于1974年1月1日生效，在1995年1月1日以前主宰着国际纺织品贸易。

在GATT第五轮谈判“狄龙回合”开始时，发达国家提出，由于来自发展中国家低成本的纺织品和服装造成了发达国家国内市场竞争的混乱，从而要求对棉纺织品采取短期限制，即“棉纺织品短期安排”，后来短期安排又演变成长期安排。1973年12月最终达成了《多种纤维协定》。该协定允许缔约国在纺织品贸易中单方面实行双边协议达成的或其他方式的数量限制，并将这种限制视为关贸总协定的一个例外。协定参加国有美国、欧共体、日本、加拿大、韩国、巴西、印度等41个国家。中国于1984年加入了《多种纤维协定》。

## 二、纺织品与服装协议

视频7　纺织品与服装协议

为消除《多种纤维协定》带来的不利影响，发展中国家进行了长期的努力，要求彻底改变国际纺织品贸易的不合理状况，尽早回到关贸总协定的贸易自由化原则中。在GATT第八轮“乌拉圭回合”谈判中，经过发展中国家的努力，《纺织品与服装协议》（*agreement on textiles and clothing*，ATC）终于得以签署、生效。

该协议主要条款包括适用产品范围、分阶段取消配额限制、过渡性保障措施、非法转口处理、设立纺织品监督机构等。协议规定了整个纺织品部门分十年四个阶段逐步回归到关贸总协定原则上来的一体化措施、方式、程序、期限等，最终消除与《关贸总协定》原则不一致的《多种纤维协定》和其他对纺织品和服装贸易的限制。协议旨在根据强化了的关贸总协定规则和纪律，制定能使这一部分协议最终纳入关贸总协定的方式，从而有助于实现贸易进一步自由化的目标。该协议的十年贸易自由化方案为以下四个阶段：

第一阶段：1995年1月1日至1997年12月31日，解除不少于1990年总进口量16%的产品配额限制。

第二阶段：1998年1月1日至2001年12月31日，解除比率为1990年总进口量17%的产品的配额限制。

第三阶段：2002年1月1日至2004年12月31日，解除比率为1990年进口总量18%的产品配额限制。

第四阶段：自2005年1月1日，取消余下的所有产品的配额限制。

**课堂讨论7-3**：2005年5月17日，美国以扰乱市场为由，对中国的棉制裤子、棉制针织衬衫、内衣、化纤制裤子、化纤制针织衬衫、男式梭织衬衫和精梳棉纱等7种纺织品实施限制。经过多轮双边谈判，2005 年 11 月 8 日，中国商务部部长和美国贸易代表波特曼在伦敦签署了《中华人民共和国政府与美利坚合众国政府关于纺织品和服装贸易的谅解备忘录》。按此协议规定，协议产品 2006 年增长率为 10%~15%，2007 年增长率为 12.5%~16%，2008 年增长率在 15%~17%，并且在以后的年份可以增加。我们从中能得到什么启示?

## 本章思维导图

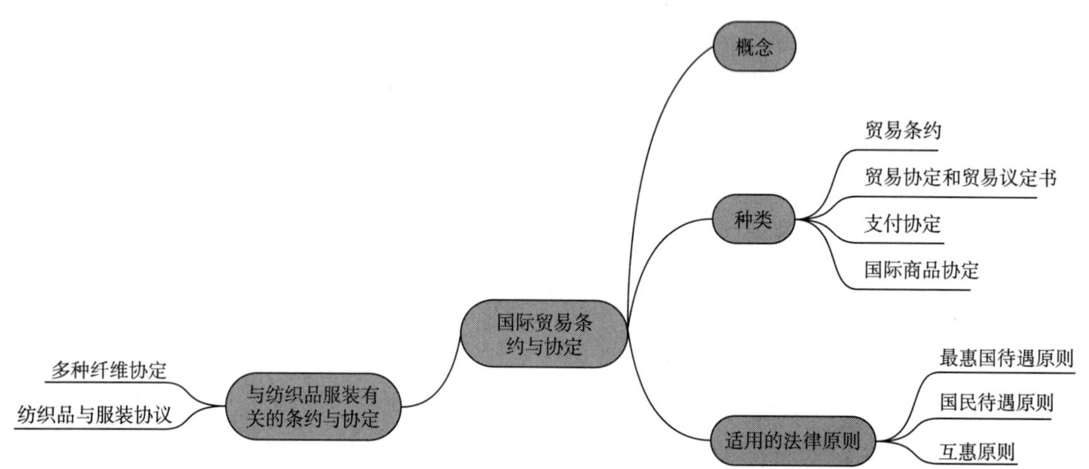


## 课后思考题

1. 分析 MFA 和 ATC 对我国纺织品贸易的影响。
2. 什么是纺织品的后配额时代? 请阐述我国纺织品后配额时代的特征。
3. 签订贸易条约和协定所依据的法律原则有哪些?
4. 简述缓冲存货（存款）的运行机制。
5. 简述《纺织品与服装协议》的四个阶段。

## 答案

1. MFA：多种纤维协定，发达国家对进口纺织品服装设置配额。

ATC：纺织品与服装协定，分十年过渡期取消配额限制。

这两个协议对我国纺织品服装贸易起到了促进作用。

2. 2005 年取消配额后，纺织品服装进入后配额时代。后配额时代的特征：纺织品服装出口大幅增长，遭到来自美国和欧盟的抵制，重新设置了限制，分别签订了中美谅解备忘录和中欧谅解备忘录。

3. 有三个法律原则：①最惠国待遇原则。缔约国一方现在和将来所给予任何第三国的优惠和豁免，必须同样给予对方。②国民待遇原则。缔约国一方保证缔约国另一方的公民、企业和船舶在本国境内享受与本国公民、企业和船舶同等的待遇。③互惠原则。缔约双方在贸易条约或协定中相互给予对方以贸易上的优惠待遇。

4. 缓冲存货（存款）是指该商品协定的执行机构按最高限价和最低限价的规定，运用其成员国提供的实物和资金，干预市场和稳定价格。

5. 第一阶段：1995 年 1 月 1 日至 1997 年 12 月 31 日，解除不少于 1990 年总进口量 16%的产品配额限制。第二阶段：1998 年 1 月 1 日至 2001 年 12 月 31 日，解除比率为 1990 年总进口量 17%的产品的配额限制。第三阶段：2002 年 1 月 1 日至 2004 年 12 月 31 日，解除比率为 1990 年进口总量 18%的产品配额限制。第四阶段：自 2005 年 1 月 1 日，取消余下的所有产品的配额限制。

# 第八章　经济一体化和世界贸易组织

PPT8　经济一体化和世界贸易组织

## 教学目的与要求

通过本章的学习，使学生了解世界贸易组织（WTO）的建立，掌握世界贸易组织的基本原则，了解中国“入世”后的权利与义务以及“入世”对中国经济的影响。引导学生理解 WTO 关于服务贸易、技术贸易以及投资的相关框架，要求学生掌握区域合作的相关概念及理论，引导学生树立文化自信的价值观，激发学生的家国情怀和使命担当。

## 开篇导读

**关税及贸易总协定启动乌拉圭回合谈判**

关税及贸易总协定（GATT）第 7 轮“东京回合”谈判之后，为了启动新一轮多边贸易谈判，GATT 于 1985 年 9 月召开特别缔约方大会，与会代表认为，新一轮谈判的宗旨应该是遏制和消除贸易保护主义，维护和加强国际多边贸易体制，改善国际贸易环境，促进贸易自由化的发展。会议的中心议题集中在是否应将服务贸易纳入国际多边贸易体制以及服务贸易与传统贸易的关系上。经过各方反复协商并达成了协议，宣告新一轮谈判筹备工作开始。

1985 年 11 月底，GATT 召开第 41 届缔约方大会，正式成立新一轮谈判筹备委员会。筹委会用了 4 个月时间完成了对新一轮谈判可能涉及的 30 多个议题的审议工作，草拟了《乌拉圭回合部长会议宣言》。

1986 年 9 月 15 日，在乌拉圭的埃斯特角举行关贸总协定缔约方部长级会议，会议决定发动第 8 轮多边贸易谈判，即乌拉圭回合多边贸易谈判，简称“乌拉圭回合”。乌拉圭回合规模最大（有 123 个成员参加），时间最长（1986 年 9 月至 1993 年 12 月），历时 7 年半。

## 第一节　区域经济一体化概述

### 一、区域经济一体化的含义

视频 8　区域经济一体化

区域经济一体化（regional economic integration）指有一定地缘关系的两个或两个以上的国家，为了维护共同的经济和政治利益，通过签订某种政府间条约或协定，制定共同的政策或行动准则，实现长期稳定的经济调节，从而达成经济乃至政治上的联盟。

### 二、区域经济一体化的形式

按照经济一体化的程度，分为以下六种形式：

（1）优惠贸易安排：主要表现为关税优惠协定。如亚太经合组织、上合组织、区域全面经济伙伴关系协定（RCEP）。

（2）自由贸易区：区内商品自由流动，但每个成员国仍保留对非成员国的原有贸易壁垒，如北美自由贸易区、东盟自由贸易区。

（3）关税同盟：成员国之间完全取消关税或其他贸易壁垒，同时建立对外的统一关税，如欧洲经济共同体。

（4）共同市场：成员国在关税同盟的基础上进一步消除对生产要素流动的限制，如欧洲统一大市场。

（5）经济同盟：在共同市场的基础上又进了一步，制定和执行某些共同经济政策和社会政策，逐步废除政策方面的差异，形成一个庞大的经济实体，如欧洲联盟。

（6）完全经济一体化：成员国在经济、金融、财政等政策上完全统一，在国家经济决策中采取统一立场，区域内商品、资本、人员等完全自由流动，使用共同货币，如欧元区国家。

## 第二节　世界主要区域经济一体化组织简介

### 一、欧盟

欧盟（European Union，EU）总部设在比利时首都布鲁塞尔（Brussel），该联盟现拥有 27 个会员国。欧盟起源于欧洲煤钢共同体。1950 年 5 月 9 日，法国外交部长罗伯特·舒曼发表了著名的“舒曼计划”，建议法德两国建立煤钢共同体，以促进两国及欧洲的和平与繁荣。1952 年 7 月，法国、西德、意大利、荷兰、比利时和卢森堡正式成立欧洲煤钢共同体。1958 年，六国成立欧洲经济共同体和欧洲原子能共同体，旨在取消会员国间的关税，促进会员国间劳力、商品、资金、服务的自由流通。1965 年，六国签订《布鲁塞尔条约》，决定将欧洲煤钢共同体 、欧洲原子能共同体和欧洲经济共同体统一起来，统称欧洲共同体。1993 年，《马斯特里赫特条约》正式生效，欧洲联盟正式成立。2002 年 1 月 1 日，欧元正式流通，3 月 1 日，欧元成为欧元区国家唯一法定货币。2003 年 7 月，欧盟制宪筹备委员会全体会议就欧盟的盟旗、盟歌、铭言与庆典日等问题达成了一致。

盟旗：蓝底和 12 颗黄星图案

盟歌：贝多芬第九交响曲中的《欢乐颂》

铭言：多元一体

庆典日：5 月 9 日为“欧洲日”

**课堂讨论 8-1：** 英国“脱欧”后遗症难以消除，北爱尔兰贸易问题仍存在哪些争议？

## 二、北美自由贸易区

美国、加拿大及墨西哥在 1992 年 8 月 12 日签署关于三国间全面贸易的协议。该协议由美国、加拿大、墨西哥三国组成。经过几年协商，在 1994 年 1 月 1 日正式生效，北美自由贸易区（North American Free Trade Area，NAFTA）宣告正式成立。产品涉及纺织品、汽车、农产品、运输业、通讯业、汽车保险业、能源工业。北美自由贸易区是典型的南北双方为共同发展与繁荣而组建的区域经济一体化组织，南北合作和大国主导是其最显著的特征。

## 三、亚太经合组织

亚洲太平洋经济合作组织简称亚太经合组织（Asia－Pacific Economic Cooperation，APEC)，是亚太地区重要的经济合作论坛，也是亚太地区最高级别的政府间经济合作机制。1989 年 11 月 5 日至 7 日，举行亚太经济合作会议首届部长级会议，标志着亚太经济合作组织的成立。亚太经合组织共有 21 个成员，截至 2014 年 9 月，亚太经合组织共有 21 个正式成员和 3 个观察员。

1991 年 11 月，中国正式加入亚太经合组织。2001 年 10 月，APEC 会议在中国上海举办，这是 APEC 会议首次在中国举行。2014 年，APEC 会议时隔 13 年再次来到中国。

APEC 的宗旨是保持经济的增长和发展，促进成员间经济的相互依存，加强开放的多边贸易体制，减少区域贸易和投资壁垒，维护本地区人民的共同利益。

APEC 的议题以经济为主，如促进全球多边贸易体制，实施亚太地区贸易投资自由化和便利化，推动金融稳定和改革，开展经济技术合作和能力建设等。近年来，APEC 也开始介入一些与经济相关的其他议题，如人类安全（包括反恐、卫生和能源)、反腐败、备灾和文化合作等。

**课堂讨论 8-2**：百年大变局中，亚太经合组织有怎样的未来?

## 四、东南亚国家联盟

1967 年 8 月，印度尼西亚、泰国、新加坡、菲律宾四国外交部部长和马来西亚副总理在曼谷举行会议，发表了《曼谷宣言》(《东南亚国家联盟成立宣言》)，正式宣告东南亚国家联盟（Association of Southeast Asian Nations，ASEAN）成立。

东盟自由贸易区于 2002 年 1 月 1 日正式启动。自由贸易区的目标是实现区域内贸易的零关税。其中文莱、印度尼西亚、马来西亚、菲律宾、新加坡和泰国 6 国已于 2002 年将绝大多数产品的关税降至 0~5%。越南、老挝、缅甸和柬埔寨 4 国也于 2015 年实现这一目标。

截至 2023 年底。东盟成员国有文莱、柬埔寨、印度尼西亚、老挝、马来西亚、缅甸、菲律宾、新加坡、泰国、越南和东帝汶共 11 个国家。

## 五、上海合作组织

2001 年 6 月 15 日上海合作组织（Shanghai Cooperation Organization，SCO）（简称上合组织）在中国上海宣布成立，签署《上海合作组织成立宣言》。其性质为永久性政府间国际组织，成员国有六个，包括哈萨克斯坦、吉尔吉斯斯坦、中国、俄罗斯、塔吉克斯坦、乌兹别克斯坦。

2005 年 7 月 4 日，签署了《上海合作组织成员国元首宣言》。2010 年 6 月 11 日，批准《上海合作组织接收新成员条例》和《上海合作组织程序规则》。2017 年，上合组织完成首次扩员，印度、巴基斯坦成为正式成员国。2021 年 6 月 15 日，上海合作组织迎来成立 20 周年华诞，该组织经济总量接近 20 万亿美元，比成立之初增加了 13 倍以上，对外贸易总额达到 6.6 万亿美元，比 20 年前增加了 100 倍。2023 年 7 月 4 日，伊朗成为新成员，上合组织正式成员国增至 9 个。同日，哈萨克斯坦接任 2023 至 2024 年度上海合作组织轮值主席国。

### 六、金砖国家

金砖国家（BRICS）引用了俄罗斯（Russia）、中国（China）、巴西（Brazil）、印度（India）和南非（South Africa）的英文首字母。由于该词与英语单词的砖（Brick）类似，因此被称为“金砖五国”。金砖国家国土面积占世界总面积 26.46%，人口占世界总人口 41.93%。2021 年五国经济总量约占世界的 25.24%，贸易总额占世界的 17.9%。2022 年，五国在世界银行的投票权为 14.06%，在国际货币基金组织的份额总量为 14.15%。2024 年 1 月 1 日，沙特、埃及、阿拉伯联合酋长国、伊朗和埃塞俄比亚成为金砖国家的正式成员国。

### 七、区域全面经济伙伴关系协定

区域全面经济伙伴关系协定（Regional Comprehensive Economic Partnership，RCEP）是 2012 年由东南亚国家联盟发起，历时八年，由包括中国、日本、韩国、澳大利亚、新西兰和东盟 10 国（文莱、印度尼西亚、马来西亚、菲律宾、新加坡、泰国、越南、老挝、缅甸和柬埔寨）共 15 方成员制定的协定。

2020 年 11 月 15 日，第四次区域全面经济伙伴关系协定领导人会议以视频方式举行，会后东盟 10 国和中国、日本、韩国、澳大利亚、新西兰共 15 个亚太国家正式签署了《区域全面经济伙伴关系协定》。《区域全面经济伙伴关系协定》的签署，标志着当前世界上人口最多、经贸规模最大、最具发展潜力的自由贸易区正式启航。

**课堂讨论 8-3：**RCEP 正式签署，对我国有何重要意义？

## 第三节　世界贸易组织的发展历程和主要职能

### 一、关税及贸易总协定概述

#### （一）关税及贸易总协定产生的背景

“二战”结束后，曾作为主战场的欧洲，经济遭受重创，各国为了实现经济重建，纷纷实行贸易保护主义，以保护本国生产和就业。而同为战胜国的美国由于战争远离本土，加之受到战时军需品贸易的刺激，经济急剧膨胀而成为战后最强大的国家。“二战”后，美国拥有西方世界1/2以上的生产能力，出口贸易的1/3和黄金储备的3/4。凭借雄厚的经济实力，美国积极倡导自由贸易，以便为自己谋取更多的利益。

在美国的提议下，联合国经济与社会理事会于1946年2月召开了第一次会议，通过了由美国提出的召开“世界贸易和就业会议”的决议草案，并成立了由19国组成的筹备委员会，着手筹建国际贸易组织。由于当时关税壁垒盛行，包括美、英、法、中、印等23个国家便主张将在联合国经社理事会第二次筹委会通过的由美国起草的《国际贸易组织宪章草案》中的贸易政策部分，和他们各自在双边谈判基础上达成的关税减让协议加以合并，形成《关税与贸易总协定》(GATT)，于1947年10月30日在日内瓦由23个缔约国签署。1947年11月15日，美国联合英国、法国、比利时、荷兰、卢森堡、澳大利亚、加拿大等国签署了关贸总协定《临时适用议定书》，使关贸总协定于1948年1月1日提前在上述八国实施。

后来，由于在1947年11月哈瓦那联合国贸易与就业会议上通过的《国际贸易组织宪章》对美国原先的草案作了大量修改，与美国的利益相去甚远，美国国会没有通过，美国政府也就放弃了成立国际贸易组织的努力，致使建立国际贸易组织的努力流产。这样，GATT便作为一个临时性的协定而一直沿用至1994年底。

### （二）GATT的基本原则

#### 1. 非歧视原则

非歧视（non-discrimination）原则是GATT最重要的原则，是关贸总协定的基石。这一原则的含义是：任一缔约方在实施某种限制性或某种禁止性措施时，不得对其他缔约方实行歧视性差别待遇。这一原则主要体现在最惠国待遇条款和国民待遇条款上。

#### 2. 关税保护与关税减让原则

关税保护（tariff protection）原则是指以关税作为唯一保护手段的原则。GATT规定只能通过关税来保护本国工业，缔约方有义务实行关税减让，多边贸易谈判是实现关税减让的主要途径。

GATT还对实施上述原则作出灵活的规定：如果有关产品进口剧增，使进口国的同类产品受到重大损害或重大威胁时，该进口国可与有关缔约方重新谈判，在给予对方适当补偿后，可修改或撤销其原来的关税减让承诺；发展中国家为了保护其国内工业和农业，如果税率的减让不利于它们的国际收支平衡，可在关税保护方面免除上述原则的使用。但是这种灵活性规定只能是暂时的，如果滥用，其他缔约方可以采取报复措施。

#### 3. 透明度原则

透明度（transparency）原则要求缔约方应对一切涉及贸易的政策和规则统一实施并做到透明。GATT第10条规定，缔约方有效实施的关于海关对产品的分类或估价，关于捐税或其他费用的征收率，关于对进口货物及其支付转账的规定、限制和禁止，以及关于影响进出口货物的销售、分配、运输、保险、仓储、检验、展览、加工、混合或使用的法令、条例与一般援用的司法判决及行政决定，都应迅速公布，以使其他缔约方政府及贸易商熟悉它们。

#### 4. 贸易争端的磋商调节原则

磋商调节（negotiation and coordination）原则要求，缔约方之间如果发生贸易冲突或贸易摩擦时，各方应本着磋商一致的原则达成协议，解决他们之间的贸易争端。

**5. 其他原则**

除了上述四项主要原则以外，GATT 还规定了一些其他原则。如：取消数量限制原则、公平贸易原则、对发展中国家特殊优惠待遇原则、互惠原则、合理保障原则、区域贸易安排原则等。

### （三）GATT 的职能

GATT 的宗旨是通过促进自由贸易而提高生活水平，保证充分就业和实际收入及有效需求的持续增长，扩大世界资源的充分利用。在其存在的 47 年间，GATT 的宗旨主要通过以下职能实现。

**1. 组织多边贸易谈判，尽力消除各种贸易壁垒**

贸易壁垒包括关税壁垒和非关税壁垒两种，它们通过各种关税和非关税障碍阻碍别国产品的进口，对此，GATT 通过组织多边贸易谈判打破这些障碍。从成立到被 WTO 取代，GATT 共组织了八轮多边谈判，使发达国家的平均关税率从 1948 年的 36%降至 20 世纪 90 年代中期的 3.8%，发展中国家和地区同期降至 12.7%，关税壁垒的作用大为降低。从东京回合起，非关税壁垒也被纳入减让谈判的范围并达成了《技术性贸易壁垒协议》《进口许可证制度协议》等一系列协议，非关税壁垒的使用受到一些限制。

**2. 协调缔约方之间的贸易关系，解决各种贸易纠纷**

由于国际贸易关系各国的切身利益，国际贸易中难免存在各种冲突和纠纷。GATT 通过主持冲突各方的谈判、协商，努力化解这些纠纷，避免冲突各方的利益受损。GATT 虽然是一个临时协定，其条文不具法律强制性，但由于其协调机制的权威性，它能使绝大多数的贸易纠纷得到解决。

**3. 根据国际贸易发展的新情况，制定国际贸易的新规章**

在 1948—1994 年的 47 年间，随着世界经济、科技的发展，国际贸易的领域不断扩展，服务贸易、投资及环保等领域的问题日益突出，为此，GATT 不断制定新的规章以明确各方的权利和义务。

**4. 研究和促进缔约各方经济和贸易的发展**

GATT 随时关注各缔约方经济和贸易的发展情况，并及时发表各种年度经济数据和经济发展报告，以便为缔约方的经济发展提供决策参考。同时，GATT 还通过一定的优惠安排，促进发达国家协助发展中国家的经济发展。

### （四）GATT 的历史贡献及其缺陷

GATT 作为一个临时性的协定，不是一个权力机构，但它在第二次世界大战后国际贸易中发挥了重要作用。其缔约方从成立之初的 23 个发展到 1993 年底的 115 个，此外还有近 30 个非缔约国按其规则运作，几乎大部分具有经济活动能力的国家和地区都位于该体系之内。GATT 对国际贸易发展做出了巨大贡献：减让关税促进了国际贸易的迅速发展；为发展中国家提供与发达国家对话的场所，使它们从中获得贸易实惠；关贸总协定中增加了专门处理发展中国家贸易和发展问题的条款，有利于促进发展中国家经济和贸易的发展；能及时磋商、调解缔约国的贸易争端，从而加强各缔约国的贸易合作，促进国际贸易的发展。

正是由于 GATT 的上述作用，GATT 的发展与完善才与世界银行（World Bank）和国际货币基金组织（IMF）一起被称为驱动世界经济的“三驾马车”，它们各自在贸易、投资和金融领域影响世界经济的发展。但是，由于 GATT 不是一个正式的国际组织，所以它在体制上具有多方面的缺陷，如由于其法律约束力不足，所以难以对违规者做出制裁；原则中有例外，例外中有原则，难以形成具有实效的全盘性多边争端解决程序等。因此虽然 1947 年在哈瓦那通过的《国际贸易组织宪章》没有得到各国批准，国际贸易组织胎死腹中，但 GATT 生效后 40 多年间，关于建立 WTO 的呼声从未中断。

## 二、WTO 概述

### （一）WTO 的成立

乌拉圭回合谈判达成的一个重要成果是成立世界贸易组织（WTO），世贸组织的成立大致经历了以下过程：

1990 年初，时任欧共体轮值主席国的意大利首先提出建立多边贸易组织（MTO）的倡议，并且后来以欧共体 12 国的名义正式推出，得到加拿大、美国支持。

1990 年 12 月，“乌拉圭回合”布鲁塞尔部长级会议正式作出决定，展开建立多边贸易组织的谈判。

1991 年 12 月，关贸总协定经过 1 年谈判，形成《关于建立多边贸易组织的协议》的草案。

1993 年 12 月 15 日，乌拉圭回合结束前，根据美国的提议，将“多边贸易组织”改名为“世界贸易组织”。

《关于建立 WTO 的协定》于 1994 年 4 月 15 日在马拉喀什部长级会议上获得通过。

**课堂讨论 8-4：** *为什么说 WTO 取代 GATT 是历史发展的必然？*

### （二）WTO 的主要内容

《关于建立 WTO 的协定》包括序言、条款和附件三部分，对 WTO 的宗旨、职能、组织机构、成员资格、决策方式等都作出了明确规定。

#### 1. WTO 的宗旨

WTO 的宗旨体现在序言部分，它规定 WTO 全体成员在处理贸易和经济领域的关系时，应以提高生活水平、确保充分就业、大幅稳定地增加实际收入和实际需要、持久地开发和合理地利用世界资源、拓展货物和服务的生产和贸易为准则；必须积极努力，确保发展中国家在国际贸易增长中得到与其经济发展相适应的份额；通过签订旨在大幅削减关税和其他贸易壁垒以及在国际贸易关系中取消这些歧视待遇的议定书和互惠安排，为这些目标作出贡献；维护关贸总协定的基本原则和进一步完成关贸总协定的目标，发展一个综合性的、更加有活力的、持 久的多边贸易制度，包括经过修改过的关贸总协定和它主持下达成的所有守则和协议，以及乌拉圭回合多边贸易谈判的全部成果。

WTO 的宗旨体现了其所奉行的一系列基本原则：提倡市场经济，以提高资源的配置效率；考虑到不同成员经济发展水平的差距，在提倡自由贸易的同时，又允许适度保护；强调成员之间贸易利益的协调，以促进共同发展。另外，世贸组织强调对资源的最佳利用，而非关贸总协定的充分利用，体现了它对可持续发展的关注。

**2. WTO 的职能**

在协定的有关条款中规定了 WTO 的职能：对世界贸易组织协定及其附件中协议的贯彻与运行进行监督、管理；为实施上述协议提供统一的体制框架；为多边贸易谈判提供论坛和场所；主持综合性贸易争端的解决和对成员国贸易政策的审议；与国际货币基金组织和世界银行等国际机构合作，以协调全球经贸政策。

**3. WTO 的主要组织机构**

部长级大会：由全体成员国代表组成，是 WTO 的最高权力机构，拥有对重大事务的决策权，至少每两年召开一次。

总理事会：由各成员国代表组成，负责日常监督各项协议和部长会议所做决定的贯彻执行情况，并作为统一的争端解决机构和贸易政策评审机构发挥作用。总理事会下设货物贸易、服务贸易和知识产权三个分理事会，负责监管各自领域内协议执行情况，并履行总理事会所赋予的其他职责。此外，总理事会还设立若干负责处理相关事宜的专门委员会，如监督委员会、贸易与发展委员会、与贸易有关的投资措施委员会等。总理事会、分理事会及专门委员会视需要还可设立临时性工作组或专家小组。

秘书处和总干事：秘书处由总理事会设立，以处理 WTO 日常事务，其领导人由总理事会指派一名总干事担任。总干事的权限、任期等由总理事会决定。总干事根据总理事会的规定任命秘书处的工作人员。作为秘书处的首脑，总干事不是多边贸易政策的决策者，而是各成员集体利益的维护者。

**4. WTO 的决策方式**

WTO 采用投票表决方式，改变了 GATT 须一致通过的方式，这有助于避免决议受大国主导的弊端。每一成员方都在部长级会议和理事会上各拥有 1 票，欧盟票数与其会员数相同。

### （三）WTO 的基本原则

为了有效地实现其宗旨，WTO 的全部内容中贯穿了一系列基本原则。这些原则及其例外构成了 WTO 法律框架的基础，制约着 WTO 成员方的贸易活动。WTO 的基本原则可以归纳为以下几点：

**1. 非歧视原则**

这是 WTO 最基本最重要的原则，它体现了 WTO 多边互惠互利的特点。本着这一原则，各成员方都可以同等地分享降低贸易壁垒所带来的利益。非歧视原则主要体现为最惠国待遇原则和国民待遇原则。

**2. 关税保护原则**

关税保护原则包括两层含义：一层以关税作为各成员方唯一的保护手段。这是因为关税能使各国的保护状况和程度一目了然，便于对各国的保护水平进行比较和监督。另一层含义是各成员方应遵循互惠互利的原则，通过关税减让谈判，逐步降低关税水平，以促进国际贸易的开展。

**3. 取消数量限制原则**

数量限制是通过限制外国产品的进口数量来保护本国市场，妨碍了竞争，与WTO对各成员方只能通过关税来保护本国相关产业的规定直接相违背，因此WTO将其列入取消之列。

该原则主要体现在GATT 1947第11条。根据该条规定，任何成员方除征收税捐或其他费用以外，不得设立或维持配额、进口许可证或其他措施以限制或禁止其他成员方领土产品的输入，或向其他成员方领土输出或销售出口产品。

**4. 透明度原则**

透明度原则指各成员方政府应迅速公布其与商品进出口贸易和服务贸易有关的法律、规章，以便其他成员方和贸易商能够熟悉。这些法律规章在公布前不能实施，并有义务接受其他成员方对实施状况的检查和监督。

**5. 公平贸易原则**

公平贸易原则主要体现在GATT 1947第6条、第16条和第23条，《关于建立WTO的协定》附件中的《关于实施GATT第6条的协议》《补贴与反补贴措施协议》等有关条款中，主要是反倾销、反补贴和减少其他非关税壁垒，以保证公平贸易。

**6. 互惠原则**

互惠原则是指双方在贸易特权或贸易利益方面的相互或相应让与、贸易减让的结果要使双方增加的进出口量大致相等。互惠原则不仅是成员方之间进行贸易谈判并维持正常贸易关系的基础，而且是WTO得以发挥作用的主要机制。

**7. 贸易争端的磋商调解原则**

WTO制定了一套处理成员方之间争议的磋商程序及利益丧失或损害的申诉程序，为各方履行其权利与义务提供了法律依据，同时为各方之间贸易争端的解决提供了一个谈判的场所。

**8. 对发展中国家特别优惠的原则**

WTO的前身GATT素有“富人俱乐部”之称，其大多数条款都是迎合了发达国家的利益。在肯尼迪回合谈判之前，适用于发展中国家的条款只有18条，它允许发展中国家在必要时采取与GATT规定不符的政策措施。1965年，在联合国1964年第一届联合国贸易和发展大会的影响下，GATT 1947才增加了一个第四部分，即“贸易和发展”部分，这一部分承认了发达国家与发展中国家间的非互惠原则，规定了对发展中的缔约各国在贸易和发展方面的特殊要求及有关问题。该部分包括第36到38条。东京回合以及后来的乌拉圭回合达成的一系列协议、谅解中，也都包含对发展中国家的优惠条款。

**9. 区域性贸易安排原则**

第二次世界大战以后，随着世界经济联系的加强和国家间经济依赖程度的加深，国际贸易领域出现了区域化、集团化的趋向，各集团内部纷纷采取减少或废除关税和非关税壁垒的区域性的贸易安排。对这种区域性的贸易安排，WTO在GATT 1947第24条中予以认可。同时，WTO对区域性的贸易安排也作了严格的限制，GATT 1947规定：“成立关税联盟或自由贸易区的目的，应为便利组成联盟或自由贸易区的各领土之间的贸易，但对其他缔约方与这些领土之间进行的贸易，不得提高壁垒。”可见，区域性贸易安排原则是在 WTO 所提倡的多边自由贸易体制不可能一蹴而就的情况下“无可奈何”的补充，而不是对多边贸易体制的挑战，其最终目的是促进多边贸易体制的实现。

**10. 合理保障原则**

为了防止成员方由于意外的、不正常的原因使国内市场受到冲击而利益受损，WTO 相关协议中设立了合理保障条款，在乌拉圭回合谈判中还达成了《保障措施协议》，允许一成员方在特殊情况下经过全体成员方的允许，而暂时或部分停止应承担的义务。乌拉圭回合达成的《保障措施协议》对合理保障原则的实施又做了进一步的具体规定，协议共 14 条，内容包括保障措施实施的条件、保障措施的具体实施、有关透明度的规定、有关争端解决的规定等。

## 本章思维导图

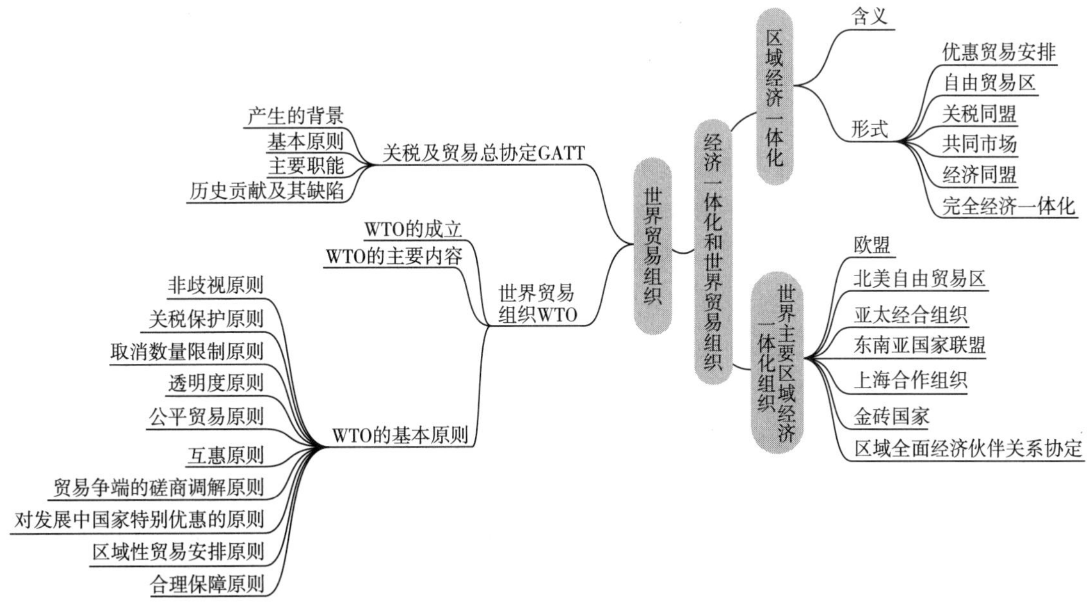


## 课后思考题

1. 什么是区域经济一体化？具体分析一个区域经济一体化组织，包含组织的成立及意义。

2. 分析区域经济一体化对世界贸易的影响。

3. 对比 WTO 与 GATT 的主要区别。

4. 阐述 WTO 的基本原则。

5. 最惠国待遇原则和国民待遇原则有什么区别？

6. GATT 对国际贸易的发展起了哪些促进作用？主要有哪些缺陷？

## 答案

1. 区域经济一体化指有一定地缘关系的两个或两个以上的国家，为了维护共同的经济和政治利益，通过签订某种政府间条约或协定，制定共同的政策或行动准则，实现长期稳定的经济调节，从而达成经济乃至政治上的联盟。

2. 如：RCEP（区域全面经济伙伴关系协定）是由东盟十国发起，邀请中国、日本、韩国、澳大利亚、新西兰共同参加的自由贸易协定。该协定旨在通过削减关税及非关税壁垒，建立 15 国统一市场。RCEP 于 2020 年 11 月 15 日签署，2021 年 1 月 1 日正式生效。自 RCEP 生效以来，区域贸易成本大幅降低，产业链和供应链联系更加紧密，受益民众范围不断扩大。一方面区域经济一体化会推进区域内贸易的发展，另一方面会阻碍区域内与区域外国家或地区之间的贸易。

3. ①GATT 是临时性的，不是一个实质性国际组织。WTO 及其协议是永久性的，是一个实质性的国际组织。②GATT 的协议是一个诸边协议，而 WTO 的协议是一个多边协议。③WTO 拥有的是“成员国”，而 GATT 只拥有“缔约国”。④GATT 处理货物贸易，WTO 还包括服务贸易、与贸易相关的知识产权和投资措施。⑤WTO 争端解决机制与原 GATT 体制相比，速度更快、更自动，作出的裁决不会受到阻挠。

4. 非歧视原则、关税保护原则、取消数量限制原则、透明度原则、公平贸易原则、互惠原则、贸易争端的磋商调解原则、对发展中国家特别优惠的原则、区域性贸易安排原则、合理保障原则等。

5. ①最惠国待遇必须由条约规定，而不能由国内立法规定；国民待遇既可以在国内立法也可以在国际条约中规定。②最惠国待遇的受惠国可以根据最惠国条款的规定，自动取得与第三国同等的待遇，无须再与施惠国订立新条约或再做请求；而国民待遇不涉及第三方，而且需要在法律或条约中明确规定。③最惠国待遇的适用范围一般限制在经济贸易领域，通过自然人、法人、货物、商船等所享受的待遇表现出来；而国民待遇的适用范围一般是在物权、债权、婚姻家庭、财产继承等民事关系方面。④最惠国待遇的作用是保证有关各外国公民和法人的民事权利地位平等，从而排除或防止某一外国的公民和法人的权利地位低于第三国公民或法人；而国民待遇是以本国人的待遇为标准，作用是使在本国的外国人在某些领域与本国人的民事法律地位相同。

6. GATT 的积极作用：启动和推进了各国的贸易自由化进程，促进了国际贸易的开展，缓和并解决了各缔约方在国际贸易中的矛盾和摩擦，形成了一套有利于国际贸易开展的政策体系。不足之处：机构性质、管辖范围、贸易规则、争端解决机制、发展中国家的地位和利益等方面的局限。

# 第九章　进出口合同的主体及标的条款

PPT9　进出口合同的主体及标的条款

## 教学目的与要求

在国际贸易合同中，标的条款包括商品的品名、品质、数量、包装四部分内容。标的条款是合同能否成立的基本条件。通过本章的学习，学生能够掌握国际贸易中标的条款的基本内容以及合同谈判中关于该条款的注意事项。

## 导入案例

**合同中的标的条款**

某羊绒衫厂与国外一客商签订出口羊绒衫合同。出口羊绒衫 10000 件，价值 100 万美元。合同规定羊绒含量为 100%，商标上也标明“100%羊绒”。同时双方在合同包装条款中约定：每件同时使用英、日两种文字的洗标。卖方交货时却改用其他包装代替，且仅使用英文的洗标。买方收货后，对卖方生产的羊绒衫进行检验后，发现羊绒含量不符合合同规定，同时为了方便在当地销售该批货物，只好更换了包装和洗标。最后，买方向卖方索赔，要求赔偿 100 万美元。后经双方不断沟通交涉，最后卖方赔偿十余万美元才算了结。

国际货物买卖合同是指不同国家（地区）的当事人之间所订立的转移货物所有权的合同，国际货物买卖合同中的各项条款，由合同当事人根据“契约自主”的原则协商确定。合同的主体指具有缔约能力的合同当事人，自然人、法人及依法成立的其他非法人组织，都可成为合同当事人。交易双方签约时，注意合同的主体资格和订好合同当事人条款，有利于履行合同和解决合同争议。买卖双方在开展进出口贸易过程中要遵循“重合同，守信用”的契约精神。

合同的标的是合同法律关系的客体，是合同当事人权利与义务所共同指向的对象，它体现合同当事人订立合同的目的与要求。国际货物买卖的标的是有形的商品，而成交的商品有其具体的名称，并表现为一定的质量；每笔交易的标的，都有一定的数量，且大多数标的物需要有适当的包装。因此，交易双方签约时，应具体订明标的物的品名、品质、数量与包装条款，以利于合同的履行。

## 第一节　进出口合同当事人

合同当事人即指以自己的名义订立与履行合同，并享有一定的权利与承担约定义务的人。

合同当事人条款是说明合同当事人的基本情况和明确合同主体资格的一项不可缺少的基本条款。

## 一、订好合同当事人条款的重要意义

合同是指两个或两个以上的当事人通过协商一致达成的协议。在订立和履行合同过程中，各当事人都是合同的主体，具有平等的法律地位，他们分别承担约定的义务。例如，卖方应按合同规定，按时、按质、按量交付货物；买方应按合同规定的时间与地点受领货物并支付货款。与此同时，交易双方都享有约定的权利，如在一定条件下，依法变更、转让和终止合同的权利，要求违约方赔偿损失或继续履行合同的权利，以及为解决履约争议依法申请仲裁或提起诉讼的权利等。

依法订立的合同和合同当事人的权益，都受到合同法等有关法律的保护。如合同订立后，出现合同当事人拒不履约或违约的情况，致使另一方当事人蒙受损失，则受损害方的当事人有权采取各种救济措施来追究违约方当事人的法律责任。这就要求在买卖合同中具体订明合同当事人的名称，以明确合同的主体资格，从而有利于履行合同和解决合同纠纷。

在订明合同当事人名称的同时，还应详细、准确地列明其地址，以利各当事人相互联系。这一点，对法律的适用很重要，尤其是对为了逃避法律管辖的某些资信差的不法商人更应注意。首先，不要将 A 国商人看成是 B 国商人；其次，当事人有几个营业地时，最好在合同中都订明其详细、具体的地址；最后，还应注意当事人营业地是否位于《联合国国际货物销售合同公约》成员国，以明确该公约是否适用于合同。

综上所述，订好合同当事人条款，明确合同的主体资格，并详细、具体列明各合同当事人的名称与地址，这些工作具有十分重要的实践与法律意义。

## 二、合同当事人条款的主要内容

在国际货物买卖中，合同当事人条款通常包括下列各项内容。

### （一）合同当事人名称或姓名

合同当事人通常为企业法人。所谓企业法人，是指以从事生产、流通、科技开发等活动为内容，以盈利为目的的社会经济组织。这些组织是依法成立的，它们有自己的名称、机构和场所，有必要的资产，并具备相应的缔约能力和主体资格。

在国际货物贸易实践中，许多社会经济组织或大公司都备有自己拟就的标准合同格式，在合同的开头部位，都有印就的“卖方”和“买方”字样的栏目，供交易双方当事人分别载明各自公司机构的具体名称。此外，合同尾部还有印有“卖方”和“买方”字样的栏目，专供交易双方当事人分别签字或加盖公章。凡经买卖双方共同签署的合同，一般视为合同当事人真实意思。

### （二）合同当事人地址

国际货物买卖合同的当事人，分别处在不同的国家和地区，一般相距遥远。为了便于交易双方在履约过程中相互联系及顺利办理货物交接与货款结算等事项，需要在合同中分别载明各当事人所在地的详细住址以及电话、传真和电子信箱等内容。

### 三、约定合同当事人条款的注意事项

为了使买卖双方订立的合同具有法律效力，可以受到法律保护，并能得到顺利履行，在约定合同当事人条款时，需要注意下列事项。

#### （一）合同当事人必须具有缔约能力

各国对订立买卖合同的当事人（包括自然人或法人）都有特定的条件和要求。按各国法律的一般规定，订立合同的自然人必须是具有缔约能力的人，未成年人、精神病人和禁治产人订立合同必须受到限制。关于法人签订合同的行为能力，各国法律一般认为，法人必须通过其代理人在法人的经营范围内签订合同，越权的合同无效。我国《合同法》第 9 条中明确规定："当事人订立合同，应当具有相应的民事权利能力和民事行为能力。"由此可见，订立合同时，一定要注意当事人的缔约能力和主体资格问题。

#### （二）合同当事人的名称必须表述准确

约定合同当事人的名称（或姓名），无论用中文还是外文表述，都应当明确、具体，列出全名，不能用简写或缩写的办法，更不能漏写或错写，以免给履约造成困难、引起误解或产生不良后果。

#### （三）合同当事人的地址应当正确、详细

为便于履行合同，必须正确、详细地载明合同各当事人的地址、电话、传真号码和电子信箱等内容，以利各当事人之间及时保持业务联系。《联合国国际货物销售合同公约》第 10 条规定："如果当事人有一个以上的营业地，则以与合同及合同的履行关系最密切的营业地为其营业地，但要考虑到双方当事人在订立合同前任何时候或订立合同时所知道或所设想的情况；如果当事人没有营业地，则以其惯常居住地为准。"由此可见，《公约》规定的营业地，是指当事人经营活动的场所，并不一定要求在主营业所，其法律地位也不一定要求是具有独立法人资格的法定住所。

## 第二节　进出口商品的品名

商品的品名是指能使某一种商品区别于其他商品的一种称呼。从法律角度看，在合同中明确规定买卖标的物的具体名称，关系到交易双方在买卖货物方面的权利与义务。

### 一、品名条款的主要内容

在进出口合同中，品名条款并无统一格式，通常都是在"商品名称"或"品名"（name of commodity）的标题下，列明买卖双方成交商品的名称，也有的只在合同的开头部分，载明交易双方同意买卖某种商品的文句。

品名条款的内容，一般取决于成交商品的品种和特点。一般地说，合同中通常只规定商品具体名称即可。但有些商品，因其具有不同的品种、商标、等级、型号，为了明确起见，在品名条款中，还必须将该商品的具体品种、商标、等级和型号的描述也包括进去，以便做进一步的限定。此外，有的甚至将品质规格也包括进去。在此情况下，它就不单是品名条款，而实质上是品名条款与品质条款的综合表述。

**课堂讨论 9-1**：分析下列商品名称的命名方法并翻译。

sportswear，woolen sweater，silk fabric，knitted t-shirt，100%C baby knit garments，garment fabric W70%P30%

## 二、品名条款的注意事项

为了订好进出口合同中的品名条款，必须注意下列事项：

### （一）品名必须做到内容明确、具体

用文字来描述和表达商品的名称，应能确切地反映商品的用途、性能和特点，切忌空泛、笼统或含糊，以免给合同的履行带来不便。

### （二）合理描述成交的商品

对某些成交的商品，如需要做进一步描述时，应当运用得当，既不能漏掉必要的描述，也不应列入不切实际或不必要的描述，以免给履约造成困难和引起争议。例如，凡成交的商品有编号、商标或等级的，应将其编号、商标、等级订明；若无编号、商标、等级的，则不宜加列其他说明。

### （三）正确使用成交商品的名称

约定商品名称时，要注意下列几点：

（1）商品的名称要反映该商品的用途、性能和特征。在确定商品名称时，既要突出商品的用途与特性，又要有利于吸引顾客和促进销售。

（2）一般应使用国际上通用的名称。若使用地区性的名称，买卖双方应事先就其含义达成共识，以利于合同的履行。

（3）同一种商品要使用相同的名称。在一个合同中或同一个商号的几个合同中，同一种商品不要使用不同的名称。例如，在品名条款中所用的商品名称是“龙眼”，则在合同其他条款中，就不应再用“桂圆”的称呼。

（4）商品名称涉及俗称的，要明确。凡商品名称带有外国的国名或地名的，如印度绸，应尽可能使用自定的名称，也可在自定名称后括号说明（如：俗称印度绸）。对于一些涉及外国商品名称专用权或制造方法专用权的名称，一般应避免使用。

（5）商品名称要选用得当。若某些商品有几个不同的称呼，约定品名时，应根据是否有利于降低关税、方便进出口和节省运输费用诸因素来选用合适的名称。如商品名称选用不当，可能导致该商品被禁止进出口或者被收取较高的关税或运输费用。

# 第三节 进出口商品的质量

商品质量（简称品质）是指商品内在素质和外观形态的综合表现，它是构成货物说明的重要组成部分。在国际货物贸易中，买卖双方对其成交的每种商品，都约定一定的品质条件，以利日后交接货物时有所遵循。

按照《联合国国际货物销售合同公约》的有关规定，卖方交付的货物必须与合同规定的品质、规格相符。如果卖方交货品质、规格与合同规定不符，无论价款是否已付，买方有权要求卖方减价、赔偿损失，甚至可以拒收货物和撤销合同。

国际市场上交易的商品，种类繁多，各种商品的性质与特点各异，故表示品质的方法也各不相同。概括起来，国际货物贸易中常用来表示商品质量的方法，包括凭实货表示和凭说明表示两类。

## 一、凭实货表示成交商品的质量

凭实货表示成交商品的质量，通常包括看货成交和凭样品成交两种方式。

### （一）看货成交

买卖双方采取看货成交时，通常是先由买方（或其代理人）在卖方所在地验看货物，达成交易后，只要卖方交付的是经买方验看过的商品，买方就不得对卖方交货品质提出异议。看货成交的做法，多在寄售、拍卖和展卖业务中采用。

### （二）凭样品成交

样品通常是指从一批商品中抽出来的或由生产使用部门设计加工出来的，足以反映和代表整批商品质量的少量实物。凡以样品表示成交商品质量并以此作为交货依据的，称为凭样品买卖（sale by sample）。

在国际货物贸易中，按样品提供者的不同，样品可分为下列几种：

（1）卖方样品（seller's sample）：由卖方提供的样品。

（2）买方样品（buyer's sample）：买方为了使其订购的商品符合自身要求，有时也提供样品交由卖方依样承制。

（3）对等样品（counter sample）：卖方可根据买方提供的样品，加工复制出一个类似的样品交买方确认，这种经确认后的样品，称为“对等样品”或“回样”，也可称为“确认样品”（confirming sample）。

**课堂讨论 9-2：** 在出口贸易中，有些非洲国家经常很轻易下订单，但要求我国出口企业提供卖方样品，并表示在收到样品后订立正式合同，对此如何理解？

## 二、凭说明表示成交商品的质量

凡以文字、图表、照片等方式来说明商品质量的，均属凭说明表示商品质量的范畴。属于这个范畴的表示方法，具体包括下列几种：

### （一）凭规格买卖

商品规格（specification of goods）是指一些足以反映成交商品质量的主要指标，如化学成分、含量、纯度、性能、容量、长短、粗细等。

### （二）凭等级买卖

商品的等级（grade of goods）是指同一类商品，按其规格上的差异，分为品质优劣各不相同的若干等级。如长绒棉根据长度不同可分为特长、中长、长绒三种。由于不同等级的商品具有不同的规格，为便于履行合同和避免产生争议，在品质条款列明等级的同时，最好一并规定每一等级的具体规格。

### （三）凭标准买卖

商品的标准（product standards）是指将商品的规格和等级予以标准化。商品的标准，有的由国家或有关政府主管部门规定，也有的由同业工会、交易所或国际性的工商组织规定。在国际货物贸易中，有些商品习惯于凭标准买卖，如美国出售小麦时，通常使用美国农业部制定的小麦标准。

### （四）凭说明书和图样买卖

在国际货物贸易中，有些机器、电器和仪表等技术密集型产品，因其结构复杂，对材料和设计的要求非常严格，用以说明其性能的数据较多，很难用几个简单的指标来表明其品质的全貌，而且有些产品，即使其名称相同，但由于所使用的材料、设计和制造技术的某些差别，也可能导致功能上的差异。因此，对这类商品的质量，通常是以说明书并附以图样、照片、设计、图纸、分析表及各种数据来说明其具体性能和结构特点。

### （五）凭商标或品牌买卖

商标（trade mark）是指生产者或商号用来说明其所生产或出售的商品的标志，它可由一个或几个具有特色的单词、字母、数字、图形或图片等组成。品牌（brand name）是指工商企业给其制造或销售的商品所冠的名称，以便与其他企业的同类产品区别开来。

凭商标或品牌的买卖，一般只适用于一些品质稳定的工业制成品或经过科学加工的初级产品。在进行这类交易时，必须把好质量关，保证产品的传统特色，把维护名牌产品的信誉放在首要地位。

此外，应当说明，如我国企业接受国外客户订货，并约定刷印外商提供的品牌时，则应注意该项品牌是否合法，以免出口商品运往国外时触犯进口国家的商标法而引起纠纷。

### （六）凭产地名称买卖

在国际货物买卖中，有些产品，因产区的自然条件、传统加工工艺等因素的影响，在品质方面具有其他产区的产品所不具有的独特风格和特色，对于这类产品，一般可用产地名称（name of origin）来表示其品质，如“四川榨菜”等。

上述各种表示品质的方法，一般是单独使用，但有时也可酌情将其混合使用。

## 三、品质条款的主要内容

### （一）品质条款的一般内容

在品质条款中，对可以用科学的指标来说明其质量的商品，应列明如商品规格（specification of goods）、商品等级（grade of goods）等指标的内容。有些商品习惯于凭标准买卖，则在品质条款中应列明采用何种标准，而对某些品质变化较大而难以规定统一标准的农产品，则往往在品质条款中列明“良好平均品质”（fair average quality，FAQ）字样。对性能和结构比较复杂的机电、仪器、仪表等技术密集型产品，很难通过使用几个简单的指标来表示其品质的全貌，故在品质条款中，通常载明卖方应提供说明书，并随附有关图样、照片、设计、图纸以及各类数据等内容。此外，一般还需要加订品质保证条款和技术服务条款。对难以用科学的指标说明其质量的商品，则应在品质条款中列明凭卖方样品（seller's sample）或买方样品（buyer's sample）或凭对等样品（counter sample）交货字样。对某些国际市场上久负盛名的名牌商品，在品质条款中，只列明成交商品的商标（trade mark）或品牌（brand name）即可。对一些在品质方面具有独特风格和地方特色的商品，也可以只用原产地名称来表示其品质。

### （二）品质机动幅度的约定

为了保证进出口合同的顺利履行，对质量指标容易出现差错的某些制成品，可在品质条款中采取下列灵活变通的规定办法：

#### 1. 约定一定幅度的品质公差

品质公差（quality tolerance）是指工业制成品的质量指标在国际上公认的合理误差范围，即使合同没有规定，只要交货品质在公差范围内，也不能算作违约。但为了明确起见，最好还是在合同中约定一定幅度的品质公差，如订明：“尺码或重量允许有上下（3%~5%）的合理公差。”对于某些难以用数字或科学方法表示的，则采取“合理差异”这种笼统的规定办法。例如，“质地、颜色允许有合理差异”。应当指出的是，采用此种规定办法，应当特别慎重，因为，何谓“合理差异”，可能因理解不一致而引起争议。

#### 2. 约定交货品质的机动幅度

品质机动幅度（quality latitude）是指允许卖方交付某些商品的质量指标在一定的幅度内有灵活性，其机动幅度通常有下列两种规定办法：一种是约定一定的差异范围，如漂白布，幅宽35~36英寸；另一种是约定一定的上下极限，如纯羊绒衫的羊绒原料含量最低为95%，羊绒原料含量在95%以下的则归类为混纺羊绒衫。卖方交货只要在约定的差异范围内或未超出约定的极限，就算合格，买方就无权拒收货物。

#### 3. 约定交货品质与样品大体相同或相似

采用凭样品成交时，往往由于买卖双方对所交货物的看法不一而引起争议。为了避免争议和便于履行合同，买卖双方商定品质条款时，可加订“交货品质与样品大体相同或相似”之类的条文。

## 第四节　进出口商品的数量

商品数量是指对合同标的物的计量，是以数字和计量单位表示标的物的尺度，数量主要表现为一定的长度、体积或者重量、个数等。交易双方约定的数量，乃是交接货物的法律依据，也是衡量合同当事人权利和义务大小的量度。《联合国国际货物销售合同公约》规定，按约定的数量交付货物是卖方的一项基本义务。如卖方交货数量大于约定的数量，买方可以拒收多交的部分，也可以收取多交部分当中的一部分或全部，但应按合同价格付款。如卖方交货数量少于约定的数量，卖方应在规定的交货期内届满前补交，但不得使买方遭受不合理的不便或承担不合理的开支，但即使如此，买方也有保留要求损害赔偿的权利。

### 一、计量单位及计量方法

在国际贸易中通常采用的度量衡制度有公制、英制、美制、国际单位制。我国现行的法定计量单位是国际单位制。

在国际贸易中，常见的计量方法有重量、个数、容积、长度、面积、体积。国际贸易中常用的计量单位见表 9-1。

**表 9-1　国际贸易中常用的计量单位**

| 计量单位 | 应用情形 | 常见单位 |
|---|---|---|
| 重量单位 | 适用于羊毛、棉花、谷物、矿产品、盐、油类等天然产品，农副产品及矿砂、钢铁等部分工业制品 | 克（g）、千克（kg）、盎司（oz）、磅（lb）、公吨（mt）、长吨（lt）、短吨（st）、公担（q）、英担（bwt）、美担（cwt）等 |
| 个数单位 | 适用于成衣、文具、纸张、玩具、车辆、拖拉机、活牲畜、机器零件等杂货类商品及一般制成品 | 只（pc）、件（pkg）、双（pr）、台/套/架（st）、打（dz）、罗（gr）、大罗（ggr）、令（rm）、卷（roll or coll）、辆（unit）、头（head）、箱（c/s）、捆（bale or bdl）、桶（barrel or dr）、袋（b）、盒（bx）、听（tin or can）等 |
| 容积单位 | 主要适用于小麦、玉米等谷物，汽油、天然瓦斯、化学气体、煤油、酒精、啤酒、过氧化氢类等部分流体、气体物品 | 公升（L）、加仑（gal）、蒲式耳（bu）等 |
| 长度单位 | 主要适用于布匹、塑料布、电线电缆、绳索、纺织品等 | 码（yd）、米（m）、英尺（ft）、厘米（cm）等 |
| 面积单位 | 主要适用于木材、玻璃、地毯、铁丝网、纺织品、塑料板、皮革等板型材料、皮质商品和塑料制品 | 平方米（$m^2$）、平方英尺（$ft^2$）、平方码（$yd^2$）、平方英寸（$inch^2$）等 |
| 体积单位 | 主要适用于化学气体、木材等 | 立方码（$yd^3$）、立方米（$m^3$）、立方英尺（$ft^3$）、立方英寸（$inch^3$）等 |

## 二、常见的重量计算方法

视频 9　公量

常见的重量计算方法有毛重、净重、公量、理论重量、法定重量/实物净重五种。

（1）毛重是指商品本身的重量加包装物的重量。

（2）净重是指产品本身的重量，即除包装后的商品的实际重量。有时候采用以毛作净的方法。以毛作净是指按毛重来计算商品的重量。

（3）公量是以商品的干净重加上国际公定的回潮率与干净重的乘积所得出的重量。

公量=商品的干净重×（1+公定回潮率）/（1+实际回潮率）

或

公量=商品的干净重×（1+公定回潮率）

其中，回潮率是指水分与干量之比。公定回潮率是交易双方商定的商品中的水分与干量之百分比，如生丝、羊毛在国际上公认的标准回潮率为11%。实际回潮率是指商品中的实际水分与干量之百分比。

例如，某公司出口羊毛10吨，买卖双方约定的标准回潮率为11%，其实际回潮率则从10吨货物中抽取部分样品进行测算。假设抽取10千克，然后用科学方法去掉10千克羊毛中的水分，若净剩8千克干羊毛，则实际回潮率为25%。将两种不同的回潮率代入上述公式，则公量为

10×（1+11%）/（1+25%）＝8.888（吨）

（4）对于一些按固定规格形状和尺寸所生产与买卖的货物，只要其规格一致、尺寸大小一致，则每件商品的重量大体是相同的，按该方法得出的重量称为理论重量。

（5）法定重量是商品重量加上直接接触商品的包装物料的重量。而除去这部分重量所表示出来的纯商品重量，则称为实物净重。此计重方法大多用于海关计税。

## 三、溢短装条款

买卖合同中数量条款的内容主要包括成交商品的数量和计量单位。

规定数量条款应注意合理规定数量的机动幅度，即溢短装条款（more or less clause）。溢短装条款是指允许卖方在交货时根据合同的规定多交或少交一定百分比的数量。《UCP 600》第30条a款规定：凡“约”“大概”“大约”或类似词语，用于信用证金额、数量或单价时，应解释为有关金额、数量或单价有不超过10%的增加幅度。若合同和信用证中未明确规定可否溢短装，对于散装，可根据《UCP 600》第30条b款“除非信用证规定货物的数量不得有增减外，在所支付款项不超过信用证金额的条件下，货物数量准许有5%的增减幅度，但是，当信用证规定数量以单位或个数计数时，此项增减幅度则不适用”的规定处理。也可以在合同中明确规定货物的溢短装条款。

规定溢短装条款应注意的问题是：①数量机动幅度的大小要适当。②机动幅度选择的规定要合理。数量机动幅度根据实际情况可由卖方选择，也可由买方选择，还可由船方选择。

③溢短装数量的计价方法要公平合理。溢短装数量有按合同价格作价和按市场价格作价两种作价方法，如买卖双方未规定溢短装数量按何种作价方法计价时，按惯例应按合同价格作价。④数量条款必须明确、具体、完整。按重量成交的应说明是按净重还是按毛重计算，如不说明，根据《公约》第56条规定，应按净重计算。

**课堂讨论9-3**：合同中数量条款规定“1000mt 5% more or less at the seller's option”。卖方正待交货时，该货物在国际市场中的价格大幅度下跌。

（1）如果你是卖方，拟实际交货多少数量？

（2）如果你是买方，在磋商合同条款时，有何注意事项？

# 第五节 进出口商品的包装

在国际货物贸易中，大多数商品都需要有一定的包装，以保护商品在流通和销售过程中质量完好和数量完整，并为货物的运输、交接和储存等环节的操作提供方便。由于商品包装涉及买卖双方的权益，包装条件也是买卖合同的主要条件。

按照包装所起的作用可分为运输包装（transport package）和销售包装（sales package）。运输包装的标志可分为运输标志、指示标志和警告性标志。其中运输标志在业务中使用较多。

## 一、运输包装的标志

### （一）运输标志

运输标志又称唛头，通常是由一个简单的几何图形和一些字母、数字及简单的文字组成。其主要内容包括：①目的地的名称或代号；②收、发货人的代号；③件号、批号。此外，有的运输标志还包括原产地、合同号、许可证号以及体积与重量等内容。运输标志的内容繁简不一，由买卖双方根据商品特点和具体要求商定。

根据国际标准化组织制定的“标准运输标志”的规定，运输标志使用的是四行文字，每行不超过17个字母。包括：①收货人或买方名称的英文缩写字母或简称；②参考号，如运单号、订单号或发货票号；③目的地（港）；④件号。其中，目的地（港）名称与件号是必不可少的。

现列举三个运输标志实例如下：

例1：

ABC……………………收货人代号

1234……………………参考号

NEW YORK……………目的地

1/25……………………件数代号

例 2（图 9-1）：

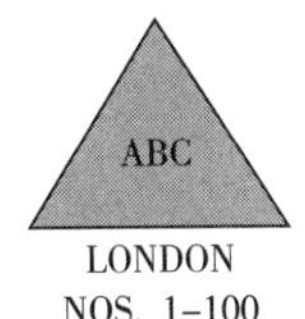


图 9-1　运输标志（一）

例 3（图 9-2）：

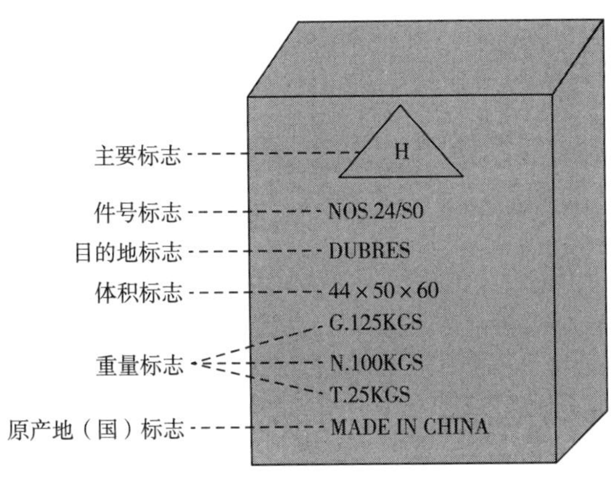


图 9-2　运输标志（二）

### （二）指示性标志

指示性标志又称操作标志，即提示人们在装卸、运输和保管过程中需要注意的事项，一般都是以简单醒目的图形和文字在包装上标出，故又称其为注意标志。指示性标志多种多样，如图 9-3 所示。

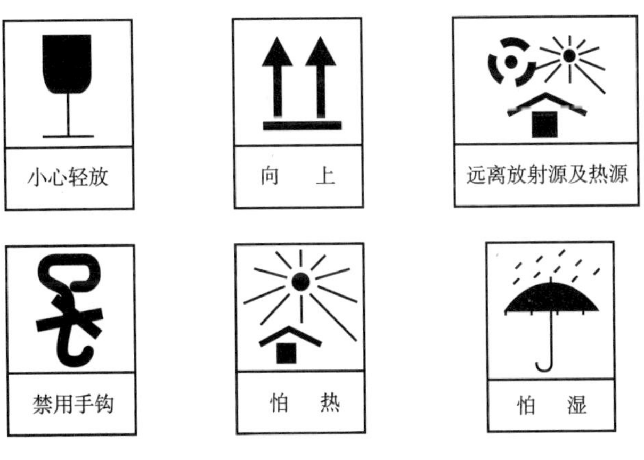


图 9-3　指示性标志

### （三）警告性标志

警告性标志又称危险货物包装标志。警告性标志属于法定标志，主要用于说明易燃、易爆、有毒、有放射性、腐蚀性、氧化性等危险品的性质，以提醒操作人员注意。我国在出口危险品时，外包装上一般既要刷写我国规定的危险品标志，又要刷写联合国组织制定的配有英文说明的标准图案。

## 二、销售包装

销售包装又称内包装，是直接接触商品并随商品进入零售网点和消费者直接见面的包装。这类包装除必须具有保护商品的功能外，更应具有促销的功能。因此，对销售包装的造型结构、装潢画面和文字说明等方面，都有较高的要求。

在销售包装上，一般都附有装潢画面和必要的文字说明。其装潢画面要求美观大方，富有艺术上的吸引力，并突出商品特点。其图案和色彩，应适应有关国家的民族习惯和爱好。文字说明要同装潢画面紧密结合，互相衬托，彼此补充，以达到宣传和促销的目的。

在销售包装上，通常还会有条形码标志。条形码是由一组带有数字的黑白及粗细间隔不等的平行条纹所组成，它是利用光电扫描阅读设备为计算机输入数据的特殊的代码语言。目前，国际上通用的商品上的条形码有两种：一种是通用于北美地区的 UPC 条码，它被应用于食品、出版物、音像磁带、金属制品等物品上，常用于包装、销售、记账和数据处理等方面。另一种是世界广泛采用的 EAN 条码，由国际物品编码协会统一分配和管理。1991 年 4 月我国正式加入该协会，并被分配以 690 表示我国的国别号。因此，标有 690 为前缀的条形码的商品，即表示是中国出口的商品。

## 三、中性包装和定牌生产

采用中性包装（neutral packing）和定牌生产是国际贸易中常有的习惯做法。

中性包装是指既不标明生产国别、地名和厂商的名称，也不标明商标或牌号的包装。也就是说，在出口商品包装的内外，都没有原产地和出口厂商的标记。中性包装包括无牌中性包装和定牌中性包装两种。前者是指包装上既无生产地名和厂商名称，又无商标、品牌；后者是指包装上仅有买方指定的商标或品牌，但无生产地名和出口厂商的名称。

采用中性包装，是为了打破某些进口国家与地区的关税和非关税壁垒以及适应交易的特殊需要（如转口销售等），它是出口国家厂商加强对外经销和扩大出口的一种手段。为了扩大销售，我国也酌情采用这种习惯做法。

定牌生产是指卖方按买方的要求，在其出售的商品或包装上标明买方指定的商标或品牌。为了适应买方转售的需要和扩大我国产品出口，我们也接受定牌生产，其具体做法有下列几种：

在定牌生产的商品和/或包装上，只用外商所指定的商标或品牌，而不标明生产国别和出口厂商名称，这属于采用定牌中性包装的做法。

在定牌生产的商品和/或包装上，标明我国的商标或品牌，同时也加注国外商号名称或表示其商号的标记。

在定牌生产的商品和/或包装上，采用买方所指定的商标或品牌的同时，在其商标或品牌下标示“中国制造”字样。

### 四、约定包装条款的注意事项

为了使包装条款科学、合理，以利合同的履行，在商定包装条款时，应注意考虑下列事项：

（1）要考虑成交商品的特点和所采用的运输方式。

（2）在不影响包装质量的前提下注意节省包装费用。

（3）要考虑有关国家的法律规定。

（4）正确运用中性包装和定牌生产。

（5）不宜轻易接受按某国家式样包装的条件。

（6）包装条件应明确、具体。

**课堂讨论 9-4：**什么是契约精神？通过这一章的学习，你有什么样的收获或感悟？

## 第六节　纺织品服装合同中的商品条款

服装服饰进出口贸易是国际贸易中最复杂的贸易之一，批量少，品种多，变化快，合同数量大，商品条款多不相同。下面以服装为例，简述服装进出口合同中的商品条款。

### 一、服装名称

欧美国家为了统计和控制各种服装的进口数量，根据服装款式和所用布料把服装划分为各种类别，对每一类服装给予一个类别编号和一个海关编码。出口时出口方所提供的相关文件必须正确填写类别号，进口方进口报关时填制的有关文件必须有类别号和商品编码，出口方提供的文件和进口方的文件必须一致。而类别号和海关编码是由商品名称和所用面料材质决定的。可见合同中服装名称用得是否正确至关重要，否则进口方在海关申报时会遇到麻烦。

不同款式在不同国家，甚至在同一国家，也会有不同的名称。怎样才能用得正确，最好的办法是征求买方的意见，由他们决定比较安全。

另外，随着贸易国际化，各国海关都在详细统计进口品种和数量，出口国海关也一样在统计出口品种和数量。有时国与国之间还会互相核对，以便控制进口和出口。类别号和编码在趋向统一，名称用得准确与否，在今后的贸易中更为重要。

### 二、服装所用布料的写法

在服装合同中须对所用布料规格说明，其中针织布和机织布的写法要求是不同的。

### （一）机织布的写法

（1）织物组织结构名称：如府绸、卡其、平布等。组织结构名称之前还可加上染色、印花、色织等修饰词，如 dyed poplin，printed shirting，yarn-dyed poplin 等。

（2）成分：成分是划分服装类别和编码的因素之一，所以不能遗漏。一般写法为：100% cotton、pure cotton（也可只写 cotton）、T/C 65/35、T/C 35/65、T/C 49/51 等。一种成分的只写原料名称即可，如果是混纺和交织的（交织经纬纱的成分不一样），则要把两种或几种成分的总比例列出。

（3）经纬纱的支数：精梳、普梳、半精梳可写在成分之前，也可写在成分之后，也可写在纱支之后，如 100% cotton combed、45×45 combed。

（4）经纬纱的根数：例如：男夹克衫，用料为染色精梳全棉府绸 45×45 133×72，完整写法如下：Men´s Jacket，made of 100% cotton combed poplin 45×45 133×72。

### （二）针织布的写法

（1）织物结构名称：如汗布、棉毛布等，组织结构名称之前加上染色、印花、色织等修饰词，如 dyed single jersey、printed interlock、yarn-dyed jersey 等。

（2）使用的纱的成分和支数：如 32S/1 纯棉普梳纱，40S/2 纯棉精梳纱等。

（3）克重：即每平方米布料干燥后的重量。

例如：40S/2 纯棉精梳染色棉毛布，克重 140g/m$^2$，完整的写法为：dyed interlock，made of 100% cotton combed，yarn 42S/2，weight 140g/m$^2$。

## 三、服装款式

服装款式非常多而且变化快，具体业务中买卖双方都很慎重，通常采用下列方法：由买方或卖方提供具体实样，照实样做，或者照实样做但做一些修改，这是最常用的两种。

## 四、颜色、花型和其数量搭配

色样和花型样须先寄给买方确认后才能投产，有时还需二次确认。因此，在签合同时一定要把色样和花型样确定下来。有时买方暂不能提供，则合同中要写明“买方须于××时间前提供，否则合同交货期顺延”以督促买方尽早提供。

买方提供了色样和花型样后，还要弄清各色和各花型的搭配数量。

## 五、尺码和尺码搭配数量

服装按穿用者分，可分为男和女两大类。其中男装又分：男大人、男青年、大童、中童、小童和婴儿。女装也分女大人、女青年、大、中、小童和婴儿。每类服装中又有不同款式，款式不同尺码又不相同。所以，无法全部举例，但也有规律可循。

通常一个标准正规的尺码表包括尺码标号、衣服的具体部位尺寸和部位尺寸量法示意图等。

## 六、商标和尺码标等标记

所有衣服销售时都必须钉上一个尺码标记，以便购买者选择。商家为了扩大自己的销售和市场，又会挂上自己的品牌标志。政府为了保护消费者的利益，也会出台一些特殊规定。

## 七、包装及装饰

买方进口后，不同衣服的销售方式是不同的。有的是折叠包装零售，有的是展开挂着零售，有时买方挂出前需烫整。

服装除面料外，为了外观好看，常在面料布里加一些辅助布料，称为辅料；有时在外边加上一些附件。

## 本章思维导图

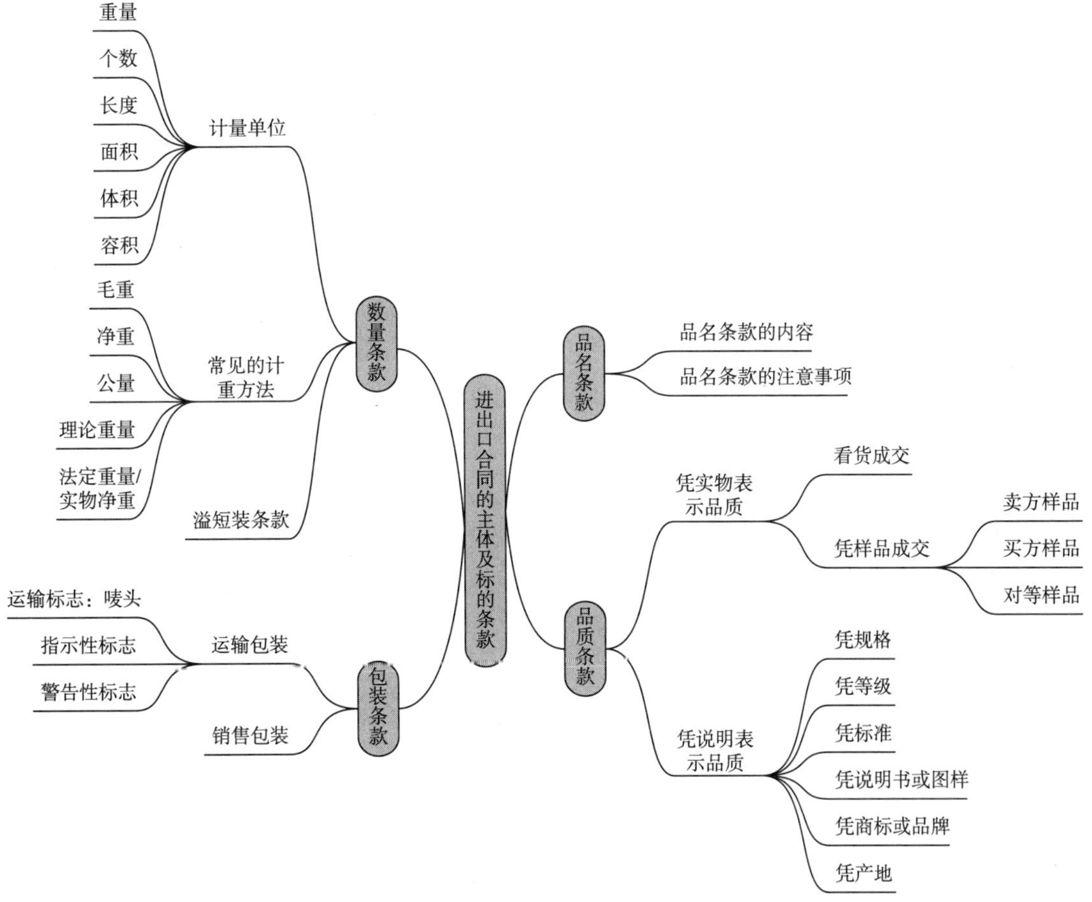


## 课后思考题

一、案例分析

1. 德国 A 公司向我国 B 公司订购羊绒 10 吨，双方当事人几经磋商最终达成了交易。在缮制合同时，由于内蒙古鄂尔多斯地区是我国羊绒的主要产区，通常我方B公司都以此为羊绒货源基地，所以A公司就按惯例在合同品名条款打上了“鄂尔多斯羊绒”。可是在临近履行合同时，由于自然灾害等原因，货源紧张，B公司紧急从其他省份征购，最终按时交货。但A公司来电称，所交货物与合同规定不符，要求B公司作出选择，要么提供鄂尔多斯羊绒，要么降价，否则将撤销合同并提出贸易赔偿。请问：A公司的要求是否合理？并评述此案。

2. 青岛某公司向日本出口一批苹果。合同及来证上均写的是三级品，但发货时才发现三级苹果库存不足，于是该公司改以二级品（品质更高）交货，并在发票上加注：“二级苹果仍按三级计价”。货抵达买方后，遭买方拒绝。请问：在上述情况下，买方有无拒付的权利？为什么？

二、操作题

1. 合同规定“About 500M/T”或“500M/T 5% more or less at seller's option”条款，对买卖双方有无区分？为什么？在后一种规定情况下，卖方最多可交多少公吨？如何计价。

2. 依据条件制作一个唛头。客户名称：LIDL GMBH；商品名：Men's Blouse；合同号：BA54236；成交数量：5000件；目的港：Hamburg；包装：每20件装一纸箱。

## 答案

一、案例分析

1. A公司的要求合理，按照合同，B公司应当提供产自鄂尔多斯的羊绒。合同凡涉及产品产地的，卖方应当尽量把产地定得更宽泛一些，以便可替代性更高一些。

2. 买方有权拒绝，虽然产品品质是高于合同要求，但买方仍然可以以产品品质不符为由拒绝收货。

二、操作题

1. 有区分，About 500M/T可以溢短装10%，500M/T 5% more or less at seller's option可以溢短装5%。

在后一种情况下，卖方最多交525MT，多交部分按照合同计价。

2. 设计的唛头如图9-4所示。

| LIDL GMBH<br>BA54236<br><br>Hamburg<br>1/250 |
|---|

图9-4 唛头

# 第十章　国际贸易术语

PPT10
国际贸易术语

## 教学目的与要求

向学生介绍国际贸易术语与国际贸易惯例的由来及在实践中的作用，掌握《国际贸易术语解释通则（2020）》（*INCOTERMS 2020*）中各主要贸易术语的解释，知晓买卖双方在货物交接、费用负担、风险划分等方面各自承担的责任、义务，并能够在实际操作中正确运用。

## 导入案例

**CIF 条件下卖方是否要保证到货**

某年 8 月，A 公司与 B 公司按照 CIF 条件签订了一份出口圣诞节用纺织品的合同。考虑到该商品的季节性强，买方要求在合同中规定货物必须在 10 月底之前运达目的港，以保证 11 月初投入市场，过期买方不再接受货物。卖方同意了买方的条件，并在合同中作出了明确的规定。卖方在合同规定的装运期内发货，然而载货船只在途中发生故障，修船延误了时间，结果货到目的港已是 11 月中旬。买方拒绝接收货物，并提出索赔，双方为此发生了争执。卖方认为，合同是按照 CIF 条件成交的，根据 *INCOTERMS 2020* 的解释，CIF 是在装运港交货，买卖双方承担的风险是以装运港船上为界划分，也就是说卖方只承担货物装上船之前的风险，而在运输途中发生的货物损坏、灭失以及延误的风险均由买方承担。买方则认为，双方在订立合同时已明确规定了限期到达，这是买方接收货物的前提条件。现在货物抵达目的港的时间超过了规定的最后期限，买方自然有权要求解除合同。

在国际货物买卖中，交易双方通过磋商，确定各自应承担的义务。作为卖方，其主要义务是提交合格的货物和单据；买方的对等义务则是受领货物和单据并支付货款。在货物交接过程中，有关风险、责任和费用的划分问题，也是交易双方在谈判和签约时需要明确的重要内容，通常将这些称作交货条件（delivery terms）。交货条件与商品的价格密切相关，也关系到合同当事人的切身利益。在实际业务中，对于上述问题，往往通过使用贸易术语加以确定。可见学习和掌握国际贸易中现行的各种贸易术语及其有关的国际惯例，具有十分重要的意义。

# 第一节　国际贸易术语与国际贸易惯例

## 一、国际贸易术语的含义和作用

国际贸易中的买卖双方距离远，贸易周期长，在交货和接货的过程中，将会涉及诸多问题：

（1）卖方在什么地方，以什么方式办理交货？

（2）货物发生损坏或灭失的风险何时由卖方转移给买方承担？

（3）由谁负责办理货物的运输、保险以及通关过境的手续？

（4）由谁承担办理上述事项时所需的各种费用？

（5）买卖双方需要交接哪些有关的单据？

上述问题是每笔交易都必须明确的，但如果每笔交易都要对上述问题逐项进行磋商，将耗费大量的时间和费用，并影响交易的达成。贸易术语是为解决这些问题而在实践中产生和发展起来的。

贸易术语（trade term）也称价格术语，是在长期的国际贸易实践中产生和发展起来的。贸易术语是用来表示商品的价格构成、交货地点，以及确定风险、责任、费用划分等问题的专门用语。贸易术语简化了交易手续，缩短了洽谈时间，节省了费用开支，简化了买卖合同的内容，有利于交易的达成和贸易的发展。贸易术语确定了交货的各项条件，说明了在交接货物、费用负担、风险划分等方面买卖双方各自承担的责任和义务，有利于解决履约当中的争议以及商品价格和成本核算的问题。

关于贸易术语的表达，在国际货物贸易合同中，单价应包括：计价单位、价格及贸易术语。其中应注意在贸易术语的缩写字母后面，写上规定的装运地（港）或目的地（港）。

例如：每吨 1000 美元 FOB 上海，此处上海应为装运港。

每吨 1100 美元 CIF 纽约，此处纽约应为目的港。

每吨 1200 美元 CIP 伦敦希思罗机场，此处伦敦希思罗机场应为空运目的地。

## 二、与国际贸易术语相关的国际贸易惯例

为了避免在理解上的分歧和争议，逐渐出现一些有关贸易术语的解释和规则，成为有关贸易术语的国际贸易惯例。其中，在国际贸易业务实践中影响较大的主要有三个：国际法协会制定的《1932 年华沙—牛津规则》（*warsaw-oxford rules 1932*）、美国一些商业团体制定的《1941 年美国对外贸易定义修订本》（*revised american foreign trad definitions 1941*）、国际商会制定的《国际贸易术语解释通则》（*international rules for the interpretation of trade terms*，简称 *incoterms*）。

### （一）《1932 年华沙—牛津规则》（*warsaw-oxford rules 1932*）

《1932 年华沙—牛津规则》主要说明 CIF 贸易术语。19 世纪中叶，CIF 贸易术语已在国际贸易中被广泛采用，但由于各国对其解释不一，从而影响到 CIF 买卖合同的顺利履行。此

规则的修订，对 CIF 合同的性质、特点及买卖双方的权利和义务都作了具体的规定和说明，为按此贸易术语成交的买卖双方提供了一套易于使用的统一规则，供买卖双方自愿采用。在缺乏标准合同格式或共同交易条件的情况下，买卖双方可约定采用此项通则来划分风险、责任和费用。

**（二）《1941 年美国对外贸易定义修订本》（*revised american foreign trad definitions 1941*）**

第二次世界大战以后，国际经济形势发生了剧烈变化，美国一跃成为世界贸易的中心。1941 年 7 月，美国商会、美国进口商全国委员会和全国对外贸易委员会等三大机构组成的联合委员会对《美国出口报价术语定义》加以修订并正式通过此定义，改名为《1941 年美国对外贸易定义修订本》。1990 年，根据形势发展的需要，该条例再次做了修订，命名为《1990 年美国对外贸易定义修订本》（*revised american foreign trade definitions 1990*）。

《1941 年美国对外贸易定义修订本》主要说明 Ex（Point of Origin）（原产地交货）、FOB（Free on Board）（运输工具上交货）、FAS（Free on Board）（运输工具旁交货）、C&F（Cost and Freight）（成本加运费）、CIF（Cost，Insurance and Freight）（成本加保险费、运费）以及 Ex Dock（Named Port of Importation）（目的港码头交货）6 种贸易术语。

但是，其内容与下文将要介绍的国际商会对国际贸易术语的解释相去甚远。例如，对 FOB 贸易术语有 6 种不同的解释，且都与国际商会对 FOB 贸易术语的解释有所差异。尽管近些年来美国政府鼓励商人使用《国际贸易术语解释通则》替代此修订本，但仍有一部分美洲国家和地区的商人将此修订本作为依据。因此，同美洲国家进行交易时，应特别注意在合同中明确参照何种惯例对贸易术语进行解释。

**（三）《国际贸易术语解释通则 2020》（*international rules for the interpretation of trade terms 2020*）**

国际商会自 20 世纪 20 年代初开始对重要的贸易术语做统一解释的研究，共发布了 1936 年、1953 年、1967 年、1976 年、1980 年、1990 年、2000 年、2010 年和 2020 年的 9 个修订版，平均修订频率为每十年一次。现行的《国际贸易术语解释通则（2020）》（简称《2020 通则》）（*Incoterms*® *2020*）于 2018 年 10 月完成修订，2019 年 9 月向全球发布，2020 年 1 月 1 日生效。

《2020 通则》在 *Incoterms*® *2010* 的基础上进行了调整，调整内容包括 11 种贸易术语，总结近十年贸易领域的新变化，更加强调了卖方与买方在各个术语下与交货有关的义务，内容更清晰、简洁，操作性和指导性进一步加强。

注意以下几点：

（1）《2020 通则》涵盖的范围只限于销售合同当事人的权利义务与已售货物交货有关的事项。

（2）如合同当事人要在销售合同中订入《2020 通则》时，要清楚地指明所引用的版本，这项惯例对贸易双方就有约束力。

（3）尽管国际贸易惯例在解决纠纷时能起到一定的作用，但惯例毕竟不是法律，对买卖双方没有强制性的约束力，故买卖双方有权在合同中做出与某项惯例不符的规定。

（4）如合同中没有对某一问题做出明确规定，也未订明采用哪一惯例，当发生争议付诸诉讼或提交仲裁时，法庭和仲裁机构可引用惯例作为判决或裁决的依据。

本章以《2020 通则》为基础，对贸易术语进行详细介绍。

## 三、11 种贸易术语

《2020 通则》包括 11 种贸易术语，并将其划分为适用于任何运输方式和仅适用于海运或内河水运两类，见表 10-1。

**表 10-1 《2020 通则》中的贸易术语**

| | | |
|---|---|---|
| 适用于任何运输方式 | EXW Ex Works | 工厂交货 |
| | FCA Free Carrier | 货交承运人 |
| | CPT Carriage Paid To | 运费付至 |
| | CIP Carriage and Insurance Paid To | 运费和保险费付至 |
| | DAP Delivered at Place | 目的地交货 |
| | DPU Delivered at Place Unloaded | 目的地卸货后交货 |
| | DDP Delivered Duty Paid | 完税后交货 |
| 仅适用于水上运输方式 | FAS Free Alongside Ship | 船边交货 |
| | FOB Free on Board | 船上交货 |
| | CFR Cost and Freight | 成本加运费 |
| | CIF Cost, Insurance and Freight | 成本、保险费加运费 |

适用于任一或多种运输方式的术语包括 EXW、FCA、CPT、CIP、DAP、DPU 和 DDP。仅适用于海运或内河水运方式的术语包括 FAS、FOB、CFR、CIF。

在 *Incoterms ® 2020* 所包含的 11 种贸易术语中，买卖双方的主要责任义务及风险转移点见表 10-2。

**表 10-2 11 种贸易术语中买卖双方的责任义务及风险转移点**

| 术语 | 交货地点 | 风险转移点 | 运输合同 | 保险合同 | 出口许可证、报关、费用 | 进口许可证、报关、费用 |
|---|---|---|---|---|---|---|
| EXW | 商品产地、储存地 | 出口国交货地点货交买方时 | 买方 | 买方 | 买方 | 买方 |
| FCA | 出口国内地、港口 | 货交承运人处置时 | 买方 | 买方 | 卖方 | 买方 |
| CPT | 出口国内地、港口 | 货交承运人处置时 | 卖方 | 买方 | 卖方 | 买方 |
| CIP | 出口国内地、港口 | 货交承运人处置时 | 卖方 | 卖方 | 卖方 | 买方 |
| DAP | 进口国指定目的地 | 指定目的地仍处于抵达运输工具上，货物交由买方处置时 | 卖方 | 卖方 | 卖方 | 买方 |

续表

| 术语 | 交货地点 | 风险转移点 | 运输合同 | 保险合同 | 出口许可证、报关、费用 | 进口许可证、报关、费用 |
|---|---|---|---|---|---|---|
| DPU | 进口国指定目的地 | 进口国指定目的地，将货物从抵达的载货运输工具上卸下，交由买方处置时 | 卖方 | 卖方 | 卖方 | 买方 |
| DDP | 进口国指定目的地 | 在进口国内指定目的地交由买方处置时 | 卖方 | 卖方 | 卖方 | 卖方 |
| FAS | 装运港 | 装运港船边交货后 | 买方 | 买方 | 卖方 | 买方 |
| FOB | 装运港 | 在装运港，货物装到船上 | 买方 | 买方 | 卖方 | 买方 |
| CFR | 装运港 | 在装运港，货物装到船上 | 卖方 | 买方 | 卖方 | 买方 |
| CIF | 装运港 | 在装运港，货物装到船上 | 卖方 | 卖方 | 卖方 | 买方 |

## 四、《2020 通则》的新变化

在《2010 通则》的基础上，《2020 通则》在以下几个方面进行了调整。

（1）FCA 术语中提单引入了新的附加机制。买方指定的承运人在装货后向卖方签发已装船批注提单，然后由卖方向买方做出交单（可能通过银行）。现行的 FCA 术语存在的主要问题是，效力在货物装船前已随货交承运人而截止，这就导致卖方无法获得已装船批注提单。但是，在一般情况下，已装船批注提单是银行在信用证项下的常见单据要求。注意，即使采用该附加选项，卖方并不因此受运输合同条款的约束。

（2）买卖双方的费用承担详细载明，为每一个贸易术语都提供了“一站式费用清单”。也就是说，除了在具体规定有关义务的条款中对承担该义务产生的费用成本进行分配以外，还新加入将买卖双方各自承担的费用成本一并汇总的部分。例如，在 FOB 贸易术语下，取得交付或运输相关单据产生的成本除在说明该项义务的部分载明外，在汇总费用承担的部分也有载明。

（3）CIF 和 CIP 术语所规定的最低保险范围发生变化。CIF 术语继续要求卖方购买符合 LMA/IUA《协会货物保险条款》（C）条款要求的货物保险。但是在 CIP 术语中，最低保险范围已经提高到《协会货物保险条款》（A）条款的要求（即“一切险”，不包括除外责任）。这一修订的原因在于 CIF 更多地用于海上大宗商品贸易，CIP 作为多式联运术语更多地用于制成品。

（4）当采用 FCA、DAP、DPU 和 DPP 术语进行贸易时，买卖双方可以使用自有运输工具，而《2010 通则》中则指定使用第三方承运人进行运输。

（5）贸易术语 DPU（Delivered at Place Unloaded）取代了《2010 通则》中的贸易术语 DAT（Delivered at Terminal）。DPU 即目的地卸货后交货。卖方在指定目的地或者指定目的地内的约定交货点，将货物从抵达的载货运输工具上卸下，交由买方处置，即为交货。卖方承担将货物运送到指定目的地以及卸载货物的一切风险。DPU 是唯一要求卖方在目的地卸货的贸易术语。因此，卖方应当确保其可以在指定地组织卸货。如果不希望卖方承担卸货的风险和费用，则不应使用 DPU 规则，而应使用 DAP 规则。DPU 可适用于各种运输方式，也可适用于多式联运的情形。

（6）每个国际贸易术语下都明确规定了与安全有关义务的分配规则，为履行该义务所产生费用的承担方式也应载明。例如，FOB 术语下"卖方必须遵守任何与运输安全有关的要求，直至交付"。这些规定反映了当前国际贸易领域对安全问题的关注日益增长。

（7）将《2010 通则》中各规则首部的"使用说明"升级为"用户注释"。阐明了各术语的基本原则，如何时使用、风险何时转移及费用在买卖双方间的划分等，旨在帮助用户有效及准确地选择适合其特殊交易的术语，并就受《2020 通则》制约的合同或争议提供部分需要解释问题的指引。

**课堂讨论 10-1**：中国如何做国际贸易新规则的制定者？

## 第二节 《2020 通则》中对主要国际贸易术语的解释

装运港交货的三种术语 FOB、CFR 和 CIF 在我国进出口业务中最为常用。但随着集装箱的发展，国际多式联运已成为常规的运输方式，FCA、CPT 和 CIP 术语也越来越多地为贸易双方所使用。本节着重介绍这 6 种主要贸易术语的解释及使用中应注意的问题。

### 一、FOB（free on board）船上交货（指定装运港）

视频 10
FOB 贸易术语

"船上交货"是指卖方在指定的装运港，将货物交至买方指定的船只上，并负担货物装船为止的一切费用和货物灭失或损坏的风险。一旦装船，卖方即完成交货，买方必须从该点起承担货物灭失或损坏的一切风险。该术语仅适用于海运或内河水运。若货物在装船前便已交给承运人，如在集装箱运输方式下，货物通常在集装箱堆场或集装箱货运站交货，应考虑使用 FCA 术语。根据《2020 通则》对 FOB 的解释，买卖双方在该术语下各自承担的主要义务如下。

**1. 卖方的主要义务**

（1）向买方提交与销售合同约定相符的单据和货物。交货时卖方要在合同约定的装运港、装货点（如未指定，卖方自选），将货物置于买方指定的船上。

（2）承担交货完成之前货物灭失或损坏的风险和费用。例如，为了完成交货而发生的查验质量、丈量、计重、点数的费用，为出运货物而以常规的方式对货物进行包装的费用等。

（3）如果买方要求并由买方承担风险和费用。卖方必须向买方提供自己所拥有的、买方安排运输和保险所需要的信息。

（4）卖方负责办理货物的出口清关手续并支付相关的费用。如果买方要求并承担风险和费用，卖方必须协助买方办理货物过境或进口的海关手续。

（5）卖方在完成交货时，或者买方安排的船未在合同约定的时间内提货时，必须给予买方充分的通知。

**2. 买方的主要义务**

（1）买方必须按照销售合同提取货物并支付货款。

（2）买方要承担装船之后货物灭失或损坏的风险和费用。

（3）买方必须自付费用，订立自装运港起的货物运输合同，并就船舶的名称、交货时间、装货点等信息给予卖方充分的通知；自行办理货物的运输保险。

（4）买方必须办理货物过境和进口的海关手续，并支付相关的费用。如果卖方要求并承担风险和费用，买方必须协助卖方办理货物出口的海关手续。

**3. 使用FOB术语应注意的问题**

（1）风险界线问题。卖方承担合同规定的货物装上船以前的一切风险，而买方承担货物装上船以后的一切风险，风险的划分以货物被装载到船上为界。

（2）船货衔接问题。按FOB术语成交时，由买方负责租船订舱，并将船名和船期及时通知卖方，而卖方负责将合同约定的货物在规定的装运港和装运期限内装上买方指定的船只。根据有关法律和惯例，如果买方未能按时派船，这包括未经对方同意提前将船派到或延迟派到装运港，卖方都有权拒绝交货，而由此产生的空舱费（dead freight）、滞期费（demurrage）以及卖方增加的存储费等各种损失均由买方负担。反之，如果买方指派的船只按时到达装运港，而卖方却未能备妥货物，由此产生的一切费用及损失由卖方承担。在按FOB术语成交时，如果买方事前委托卖方代为租船订舱，卖方对此可以接受，但需向买方声明："卖方如到时租不到船或订不到舱位，与卖方无关，买方无权撤销合同，也无权向卖方索赔"，而且租船订舱的风险和费用仍由买方来承担。总之，按FOB术语成交，在合同中对装运港和装运期要慎重规定，应加强买卖双方之间的联系，保证船货衔接。

（3）在使用FOB术语的合同中使用集装箱作为包装方式的问题。如果采用集装箱作为包装方式，又选择使用FOB术语，那么，卖方通常不能够直接将集装箱装到买方安排的船上，而只能在集装箱堆场或集装箱货运站将货物交付给承运人。根据FOB术语，卖方要承担货物装到船上之前的货物灭失或损坏的风险，因此从集装箱堆场或集装箱货运站到装船这段时间，风险由卖方承担，但货物并不在卖方的直接控制之下，对卖方而言，容易产生风险的失控。由此，如果交易双方在合同中约定采用集装箱作为包装方式，则FOB术语不适用。

（4）注意《2020通则》与《1941年美国对外贸易定义修订本》对FOB的不同解释。《1941年美国对外贸易定义修订本》对FOB有6种解释，其中的前三种是在出口国内指定地点的内陆运输工具上交货，第四种是在出口地点的内陆运输工具上交货，第六种是在进口国指定的内陆地点交货，只有第五种"FOB vessel（... named port of shipment）"同《2020通则》的解释比较相似，但仍然存在明显的不同。例如，按照《1941年美国对外贸易定义修订本》的解释，卖方只是在买方请求并由其负担费用的情况下，协助买方办理货物的出口手续。

（5）运输与保险。卖方没有义务为买方订立运输合同和保险合同，但是当买方要求的时候，卖方必须提供买方订立保险时所需要的信息，此时一切风险和费用（如果有的话）由买方承担。

## 二、CFR（cost and freight）成本加运费（指定目的港）

CFR术语又称成本加运费，是指卖方在船上交货或以取得已经这样交付货物的方式交货。货物灭失或损坏的风险在货物交到船上时转移。卖方必须签订合同，并支付必要的成本和运费，将货物运至指定的目的港。这里所指的成本和运费相当于FOB价，因此从卖方的角度看，CFR是在FOB的基础上增加了办理租船订舱和支付装运港至目的港运费的责任。

该术语仅适用于海运或内河水运，但它不适合于货物在装船前已经交给承运人的情况，例如用集装箱运输的货物通常是在集装箱堆场或集装箱货运站交货，应当考虑使用CPT术语。

按照《2020通则》对CFR的解释，买卖双方的主要义务如下。

**1. 卖方的主要义务**

（1）卖方必须向买方提交与销售合同约定相符的单据和货物。交货时卖方要在合同约定的装运港、装运点内，将货物置于载货船上。

（2）卖方要承担交货完成之前货物灭失或损坏的风险和费用，例如，为了完成交货而发生的查验质量、丈量、计重、点数的费用，为出运货物而以常规的方式对货物进行包装的费用等。

（3）在合同规定的日期或期限内，卖方负责按照惯常条款签订运输合同，租船订舱，支付运费。经由通常航线，用通常适用的船舶，将货物自交货地运送至合同约定的目的港，并按港口惯常方式装上船舶，然后向买方发出已装船通知。如果在运输合同中规定，在合同约定的卸货港产生的卸货费用要由卖方负责，则卖方应照付。

（4）卖方没有义务为买方安排货物运输保险，订立保险合同。但是如果买方要求则由买方承担风险和费用，卖方必须向买方提供自己所拥有的、买方安排保险所需要的信息。

（5）卖方负责办理货物的出口清关手续并支付相关的费用。如果买方要求并承担风险和费用，卖方必须协助买方办理货物过境或进口的海关手续。

（6）提供商业发票或交货证明，在完成交货时，必须向买方发出充分的通知。

**2. 买方的主要义务**

（1）买方必须按照销售合同的规定提取货物，接受交货单据，支付货款。

（2）买方要承担装船之后货物灭失或损坏的风险和费用，包括在卸货港的卸货费用，除非运输合同规定该项费用由卖方负担。

（3）买方要自行办理货物的运输保险。

（4）买方需取得进口许可证或其他官方批准文件，办理货物过境和进口的海关手续，并支付相关的费用。如果卖方要求并承担风险和费用，买方必须协助卖方办理货物出口的海关手续。

**3. 使用CFR术语应注意的问题**

（1）关于两个分界点的问题。CFR属于装运港交货的贸易术语，风险划分是以货物在装运港被装上载货船舶为界，在此分界点之后增加卖方义务时应特别审慎，否则容易改变合同性质，将装运合同变为到达合同。在费用划分方面，卖方只支付承运人从装运港至目的港的正常运费，途中发生意外事故而产生的额外费用应由买方负担。

（2）关于装船通知的问题。按 CFR 术语成交，卖方安排运输，买方办理运输保险，如果卖方装船后不及时通知买方，买方就无法及时办理保险，甚至有可能出现漏保货运保险的情况。因此，卖方在装船后务必及时向买方发出装船通知，否则，卖方应承担货物在运输途中的风险损失。由此可见，尽管在 FOB 条件下卖方在装船后也应向买方发出通知，但在 CFR 条件下，装船通知意义更为重要。

（3）采用 CFR 术语进口应慎重。按 CFR 成交的进口业务中，由外商安排运输，我方负责保险，故应选择资信较好的国外客户成交，并适当对船舶提出要求，以免外商与船方勾结，或出具假提单，或租用不适航的船舶，使我方蒙受损失。

（4）CFR 也是装运港交货的贸易术语之一，与 CIF 类同，二者的区别仅在于海运保险的责任和费用方面。

## 三、CIF（cost，insurance and freight）成本、保险费加运费（指定目的港）

CIF 术语又称成本、运费和保险费在内价，指卖方在装运港船上交货，货物灭失或损坏的风险在货物交到船上时转移。卖方除具有与在 CFR 术语下相同的义务外，还要为买方办理保险。除保险一项义务之外，买方的义务也与 CFR 术语下相同。

同 CFR 一样，CIF 术语仅适用于海运和内河水运，但不适合货物在上船前已经交给承运人的情况。例如用集装箱运输的货物通常是在集装箱堆场或集装箱货运站交货，应当考虑使用 CIP 术语。

### 1. 卖方的义务

（1）卖方负责在合同规定的日期或期限内，把符合合同规定的货物运到装运港，并按港口惯常方式装上船舶，然后向买方发出已装船通知。

（2）负责取得出口许可证或其他官方批准文件办理出口报关手续。

（3）租船订舱，签订运输合同和保险合同。

（4）提供商业发票及交货证明。

卖方承担的费用：将货物运至指定的目的港所需的运费和海运保险费；货物装船以前的一切费用和出口报关的税费。

### 2. 买方的义务

（1）负责取得进口许可证或其他官方批准文件，办理进口报关手续。

（2）收取卖方按合同规定交付的货物，接受交货单据，并支付货款。

买方承担的费用：交货后货物灭失或损坏的风险及由于各种事件造成的任何额外费用、货物装船以后的一切费用和进口报关的税费都应由买方承担。

### 3. 使用 CIF 术语应注意的问题

（1）风险与保险。按 CIF 条件成交，卖方应负责订立保险合同，按约定的险别和金额投保货物运输险，支付保险费，提交保险单。但卖方的保险具有代办性质，货物在运输途中的灭失或损坏的风险由买方承担。如发生意外，买方凭保险单直接向保险公司索赔，能否得到赔偿卖方概不负责。

根据国际货物买卖中的一般做法，除非合同另有规定，卖方通常以 CIF 货价加成 10%，并以合同货币投保。如果在买卖双方的保险条款中规定了投保险别、保险金额等，卖方应按合同规定办理。如果双方没有约定具体险别，卖方只需要投保《伦敦保险协会货物保险条款》（C）或其他类似条款下的有限的保险，也就是保险公司承保责任比较低的险别。至于战争险、罢工险等，在买方负担费用的情况下，买方可要求卖方代办或买方自行办理。

前述关于 CFR 术语使用的有关问题中，两个分界点的问题，完全适用于 CIF 术语。

（2）象征性交货。在 CIF 条件下，只要卖方在合同规定的装运港按照合同约定的时间，把货物装到运往指定目的港的船上，同时办理保险并向买方提交合同规定的，包括物权凭证在内的符合要求的全套单据（名称、内容和份数均相符），就算完成了交货义务，即使货物装船后或运输途中发生损坏或灭失，买方也必须履行付款的义务。反之，即使货物安全到达并符合要求，买方也可以不履行付款义务。因此，CIF 是具有象征性交货的贸易术语，即凭单交货、凭单付款。

（3）租船订舱。如果没有合同中特别的约定，卖方只是负责按通常条件下习惯的航线，租用适当船舶将货物运往目的港。

（4）卸货费用。卖方负责包括在港口装载货物的费用以及根据运输合同由卖方支付约定卸货港的卸货费；买方负责运费和码头搬运费在内的卸货费用。

## 四、FCA（free carrier）货交承运人（指定交货地点）

FCA 术语又称货交承运人，指卖方在卖方所在地或其他指定地点将货物交给买方指定的承运人或其他人，即完成交货义务。“承运人”指任何人在运输合同中，承诺通过铁路、公路、空运、海运、内河运输或上述运输的联合方式履行运输或由他人履行运输责任的人。该术语适用于任何运输方式，也可适用于多种运输方式。

根据《2020 通则》的解释，以 FCA 术语成交，买卖双方的主要义务如下。

**1. 卖方的主要义务**

（1）卖方必须向买方提交与销售合同约定相符的单据和货物。交货时卖方要在合同约定的交货地或交货点（如未指定，卖方选择）将货物交于买方指定的承运人或其他人。

（2）卖方要承担交货完成之前货物灭失或损坏的风险和费用，例如，为了完成交货而发生的查验质量、丈量、计重、点数的费用，为出运货物而以常规的方式对货物进行包装的费用等。

（3）卖方没有义务为买方订立运输和保险合同，但是如果买方要求并由买方承担风险和费用，卖方必须向买方提供自己所拥有的、买方安排运输和保险所需要的信息。若经买方要求，卖方可以按照通常条件订立由买方承担风险与费用的运输合同；卖方也可以拒绝订立此合同，如果拒绝，则应立即通知买方。

（4）卖方负责办理货物的出口清关手续并支付相关的费用。如果买方要求并承担风险和费用，卖方必须协助买方办理货物过境或进口的海关手续。

（5）卖方在完成交货时，或者在买方指定的承运人未在合同约定的时间内提货时，必须给予买方充分的通知。

**2. 买方的主要义务**

（1）买方必须按照销售合同的规定提取货物，并支付货款。

（2）买方要承担卖方完成交货之后货物灭失或损坏的风险和费用。

（3）买方必须自付费用，订立自合同约定的交货地开始的货物运输合同，并就承运人或其他人的名称、具体的收货时间、收货点等信息给予卖方充分的通知；自行办理货物的运输保险。

（4）买方必须办理货物过境和进口的海关手续，并支付相关的费用。如果卖方要求并承担风险和费用，买方必须协助卖方办理货物出口的海关手续。

**3. 使用FCA术语应注意的问题**

（1）适用问题。FCA术语与FOB术语相比，卖方与买方在运输、保险、进出口清关等方面承担的责任非常相似。从贸易术语的历史发展看，FCA术语的出现时间远远晚于FOB术语，因此很多商人至今在货物买卖业务中仍然习惯性地使用FOB术语。然而，当今集装箱普遍使用的情况下，由于卖方不可能在装运港直接将货物装于船上，FOB术语要求的风险转移界线不能发挥应有的作用，FCA术语成为更合理的选择。

（2）交货地或交货点的选择问题。建议当事人最好明确说明指定交货的具体点，可以让买卖双方清楚货物交付和风险转移的时间、费用分界的地点。如果未规定详细的交货点，卖方有权选择“最适合卖方目的”的地点作为交货点。如合同规定的交货地为卖方所在地（工厂、工场、仓库等），则当货物装上由买方指定承运人的收货工具上时，卖方即完成了交货义务，风险随之转移。在其他情况下，当货物在买方指定的交货地，在卖方的送货工具上达到卸货条件，交由买方指定的承运人处置时，卖方即完成了交货义务，风险随之转移。

（3）费用、风险的转移问题。与装运港交货的三种贸易术语不同，在FCA术语下，风险转移以货物交承运人处置时为界。不仅在海运以外的其他运输方式下如此，即使在海运时，风险转移的界线也是货物交承运人。但如果由于买方的责任，使卖方无法按时交货时，只要货物已明确划归买方，那么风险转移的时间可以提前。

在FCA术语下，买卖双方承担的费用也是以货交承运人为界。即卖方负担将货物交给承运人前的有关费用，而买方负担其后的各项费用。但如果买方委托卖方代办本属自己的义务范围内的事项所产生的费用，比如，委托卖方代办订立运输合同等，以及由于买方过失所引起的额外费用，均应由买方承担。因此，在特殊情况下，费用同风险一样可提前转移。

（4）FCA术语下已装船批注的提单问题。《2020通则》指出，如果买卖双方在FCA术语的合同中约定卖方必须提供带有已装船批注的提单给买方，则买方必须指示承运人出具已装船批注提单给卖方。由于FCA术语下，卖方往往不在装运港直接将货物装船，所以承运人在向卖方出具提单时，货物通常处于未装船状态，因此，在实际业务中，承运人对买方的这一指示可能同意也可能不同意。

## 五、CPT（carriage paid to）运费付至（指定目的地）

CPT 指卖方在指定交货地向承运人或由其（卖方）指定的其他人交货并且其（卖方）须与承运人订立运输合同，载明并承担将货物运送至指定目的地所产生的必要费用。同时由买方承担交货之后一切风险和其他费用。因此，CPT 的基本含义是 FCA 价加运费。

同 FCA 术语一样，CPT 术语下的承运人是指任何人，承运人要在运输合同中，承诺通过铁路、公路、空运、海运、内河运输或上述运输的联合方式履行运输或由他人履行运输。

该术语同样适用于任何运输方式，或者多种运输方式。即便是在海运或内河水运方式下，如果买卖双方约定在货物装上船之前便已交给承运人，使用 CPT 术语比 CFR 术语更为适宜。

使用 CPT 术语应注意以下几方面的问题：

（1）费用、风险转移问题。在 CPT 术语下，卖方负担到目的地运费，但卖方承担的风险并没有延伸到约定目的地，而只承担货物交给承运人之前的风险。在多式联运的情况下，涉及多个承运人，则卖方承担的风险自货物交给第一承运人时转移给买方。

费用的划分是在进口国目的地，即卖方负担从交货地点到约定目的地正常运费，一切额外费用由买方负担。装卸费应由买方负担，除非根据运输合同卸货费包括在运费中，则由卖方负担。这样，在 CPT 术语下，风险、费用划分地点不同，也存在两个分界点的问题。

（2）CPT 术语与 CFR 术语的异同点。CPT 与 CFR 术语都存在着风险和费用转移的两个分界点的问题，即风险转移在先，费用转移在后。而且，按这两个术语签订的合同都属于装运合同，即卖方只需保证按时出运货物，不保证按时到货。

但是应注意，CPT 与 CFR 术语在许多方面有相异之处。首先，适用范围不同。CFR 只适于海运和内河水运方式，只能以装运港为交货地点；而 CPT 适用于任何运输方式或者多种运输方式，根据运输方式的不同，双方可对交货地及交货点加以规定。其次，风险转移地点不同。CFR 条件下，风险划分以货物在装运港被装到船上为界；CPT 则以货交承运人为界。此外，卖方承担的责任、费用以及需提交的单据也有所不同。

（3）CPT 术语要求卖方办理出口清关手续，及时发装运通知，没有义务为买方订立保险合同。

（4）买卖双方当事人应在买卖合同中尽可能准确地确定以下两个点：发生风险转移的地点，即买方的交货地点；运输合同的目的地。

## 六、CIP（carriage，insurance paid to）运费和保险费付至（指定目的地）

CIP 是指卖方将货物在双方约定交货地或交货点交给其指定的承运人或其他人。卖方必须支付将货物运至目的地的运费，同时由买方承担卖方交货之后的一切风险和额外费用。此外，卖方还必须签订保险合同，支付保险费。在这个意义上，CIP 价相当于 FCA 价加上运费、保险费或 CPT 价加上保险费。

CIP 术语适用于任何运输方式或者多种运输方式。在该术语下，承运人同样指任何人，在运输合同中承诺通过铁路、公路、空运、海运、内河水运或上述运输的联合方式履行运输责任或由他人履行运输责任。在 CPT，CIP，CFR 或 CIF 适用的情形下，卖方的交货义务在于将货物交付承运人，而非货物到达指定目的地时，即告完全履行。

根据《2020 通则》的规定，使用 CIP 术语时，卖方需要投保符合《伦敦保险协会货物保险条款》（A）款或其他类似条款下的范围广泛的险别，也就是保险公司承保责任范围最大的险别。但是，根据交易商品的具体情况，买卖双方仍然可以在合同中自行约定保险公司责任范围较小的险别。

如果需要接运的承运人将货物运至约定目的地，则风险自货物交给第一承运人时，由卖方转移给买方。卖方还需要办理货物的出口清关手续。

使用 CIP 术语时应注意以下几方面的问题：

（1）风险和保险。在 CIP 术语下，卖方要负责办理货运保险并支付保险费，但货物从交付给承运人起的风险（包括运往目的地途中的风险）由买方负担。所以，卖方的投保属于代办性质。因此，这里又出现了风险、费用划分的两个分界点的问题。一般情况下，除合同另有规定，卖方应按 CIP 货价加成 10%，以合同货币取得最高限度的险别。如果买方要求加保其他附加险，在买方负担费用的情况下，卖方应予办理。

（2）CIP 术语与 CIF 术语的异同。CIP 与 CIF 术语的相同点，主要是它们的价格构成中都包括将货物运到目的地的正常运费和保险费；均属于装运合同，风险转移和费用转移同 CPT、CFR 术语一样分两步进行，即都存在两个分界点的问题。

CIP 与 CIF 术语的不同点，主要是 CIP 术语适用于任何运输方式或多种运输方式，CIF 术语适用于海运和内河水运；CIF 术语下，除非合同另有约定，卖方只需投保保险公司责任范围低的险别，而 CIP 术语下，卖方则要投保保险公司责任范围广泛的险别。此外，两种术语下交货地点、风险划分界线及有关责任、费用的划分也随着运输方式的不同而有所不同。

### 七、FOB、CFR、CIF 与 FCA、CPT、CIP 的区别

（1）适用的运输方式不同。

（2）交货和风险转移的地点不同。

（3）运输单据不同。

（4）装卸费用的负担不同。

**课堂讨论 10-2：** 如何培养合规意识？

## 第三节 《2020 通则》中的其他贸易术语

除了前述 6 种主要贸易术语外，《2020 通则》还包括了其他 5 种贸易术语，可在实际业务中酌情加以运用。

## 一、EXW（ex works）工厂交货（指定交货地点）

工厂交货是指当卖方在其所在地或其他指定的地点（如工厂、车间或仓库等）将货物交由买方处置时，即完成交货。因卖方通常在本国内完成交货，形式上类似国内贸易，所承担的风险、责任和费用都局限于出口国国内。该术语是《2020通则》所有术语中卖方承担责任最小的术语，适用于任何运输方式。

应当明确，如果没有另外约定，卖方无义务将货物装上买方备妥的运输车辆。由于多数情况下交货在卖方所在地完成，卖方对该地点的装载设备更熟悉，则买卖双方可在合同中约定由卖方负责装载货物，同时需对装载中可能发生的风险负担问题做出明确规定，相关风险和费用亦由买方承担。

使用EXW应注意的事项：

（1）交货地点和风险转移。交付前的费用与风险由卖方承担，自卖方按规定交货起，买方必须承担货物灭失或损坏的一切风险。卖方不需将货物装上任何运输工具，不必为货物办理出口清关手续。

（2）运输与保险。卖方没有为买方签订运输和保险合同的义务。

## 二、FAS（free alongside ship）船边交货（指定装运港）

船边交货是指当卖方在指定的装运港将货物交到买方指定的船边（如码头或驳船上）时，即为交货。货物灭失或损坏的风险在货物交到船边时发生转移，同时买方承担自那时起的一切费用。本规则只适用于海运或内河运输。

由买方承担风险和费用，卖方必须给予买方关于货物已按规定交付或者船舶未能在约定的时间内接收货物的充分通知。

买方负责装船，订立从装运港到目的港的运输合同，自行承担运费和订立保险合同，并及时给卖方关于船舶的名称、装船地点以及交付时间的充分通知以便卖方及时备妥货物。

因卖方承担在特定地点交货前的风险和费用，而且这些费用和相关作业费可能因各港口惯例不同而变化，买卖双方应尽可能清楚地约定指定装运港内的装货点。当货物装在集装箱里时，卖方通常将货物在集装箱堆场或集装箱货运站移交给承运人，而非交到船边，应考虑使用FCA术语。

FAS要求卖方负责办理货物出口清关手续，但卖方无义务办理进口清关、支付任何进口税或办理任何进口海关手续。

## 三、DAP（delivered at place）目的地交货（指定目的地）

目的地交货是指当卖方在指定目的地将仍处于运输工具上尚未卸下的，且已做好卸载准备的货物交由买方处置时，即为交货。卖方承担将货物运送到指定地点的一切风险。

买卖双方的风险和费用的划分是以约定目的地为界，卖方承担在此地点交货前的一切风险，买方则负责此后与货物相关的风险与费用，并办理进口清关手续。卖方承担将货物运至指定目的地交货前与货物有关的一切费用和出口海关手续费用；买方负责货物交付时起与货物有关的一切费用、卸货费用及进口海关手续费用。如果希望由卖方办理进口清关、支付所有进口关税，并办理所有进口海关手续，则应使用 DDP 术语。

该术语可用于任何运输方式或者多种运输方式，为明确风险转移的具体界线，最好在合同中约定交货地或交货点；而为了明确货物运输的终点和相关运费的负担，最好在合同中明确约定运输的目的点。

卖方必须为买方提供必要的通知，以便买方能够为收取货物而采取必要的措施。

## 四、DPU（delivered at place unloaded）目的地卸货后交货（指定目的地）

DPU 术语是《2020 通则》中新出现的术语，即“目的地卸货后交货”，它是指当卖方在指定目的地或指定目的地内的约定交货点，将货物从抵达的运输工具上卸下，交由买方处置时，即为交货。卖方承担将货物送至指定目的地以及卸货的一切风险，还要负责办理货物出口清关手续，但无义务办理进口清关、支付任何进口税或办理任何进口海关手续。

DPU 术语是《2020 通则》中唯一要求卖方在目的地卸货的术语，因此卖方应当确保其可以在指定地组织卸货。如果不希望卖方承担卸货的风险和费用，则不应使用 DPU 术语，可以考虑使用 DAP 术语。

该术语可用于任何运输方式或者多种运输方式。

## 五、DDP（delivered duty paid）完税后交货（指定目的地）

完税后交货指当卖方在指定目的地将仍处于运输工具，但已完成进口清关，且已做好卸载准备的货物交由买方处置时，即完成交货。

DDP 术语代表卖方的最大责任。卖方必须自付费用订立运输合同，承担将货物运至指定目的地或指定目的地内约定交货点的一切风险和费用，并且有义务完成货物的出口和进口清关，支付所有出口和进口的关税和办理所有海关手续。

如果卖方无法办理进口清关，则应考虑选择 DAP 或 DPU 术语。

该术语适用于任何运输方式或者多种运输方式。

## 六、贸易术语的选用

在国际贸易中，选择何种贸易术语是一个比较复杂的难题，交易者可以根据各种具体情况灵活选用任何一个贸易术语。贸易术语的选用应结合以下几个方面的情况具体考虑。

（1）在合同单价条款中写明所采用的贸易术语，其他合同条款要参照该贸易术语的规定。

（2）明确该合同受哪种贸易惯例约束（包括年份）。因为国际商会对《国际贸易术语解释通则》随着国际贸易的发展形势不断进行修订，所以，合同双方当事人在商定要将《国际贸易术语解释通则》的有关内容订入合同中时，应该清楚地说明所引用的内容是哪一年的版本。

（3）虽然进出口业务操作过程中要涉及销售合同、运输合同和保险合同等，但是，《国际贸易术语解释通则》只涉及销售合同和销售合同中买卖双方的关系，只适用于销售合同当事人的权利和义务中与合同标的（有形商品，如包括计算机，但是不包括其软件）交货有关的事宜，如货物交付、进出口手续、风险转移、费用划分、通知义务等方面。

（4）在贸易实践中，选用 FOB、CFR 和 CIF 术语的最多，人们也最熟悉。

①这三个贸易术语历史最为悠久，内容也比较成熟，人们也最熟悉。

②由于海运价廉、运量大，国际贸易的货物主要是通过海运运输的，这三个贸易术语主要适用于海运和内河运输。

③这三个贸易术语可以比较全面地表示买卖双方在费用、保险等方面的义务，可满足不同情况的需求。

（5）结合自身业务发展，灵活选用贸易术语。

根据纺织企业的实际情况，以及与外贸方的关系，可以选用 EXW，以降低自身的风险。

## 本章思维导图

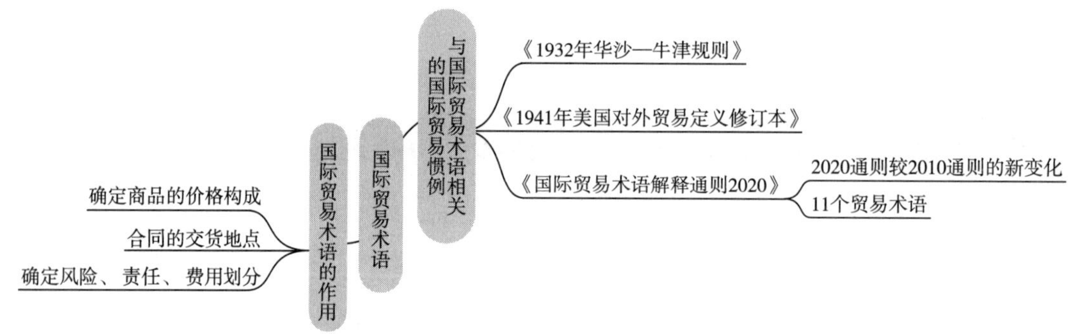


## 课后思考题

1. 我国某公司以 FOB 条件出口一批服装，合同签订后接到买方来电，称租船较为困难，委托我方代为租船，有关费用由买方负担。为了方便合同履行，我方接受了对方的要求，但时间已到了装运期，我方在规定的装运港无法租到合适的船，且买方又不同意改变装运港，因此到装运期满时，货仍未装船。买方因销售即将结束，便来函以我方未按期租船履行交货义务为由撤销合同。

问：我方应如何处理？

2. 我国某公司以 CFR 术语出口一批真丝产品，我方按期在装运港装船后，即将有关交易单寄交买方，要求买方支付货款。过后，业务人员才发现忘记向买方发出装船通知。此时，买方已来函向我方提出索赔，因为货物在运输途中因海上风险而损毁。

问：我方能否以货物运输风险是由买方承担为由拒绝买方的索赔？

3. 我国某公司以 CIF 条件出口一批服装。①合同签订后，接到买方来函，声称合同规定的目的港口最近经常发生暴乱，要求我方在办理保险时加保战争险。对此，我公司应如何处理？②这批货物运抵目的港后，我方接到买方支付货款的通知，声明：因货物在运输途中躲避暴乱而增加的运费已代我公司支付给船舶公司，故此，所付的货款中已将此项费用扣除。对此，我公司应如何处理？

4. 我国某公司按照 FAS 条件进口一批纺织面料，在装运完成后，国外卖方来电要求我方支付货款，并要求支付装船时的驳船费，对卖方的要求我方应如何处理？

5. 我国某公司按 EXW 条件出口一批纺织服装，但在交货时，买方以服装的包装不适宜出口运输为由，拒绝提货和付款，问：买方的行为是否合理？

## 答案

1. 我方应拒绝撤销合同的无理要求。这个涉及 FOB 术语中的船货衔接问题。根据 FOB 术语，买方负责租船订舱、运输、支付运费。为卖方装船交货方便，卖方也可以接受买方的委托，代为租船订舱，但费用和风险应由买方承担，卖方不承担租不到船的责任。结合本案例，因为卖方代买方租船没有租到，买方又不同意改变装运港，因此卖方不承担因自己未租到船而延误装运的责任。买方也不能因此撤销合同。

2. 我方不能以风险界点在货物装船为由而拒绝买方的索赔要求。这个案例涉及 CFR 术语。根据 CFR 术语，买卖双方的风险界点在装运港船舶，货物在装运港装船以前的风险由卖方承担，货物装船以后的风险由买方承担。有鉴于此，买方为了保证自己在遭到风险时能够将损失减低，可以通过向保险公司办理货运保险手续将风险转嫁给保险公司，但是买方能否及时办理保险取决于卖方在装运港装船后是否即时向买方发出装船通知，根据 CFR 术语，卖方在货物装船后及时向买方发出装船通知是极其重要的义务，如果卖方未及时向买方发出装船通知导致买方未能及时办理保险手续，由此引起的损失由卖方负担。就本案例而言，很显然卖方没有及时向买方发出装船通知，结果买方未办理货物保险，而货物却因海上风险而损毁，故此我方理应对该项货物损失负责，而不能以风险已转移给买方为由而拒绝买方的索赔。

3. ①我方可同意买方的要求加保战争险，但需由买方支付此笔保险费或另作商定。此案例涉及 CIF 术语中的保险问题，在 CIF 术语条件下成交，按照国际一般的做法，在签订买卖合同时，在合同的保险条款中，明确规定险别，保险金额等内容，这样卖方就按照合同的规定对货物进行投保。但如果合同中未能就保险险别等问题做出具体规定，那就根据国际惯例来处理，即：卖方只需投保较低限度的险别，并由买方承担费用，但在买方要求时，可在买方承担费用的情况下，加保战争险。②这批货物在运输途中躲避风暴而增加的运费应由保险公司承担，买方可以依据战斗险的条款向保险公司提出索赔。

4. 我方对于卖方支付装船时的驳船费的要求可以拒绝。按照《2020 通则》的解释，采用 FAS 术语成交时，买卖双方承担的风险和费用均以船边为界，即买方所指派的船的船边，在买方所派船只不能靠岸的情况下，卖方应负责用驳船将货物运至船边，驳船费用是在风险转移以前发生的，理应由卖方承担。故此，在本案例中，国外卖方要求我方承担驳船费用的要求是不合理的，我方有权拒绝。

5. 买方的行为是不合理的，我方应拒绝。本案例涉及 EXW 条件下交货的问题，根据《2020 通则》的规定：在 EXW 术语中，卖方应采取适宜运输的包装方式，除非买方在签订买卖合同前便告知卖方特定的包装要求。如果签约时已明确该货物是供出口的，并对包装的要求作出了规定，卖方则应按规定提供符合出口需要的包装。结合本案例，买方在交货时以服装的包装不适宜出口运输为由拒绝提货和付款，并没有说不符合合同规定，由此说明，在合同中并无有关货物包装的规定，根据惯例，故买方以此借口拒付货款和提货的理由是不充分的。

# 第十一章　进出口商品的价格

PPT11　进出口商品的价格

## 教学目的与要求

掌握如何确定合同中的价格条款；正确运用贸易术语并把其与出口报价相结合起来；掌握贸易术语间的价格换算；商品成本核算；佣金与折扣的计算等。

## 导入案例

**价格核算**

我国某公司某种商品对外报价为每公吨1000美元CIF美国纽约。某次洽谈中，外商还盘为902美元FOB中国青岛港。经核查该货物由青岛港运至美国纽约每公吨运费为88美元，保险费率为0.95%。我方可否接受外商还价？

在国际货物贸易中，如何确定成交价格和约定合同中的价格条款，是买卖双方都极为关心的一个重要问题。这是因为，成交价格的高低和作价方法的差异，直接关系买卖双方的经济利益。此外，价格条款与使用的贸易术语和合同中的其他交易条件密切相关，有着不可分割的内在联系。价格条款是合同中的核心条款，在约定价格条件时，要同时考虑与价格有关的其他交易条件，而约定合同的其他交易条件，也往往会涉及与价格有关的问题。由此可见，进出口合同中的价格核算具有严谨性和复杂性，正确掌握价格和订好合同中的价格条款，具有十分重要的意义。

## 第一节　进出口商品的定价办法

我国进出口商品的作价原则：在贯彻平等互利的原则下，根据国际市场价格水平，结合国别（地区）政策，并按照我们的购销意图确定适当的价格。国际贸易中商品价格的确定受多种因素的影响。

### 一、影响进出口商品价格的因素

在确定进出口商品价格时，必须充分考虑影响价格的各种因素，并注意同一商品在不同情况下应有合理的差价。影响进出口商品价格的因素主要有以下几点。

### （一）商品的质量和档次

在国际市场上，一般都贯彻按质论价的原则：品质的优劣，档次的高低，包装装潢的好坏，式样的新旧，商标、品牌的知名度，都会影响商品的价格。

### （二）运输距离的远近

国际货物买卖，一般都要经过长途运输。运输距离的远近，会影响运费和保险费的开支，从而影响商品的价格。因此，确定商品价格时，必须认真核算运输成本，做好比价工作。

### （三）交货地点和交货条件

在国际贸易中，由于交货地点和交货条件不同，买卖双方承担的责任、费用和风险有别，在确定进出口商品价格时，必须考虑这些因素。例如，同一运输距离内成交的同一商品，按CIF条件成交与按DAP条件成交的价格应当不同。

### （四）商品的季节性需求及变化

在国际市场上，某些节令性商品，如赶在节令前到货，抢行应市，即能卖上好价。过了节令的商品，往往售价很低，甚至以低于成本的“跳楼价”出售。因此，我们应充分利用季节性需求的变化，掌握好季节性差价，争取按对我方有利的价格成交。

### （五）成交数量

按国际贸易的习惯做法，成交量的大小影响商品价格。即成交量大时，在价格上应给予适当优惠；反之，如成交量过少，甚至低于起订量时，则可以适当提高售价。

### （六）支付条件和汇率变动的风险

支付条件是否有利和汇率变动风险的大小等都影响商品的价格。例如，同一商品在其他交易条件相同的情况下，采取预付货款和凭信用证付款方式下，其价格应当有所区别。同时，确定商品价格时，一般应争取采用对自身有利的货币成交，当采用对自身不利的货币成交时，应当把汇率变动的风险考虑到货价中去，即适当提高出售价格或压低购买价格。

### （七）其他因素

除上述各种因素外，交货期的长短、市场贸易习惯和消费者的爱好等因素，也对确定价格有一定程度的影响，因此，也应予以考虑。

总之，进出口合同中的价格核算具有严谨性和复杂性，国际贸易从业人员必须在调查研究的基础上，切实注意上述影响进出口商品成交价格的各种因素，通盘考虑，权衡得失，然后确定适当的成交价格。

**课堂讨论 11-1**：人民币汇率的变化，对我国商品的进出口有什么样的影响?

## 二、进出口商品的定价办法

在国际货物贸易中，定价方法多种多样，由交易双方当事人磋商确定。通常采用的定价办法，可归纳为下列几种。

### （一）固定价格

国际货物买卖的作价方法一般采用固定价格法，即在交易磋商过程中把价格确定下来，在合同执行过程中不论发生什么情况均按确定的价格结算应付货款。如买卖双方在合同中无明确约定，应理解为固定价格，即订约后买卖双方按此价格结算货款，即使在订约后市价有重大变化，任何一方不得要求变更原定价格。

**（二）非固定价格**

在实际业务中，有时也采用暂不固定价格、暂定价格和滑动价格等作价方法，统称非固定价格。

**1. 暂不固定价格**

某些货物因其国际市场价格变动频繁、幅度较大，或交货期较长，买卖双方对市场趋势难以预测，但又确有订约的意愿，则可约定有关货物的品质、数量、包装、交货和支付等条件，对价格暂不固定，而是约定将来如何确定价格的方法。例如，在合同中规定以某月某日某地的有关商品交易所该商品的收盘价为基础再加（或减）若干金额。按此作价方法，买卖双方都不承担市价变动的风险。

**2. 暂定价格**

买卖双方在洽谈某些价格变化较大、交货期较长的货物的价格时，可先在合同中规定一个暂定价格，待日后交货期前的一定时间，再由双方按照当时市价商定最后价格。例如，在合同中规定 USD500 per mt cif kobe，上列价格为暂定价格，于装运月份 15 天前由买卖双方另行协商确定价格。这种做法，因缺乏明确的定价依据，到时候双方在商定最后价格时可能各持己见，不能取得一致而导致无法履行合同。所以，订有“暂定价格”的合同有较大的不确定性，一般不采用。

**3. 滑动价格**

对于某些货物，如成套设备、大型机械等，从合同成立到履行完毕需要时间较长，为了避免因原材料、工资等变动而承担风险，可采用滑动价格。滑动价格指在合同中规定一个基础价格，交货时或交货前一定时间，按工资、原材料价格变动的指数做相应调整，以确定最后价格。在合同中对如何调整价格的办法，则一并具体订明。

## 三、计价货币的选择

计价货币（money of account）是指买卖双方约定用来计算价格的货币。如合同中的价格是用一种双方当事人约定的货币（如美元）来表示的，且没有约定用其他货币支付，则合同中规定的货币（如美元）既是计价货币，又是支付货币（money of payment）。如在计价货币之外，还约定了用其他币种（如欧元）支付，则这种指定的币种（如欧元）就是支付货币。

在一般的国际货物买卖合同中，价格都表现为一定量的特定货币（如每 mts 为 300 美元），通常不再规定支付货币。在国际货物贸易实际业务中，用来计价的货币，可以是出口国家的货币，也可以是进口国家的货币，或是交易双方同意的第三国的货币，还可以是某一种记账单位，这由双方当事人协商确定。

由于世界各国的货币价值不是一成不变的，且在世界许多国家普遍实行浮动汇率的条件下，通常被用来计价的各种货币的币值更是经常波动变化。加之国际货物买卖的交货期一般都比较长，从订约到履约往往需要有一段时间，在此期间计价货币的币值可能会发生变化，甚至会出现大幅度的起伏，其结果必然直接影响进出口双方的经济利益。因此，如何选择合同的计价货币就具有重大的经济意义，这是买卖双方确定价格时必须注意的问题。

在国际货物贸易中，如交易双方所在国之间订有贸易协定和支付协定，而其交易本身又属于上述协定项下的交易，则必须按协定规定的币种进行清算。除此之外，一般进出口合同都是采用可兑换的、国际上通用的或双方同意的币种进行计价和支付。

由于目前各种货币在国际市场上的地位和发展趋势不同，其中有的走向疲软，有的日益坚挺，在实行浮动汇率的情况下具有上浮趋势的货币称为硬币，有下浮趋势的货币则称为软币。在贸易中应尽可能争取发展趋势于己有利的币种作为计价货币。例如，在出口交易中采用硬币计价对卖方有利；而在进口交易中，采用软币计价对买方比较合算。但是，在实际业务中，以什么货币作为计价货币，还应视双方的交易习惯、经营意图和具体价格而定。

## 四、佣金与折扣的运用

在进出口合同的价格条款中，有时会涉及佣金（commission）与折扣（discount）的运用。价格条款中所规定的价格，可分为包含佣金和折扣的价格或不包含此类因素的净价（net price）。包含有佣金的价格，在实际业务中，通常称为“含佣价”（price including commission）。

### （一）佣金

#### 1. 使用佣金的意义

在国际货物贸易中，有些交易是通过中间代理商进行的。中间代理商因介绍生意或代买代卖而需收取一定的酬金，此项酬金叫佣金，它具有劳务费的性质。佣金直接关系到商品的价格。显然，含佣价比净价要高。

#### 2. 佣金的规定方法

价格条款中，对于佣金的规定有下列几种方法：

（1）凡价格中包括佣金的即为“含佣价”。例如，每公吨 1000 美元，CIF 香港包括佣金 3%。

（2）用英文字母“C”代表佣金，并注明佣金的百分比。例如，每公吨 1000 美元，CIFC3%香港。

（3）佣金也可以用绝对数表示。例如，每公吨支付佣金 50 美元。

买卖双方在洽谈交易时，如果将佣金明确表示出来并写入价格条款中，称为“明佣”。如果交易双方对佣金虽然已经达成协议，但却约定不在合同中表示出来，约定的佣金由一方当事人按约定另行支付，则称为“暗佣”。

**课堂讨论 11-2**：为什么国外中间商往往要求采取“暗佣”的做法？

#### 3. 佣金的计算方法

计算佣金有不同的方法，最常见的是以买卖双方的成交额或发票金额为基础计算佣金。

佣金的计算公式为：

$$\text{单位货物佣金额}=\text{含佣价}\times\text{佣金率} \tag{11-1}$$

净价的计算方法为：

$$净价=含佣价-单位货物佣金额 \tag{11-2}$$

例1：卖方报价为某货物每公吨1000美元，CIFC3%

则：每公吨货物应支付的佣金=1000×3% =30（美元）

卖方每公吨实际收入=1000-30 = 970（美元）

如果已知净价，则含佣价的计算公式为：

$$含佣价 = \frac{净价}{1-佣金率} \tag{11-3}$$

例2：已知某商品对外报价为不含佣金CIF价2000美元，外商要求报CIFC4%。若保持我方的净收入不变，则对外改报的含佣价应为：

$$含佣价 = \frac{2000}{1-4\%} = 2083.83(美元)$$

### （二）折扣

#### 1. 使用折扣的意义

折扣（discount，rebate，allowance）是指卖方给予买方一定的价格减让。从性质上看，它是一种价格上的优惠。在我国对外贸易中，使用折扣主要是为了照顾老客户、确保销售渠道与扩大销售等。在实际业务中，应根据具体情况，针对不同客户，灵活运用各种折扣方法。比如为了扩大销售，使用数量折扣（quantity discount）；为发展同客户的关系或为实现某种特殊目的而给予的特别折扣（special discount）以及年终回扣（turnover bonus）等。在国际货物贸易中，它是出口商加强对外竞销的一种手段。

#### 2. 折扣的规定办法

在国际货物贸易中，折扣通常在约定价格条款时用文字明确表示出来。折扣有明扣和暗扣之分。凡在价格条款中明确规定折扣率的，称为明扣；凡交易双方就折扣问题已达成协议，而在价格条款中却不明示折扣率的，称为暗扣。

关于明示的折扣，可酌情采取适当的规定办法。例如："CIF伦敦每公吨200美元，折扣3%"（USD 200 per metric ton CIF London including 3% discount）。还可表示为："每公吨200美元CIF伦敦，减3%折扣"（USD 200 per metric ton CIF London less 3% discount.）。此外，折扣也可以用绝对数来表示，例如"每公吨折扣6美元"。

#### 3. 折扣的计算与支付方法

折扣通常是以成交额或发票金额为基础计算出来的。其计算方法如下：

$$单位货物折扣额=原价（或含折扣价）\times 折扣率 \tag{11-4}$$

$$卖方实际净收入=原价-单位货物折扣额 \tag{11-5}$$

折扣一般是在买方支付货款时预先予以扣除。也有的折扣金额不直接从货价中扣除，而按双方当事人暗中达成的协议，由卖方以给暗扣或回扣的方式另行支付给买方。这种做法在实际业务中也常被采用。

**课堂讨论11-3**：缮制发票时，佣金与折扣是否可以同等对待？为什么？

## 五、出口商品成本和效益的核算

### （一）成本核算

出口成本包括出口商品进价和出口流通费用两个部分。

出口商品进价是指购进用于出口商品的价格。在我国由于实行增值税制度，购买商品除了商品本身价格外，还要缴纳产品的增值税。不过，为了鼓励出口，商品出口后出口商可以办理出口退税。

出口流通费用在业务中又被称作定额费用。它是指出口企业就某一商品的出口，从与国外进口商进行交易磋商起，一直到商品出口、收取货款为止的一切费用开支。出口流通费用的主要项目有银行利息、邮电通信费、工资支出、交通费、仓储费、国内运输费、码头费用、差旅费、招待费等。出口流通费用的逐项计算非常繁杂。企业在业务中，一般按不同出口商品自行确定一个费率，如5%或10%，从而使其计算简便，易于操作。

我国为了鼓励出口，对出口产品实行退增值税制度。现行的退税办法是，对国内流通环节统一征收固定税率的增值税，当商品出口后，由出口企业按当时国家规定的退税率获取一定的退税额。详细的退税率根据出口商品而定。出口退税额的计算方法是：先确定出口商品的实际价格，然后用商品的实际价格乘以退税率。

出口商品的实际价格=出口商品进价（含增值税）/(1+增值税税率)　　(11-6)

退税额=出口商品的实际价格×退税率　　(11-7)

### （二）效益核算

出口效益核算实际上是核算商品出口业务是盈利还是亏损。出口效益分析的原则是出口销售收入和出口成本进行比较。如果出口销售收入大于出口成本，就意味着出口业务有盈利；反之，则意味着出口业务亏损。需要注意两点：

**1. 使用相同的货币进行比较**

在我国，由于出口销售收入的货币是外币（一般用美元），而出口成本是用人民币来表示的，因此，需要把出口销售收入的外币折算成人民币，这样才能进行比较。一般按银行外汇买入价来兑换成人民币。另外，如果在某一笔出口业务中国际运输费和保险费是由出口方负担的，按照业务习惯，在分析出口经济效益时，出口成本中不计入这两种费用，这种出口成本称作出口净成本。出口销售收入也需把这两部分费用减去，不包含这两种费用的出口销售收入称作出口销售净收入，即按 FOB 价作为出口净收入。

**2. 出口效益核算分析指标**

（1）出口商品盈亏率。出口商品盈亏率是指出口商品的盈亏程度。

计算公式为：

出口商品盈亏额=出口销售人民币净收入-出口总成本　　(11-8)

出口商品盈亏率=（出口商品盈亏额/出口总成本）×100%　　(11-9)

视频 11　出口商品盈亏率

出口销售人民币净收入是指出口商品的 FOB 价，按当天的外汇牌价（银行外汇买入价）折算人民币的数额。

出口总成本是指出口商品购进价（含增值税）加上定额费用，减去出口退税的收入。

（2）出口商品换汇成本。出口商品换汇成本是指商品出口净收入1美元所需支出的人民币总成本，即商品出口收入1美元需要投入多少人民币成本。

计算公式为：

出口商品换汇成本＝出口总成本（人民币）/出口销售外汇净收入（美元）　　（11-10）

出口商品换汇成本高于银行外汇牌价，则出口亏损；反之，则出口盈利。所以，对于我国出口公司来讲，出口换汇成本越低越好。

**（三）出口创汇率**

出口创汇率也称外汇增值率，是指加工制成品出口的外汇净收入与原材料外汇成本的比率。若原料为国产，则原料外汇成本采用FOB价计算；若原材料是进口的，则原料外汇成本采用CIF价计算。此指标主要考察出口成品的营利性，在进料加工的情况下显得尤为重要。出口创汇率一般在加工贸易出口时才用到。计算公式为：

出口创汇率＝（成品出口外汇净收入－原材料外汇成本）/原材料外汇成本×100%　　（11-11）

## 第二节　买卖合同中的价格条款

### 一、价格条款的基本内容

在国际货物买卖中，商品价格的表述与国内贸易不同。进出口商品的单价，通常包括下列四个组成部分：一是计量单位，如每公吨或每件等；二是单位价格金额，如100或1000等；三是计价货币名称，如美元或欧元等；四是贸易术语，如FOB上海或CIF伦敦等。现将这四部分内容组成的商品单价表述举例如下：

每公吨100美元FOB上海（USD 100 per metric ton FOB Shanghai）

每件200英镑CIF伦敦（£ 200 per piece CIF London）

上述单价一经买卖双方约定，履约时，则按此价格结算货款，即使订约后价格发生变动，任何一方都不得要求变更原定的价格。由于各种因素的影响，有些商品的价格容易发生波动，为确保合同的顺利履行，有时买卖双方订约时即在合同中明确规定：合同成立后，不得提高价格或调整价格。

商品单价与成交商品数量的乘积，即为商品的总值。它是指一笔交易的货款总金额。进出口合同价格条款中的总值与单价所使用的货币，应当是一致的。

上述商品单价和商品总值是商品价格条款的基本内容。由于价格条款是进出口合同中的核心条款，它与其他相关条款有着密切的联系。因此，价格条款涵盖的内容和涉及的问题是相当广泛的。

### 二、约定价格条款的注意事项

为了约定好合同中的价格条款，外贸从业人员对外洽商价格和约定价格条款时，必须注意下列事项：

第一，应在充分调查研究的基础上，根据国际市场供求状况和价格走势，并遵循我国进出口商品作价原则和每笔交易的经营意图，合理约定适当的成交价格，防止盲目定价而导致成交价格偏离国际市场价格的情况出现。

第二，鉴于贸易术语是商品单价中的组成部分，且同交易双方有直接利害关系。因此，应根据运输市场情况、运价水平并结合自身条件和经营意图，酌情选择于己有利的贸易术语。多年来，我国外贸公司习惯使用FOB、CFR和CIF三种贸易术语，但随着集装箱运输的发展，出现了一些新的贸易术语，故在选用贸易术语时，也应随机应变而采取较为灵活的做法。

第三，争取选择于己有利的计价货币，以免遭受币值变动带来的风险与损失。如根据当时市场情况和自身的经营意图，不得已而被迫采用不利的计价货币成交时，应当加订保值条款，以维护自身的经济利益。

第四，根据成交商品的品种、数量、交货期限和市场行情变化等因素，灵活运用各种不同的作价方法，力争择优选用，以免承担价格变动的风险。

第五，参照国际贸易的习惯做法，注意佣金与折扣的合理运用，以便有效利用中间代理商的购销渠道和扩大交易。

第六，若在买卖合同中，对交货品质、数量规定了机动幅度，即约定了品质增减价条款、数量增减条款（或称溢短装条款），则应一并表明其机动部分的作价，以利于合同的履行。

第七，若交易双方商定商品的包装材料和包装费另行计价，则其计价办法也应一并在买卖合同中具体订明，以便依约行事。

第八，鉴于合同中的价格条款是一项核心条款，它与其他相关条款有着内在联系，故价格条款的内容与其他相关条款的规定，应当彼此衔接，不能互相矛盾，以利合同的履行。

**课堂讨论 11-4**：进出口合同中的价格核算具有严谨性和复杂性。假如你是一名外贸业务员，如何做好核价工作？

## 本章思维导图

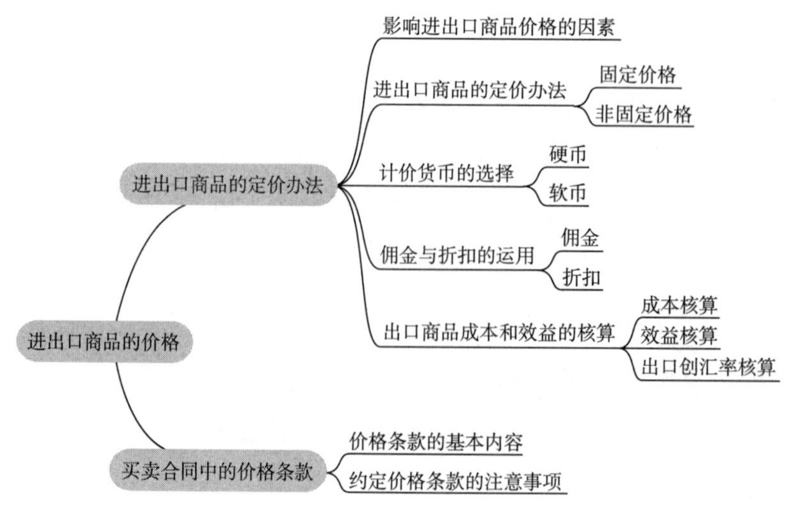

## 课后思考题

1. 试述国际贸易价格是如何确定的。

2. 试草拟合同中的价格条款两则。

3. 进出口合同中的价格条款包括哪些内容？规定此条款时应注意什么问题？

4. 某出口公司对外报价纯棉坯布 2.20 美元/米 CIF 汉堡港，按发票金额加成 10%投保一切险，保险费率为 0.3%。客户要求改报 CFR 价格，请问该报多少？

5. 我国某进出口公司收到悉尼客户来电，询购睡袋 1000 只，要求按下列条件报出每只睡袋的 CIFC 3%悉尼的美元价格。已知条件：国内购货成本为每只睡袋 50 元，1000 只睡袋的国内其他费用总计为 5000 元，该公司的预期利润为 10%。该睡袋为纸箱装，每箱 20 只。从装运港至悉尼的海运运费为每箱 20 美元。按 CIF 价加一成投保一切险和战争险，费率合计为 0.8%（汇率为 1 美元折 7 元人民币）。

## 答案

1. ①要考虑商品的质量和档次；②要考虑运输距离；③要考虑交货地点和交货条件；④要考虑季节性需求的变化；⑤要考虑成交数量；⑥要考虑支付条件和汇率变动的风险；⑦要考虑其他因素。

2. 每件 10 美元 FOB 上海（USD 10 per piece FOB Shanghai）

每公吨 2000 欧元 CIF 汉堡港（EU 2000 per MT CIF Hamburger hafen）

3. 进出口商品的单价条款通常包括下列四个组成部分：计量单位，单位价格，计价货币，贸易术语。

注意事项：①应在充分调查研究的基础上，合理约定适当的成交价格。②根据运输市场情况、运价水平并结合自身条件和经营意图，酌情选择于己有利的贸易术语。③争取选择于己有利的计价货币，以免遭受币值变动带来的风险与损失。④根据成交商品的品种、数量、交货期限和市场行情变化等因素，灵活运用各种不同的作价办法，力争择优选用，以免承担价格变动的风险。⑤注意佣金与折扣的合理运用，以便有效地利用中间代理商的购销渠道和扩大交易。⑥若在买卖合同中，对交货品质、数量规定了机动幅度，即约定了品质增减价条款、数量增减条款（或称溢短装条款），则应一并表明其机动部分的作价，以利履行合同。⑦若交易双方商定商品的包装材料和包装费另行计价，则其计价办法也应一并在买卖合同中具体订明，以便依约行事。⑧鉴于合同中的价格条款是一项核心条款，它与其他相关条款有着内在联系，故价格条款的内容与其他相关条款的规定，应当彼此衔接，不能互相矛盾，以利合同的履行。

4. CFR 报价＝CIF 报价－保险费＝CIF 报价－CIF 报价×（1+10%）×0.3%

＝2.2－2.2×（1+10%）×0.3%

＝2.19（美元/米）

5. CIF 价 = FOB 价+运费+保险

FOB 价 = 采购成本+国内费用+预期利润

= 50+5000/1000+（50+5000/1000）×10%

= 60. 5（元人民币）

每只睡袋运费 = 20/20 = 1 美元 = 7 元人民币

CIF 价 = 60. 5+7+（60. 5+7）/（1+10%）×0. 8%

= 68. 1（元人民币）

CIFC3% = CIF/(1−3%）= 70. 2 元人民币 = 10. 02 美元

# 第十二章　国际货物运输

PPT12
国际货物运输

## 教学目的与要求

通过学习，使学生了解各种国际货物运输方式，掌握海洋运输中海运提单的主要条款、班轮运输运价及运费的计算，会灵活运用纺织品服装合同中的运输条款。

## 导入案例

**海洋运输中的风险**

我国某公司按FOB条件于某年从国外购买一批大宗商品，交易双方约定的装运港，实际上是一个吃水较浅、大船不能靠岸的港口，加之在买卖合同中既未规定由卖方负责装船，又未规定滞期速遣费条款，结果装运港的驳运费和发生的滞期费与速遣费，只好全由我方承担，吃了哑巴亏，蒙受了经济损失。

国际货物运输是国际贸易中不可缺少的一个重要环节。国际货物运输方式很多，并且具有线长、面广、中间环节多、情况复杂多变、风险较大等特点。因此，合理选择与运用运输方式、订好合同中的装运条款和正确缮制与运输有关的装运单据，有利于按时、按质、按量完成货物运输和顺利履行合同。

## 第一节　运输方式

国际货物运输有很多种方式，包括海洋运输、铁路运输、航空运输、邮包运输及多式联运等。在实际业务中，应根据进出口货物的特点、货运量大小、距离远近、运费高低、风险程度、自然条件和装卸港口的具体情况等因素的变化，选择合理的运输方式。

### 一、海洋运输

海洋运输（ocean transport），简称海运。在国际货物运输中，海运量占国际货运总量的80%左右，我国绝大部分进出口货物，特别是纺织品主要是通过海洋运输来完成。海洋运输具有线路投资少、通过能力强、运载量大、运输成本低、劳动生产率高等优点。当然海运也存在送达速度慢、风险大、航期不易准确、易受自然条件特别是气候条件影响的缺陷。国际贸易海上运输的经营方式主要有班轮运输和租船运输两大类，前者又称定期船运输，后者称不定期船运输。

**课堂讨论 12-1**：海洋运输占我国货物贸易运输的比重有多大？有什么样的发展特点？

### （一）班轮运输

班轮运输（liner shipping）又称定期船或邮船运输，是指船舶按照固定的船期表、沿着固定的航线和停靠港口，并按相对固定的运费费率收取运费的运输方式。

#### 1. 班轮运输的特点

（1）有固定的停靠港口、固定的航线、固定的船期和相对固定的运费费率，即“四固定”。

（2）货物由班轮公司负责配载和装卸，在班轮运费中包括装卸费，故班轮公司和托运人双方不计滞期费与速遣费，即“一负责”。

（3）运费相对稳定。

（4）承运人和托运人之间处理纠纷所依据的是班轮提单。

#### 2. 班轮运费的计算标准

视频 12　按容重比计算运费

班轮运费是指班轮公司为运输货物而向货主收取的费用。班轮运费由基本运费和附加运费两部分组成。基本运费是指货物从装运港到目的港所应收取的费用，其中，包括货物在港口的装卸费用，它是构成全程运费的主要组成部分。其计算标准主要有以下八种。

（1）按货物的毛重计收。按此种方法计费者，在班轮运价表中商品名称后面注有 W 字样。

（2）按货物的体积计收。按此种方法计费者，在班轮运价表中商品名称后面注有 M 字样。

（3）按货物的价格计收。即以有关货物的 FOB 总价值按一定的百分比收取。按此方法计费者，在班轮运价表中商品名称后面注有 A. V 或 Ad. Val 字样，也称从价运费。

（4）按收费较高者计收。即以重量吨（W）、尺码吨（M）两者或以重量吨、尺码吨、货物的价格三者中，选择较高者收费。此外，还有以重量吨、尺码吨两者中选择较高者收费后，另加收一定百分比的从价运费。

（5）按货物的件数计收。

（6）大宗商品交易下，由船、货双方议定。

（7）按每件货物作为一个计量单位计收运费，如牲畜、运输机械等。

（8）由货主与船舶公司临时议定价格。

#### 3. 班轮运费中的附加费

附加费是指班轮公司为了保持在一定时期内基本费率的稳定，又能正确反映出各港的各种货物的航运成本，在基本运费率之外，为了弥补损失又规定了各种额外加收的费用。主要有以下几点。

（1）转船附加费（transshipment surcharge）是指凡运往非基本港的货物，需转船运往目的港，船方因此收取的附加费。

（2）直航附加费（direct additional）是指当运往非基本港的货物达到一定的货量，船公司可安排直航该港而不转船时所加收的附加费。

（3）超重附加费（heavy lift additional）、超长附加费（long length additional）和超大附加费（surcharge of bulky cargo），是指当一件货物的毛重、长度或体积超过一定限度时所加收的附加费。

（4）港口附加费（port additional 或 port surcharge）是指由于有些港口设备条件差或装卸效率低以及其他原因，船公司加收的附加费。

（5）港口拥挤附加费（port congestion surcharge）是指由于有些港口拥挤，船舶停泊时间增加而加收的附加费。

（6）选港附加费（optional surcharge）是指托运人托运货物时不能确定具体卸货港，要求在预先提出的两个或两个以上港口中选择其中一个港口卸货，船方加收的附加费。

（7）变更卸货港附加费（alternational of destination charge）是指货主要求改变货物原来规定的目的港，在得到有关当局（如海关）准许，船方又同意的情况下所加收的附加费。

（8）燃油附加费（bunker surcharge 或 bunker adjustment factor）是指在燃油价格突然上涨时加收的费用。

（9）货币贬值附加费（devaluation surcharge）是指在货币贬值时，船方为实际收入不致减少，按基本运价的一定百分比加收的附加费。

（10）绕航附加费（deviation surcharge）是指由于正常航道受阻不能通行，船舶必须绕道才能将货物运至目的港时，船方所加收的附加费。

**4. 班轮运费的计算步骤**

班轮运费的计算步骤如下。

（1）选择相关的船公司价格表。

（2）根据货物名称，在货物分级表中查出相应的运费计算标准（basis）和等级（class）。

（3）在等级费率表的基本部分，找到相应的航线、起运港和目的港，按等级查到基本运价。

（4）再从附加费部分查出所有应收（付）的附加费项目和数额（或百分比）及货币种类。

（5）根据基本运价和附加费算出实际运价。

（6）总运费=实际运价×总货运量。

根据上述步骤，总结出班轮运费的计算公式为：

$$F = F_0 \cdot (1 + \sum s) \cdot Q$$

式中：$F$ 为班轮运费；$F_0$ 为基本运费率；$\sum s$ 为附加费率之和；$Q$ 为总货运量，选择 W/M 比较后用较大的一个作为总货运量。

### （二）租船运输

租船运输（shipping by chartering）又称不定期船运输（tramp shipping）。和班轮运输不同，租船没有固定的船期表、航线及挂靠港口，而是根据船东与租船人双方签订的租船合同，按贸易需求安排船期、航线和港口。租船运输通常适用于大宗货物的运输。

目前，国际租船运输包括定程租船（voyage charter）、定期租船（time charter）和光船租船（bareboat charter）。

**1. 定程租船**

定程租船又称航次租船、程租船，是指由船舶所有人负责提供船舶，在指定港口之间进行一个航次或数个航次的对承运人指定货物的租船运输。

定程租船的特点有以下几个。

（1）船舶的经营管理由船方负责。

（2）规定一定的航线和转运的货物种类、名称、数量以及装卸港口。

（3）船方除对船舶航行、驾驶、管理负责外，还应对货物运输负责。

（4）在多数情况下，运费按所运货物数量计算。

（5）规定一定的装卸期限或装卸率，并计算滞期费（demurrage charges）、速遣费（dispatch money）。

（6）船舶双方的责任、义务，以定程租船合同为准。

**2. 定期租船**

定期租船，简称期租船，是指由船舶所有人将船舶出租给承租人，供其使用一定时期的租船运输，并在规定的期限内由租船人自行调度和经营管理。

定期租船有以下特点：

（1）船长由船舶所有人任命，船员也由船舶所有人配备，并负担他们的工资和给养，但船长应听从承租人的指挥，否则承租人有权要求船舶所有人予以撤换。

（2）船舶的营运调度由承租人负责，并负担船舶的燃料费、港口费、货物装卸费、运河通行费等与营运有关的费用。

（3）不规定船舶航线和装卸港口，只规定船舶航行区域。

（4）除特别规定外，可以装运各种合法货物。

（5）不规定装卸期限或装卸率，不计算滞期费、速遣费。

（6）租金按租期每月每吨若干金额计算。

（7）船租双方的权利与义务，以定期租船合同为准。

**3. 光船租船**

光船租船实际上是定期租船的一种特殊方式，与一般定期租船不同的是，船东不负责提供船员，只是将空船交给租方使用，由租方自行配备船员，负责船舶的经营管理和航行各项事宜。

**4. 租船运输的运费**

定程租船运费的计算方法有两种：一种是按规定运费率，即按每单位重量或单位体积规定的运费额计算；另一种规定整船包价，费率的高低主要决定于租船市场的供求关系，但也与运输距离、货物种类、装卸率、港口使用、装卸费用划分和佣金高低有关。合同中对运费按照装船重量（loading weight）还是卸船重量（landed weight）计算，运费是预付还是到付，需要在合同中订明。特别要注意的是，应付运费时间是指船主收到运费的日期，而不是租船人付出运费的日期。

定期租船装卸费用的划分方法有以下几种。

（1）船方负担装货费和卸货费条件（gross terms，liner terms 或 berth terms），又称班轮条件。

（2）船方管装不管卸（free out，FO）条件。

（3）船方管卸不管装（free in，FI）条件。

（4）船方不负担装货费和卸货费条件（Free in and out，FIO）。

定期租船和光船租船主要凭船舶的大小和租期来确定租船费用，在此不再赘述。

## 二、陆上运输

陆上运输是指以铁路、公路等陆上路线为基础进行货物运输的运输方式，具有快速、便捷、灵活性强等特点。

### （一）铁路运输

铁路运输（rail transport）是指利用铁路进行国际贸易货物运输的方式。对内陆国家间的贸易而言，铁路运输比较重要。铁路运输的优点是不受气候影响，可以保证常年的正常运输，速度快，运量大，又有高度的连续性，具有风险小、手续简单等优势，成为仅次于海洋运输的主要运输方式。特别是在内陆接壤国家间的贸易，起着更为重要的作用。即使是以海洋运输的进出口货物，大多数也要靠铁路进行货物的集中与分散。我国进出口货物的运输包括国内铁路运输和国际铁路联运两种。

### （二）公路运输

公路运输（road transportation）又称汽车运输，是以公路为运输线，利用汽车等陆路运输工具将货物从甲地运往乙地的运输方式。是一种现代化的“门到门”的运输方式。不仅可以直接运进或运出货物，而且也是车站、港口和机场集散进出口货物的重要手段，具有灵活、简便、快捷、直达等特点。其缺点是运量不大，费用偏高。我国与毗邻国家如俄罗斯、朝鲜、缅甸、尼泊尔等均有公路相通，与这些国家的贸易可采用公路运输方式。此外，通过深圳文锦渡口岸到香港的公路，可将内陆公路运输与香港海、空运联系起来，便于内陆物资外运。

## 三、航空运输和邮包运输

### （一）航空运输（air transport）

航空运输是利用飞机运送进出口货物的一种现代化运输方式。特点是交货速度快、时间短、安全性能高，货物破损率小，节省包装费、保险费和储藏费，航行便利，不受地面条件限制，可以通往世界各地，将货物运至收货人所在地或收货人所在地的机场。适用于运送鲜活商品、易腐商品、精密仪器、贵重物品以及各种急需物资。

在航空运输方式下，航空公司一般只负责空中运输，货物在始发机场交给航空公司之前的接货、报关等环节以及货到目的地接货、送货等业务均由航空货运公司办理，并负担其间的一切风险和费用。航空货运公司可以是货主或航空公司的代理，也可以是双重代理。

航空运输主要包括班机运输、包机运输、集中托运等几种方式。

### （二）邮包运输

邮包运输（parcel post transport）是指通过邮局寄送进出口商品的一种较简便的运输方式。各国邮政部门之间订有协定和公约，通过这些协定和公约，各国的邮件包裹可以互相传递，从而形成国际邮包运输网。由于国际邮包运输具有国际多式联运和"门到门"运输的性质，手续简便，费用也不高，成为国际贸易中普遍采用的运输方式之一。

邮包运输分为普通邮包和航空邮包两种方式。由于国际邮包运输对每个邮包的重量和体积都有一定的限制，比如每个包裹重量不得超过20kg，每边长度不得超过1m，这种方式只适用于运输量轻、体积小的商品。

## 四、集装箱运输和国际多式联运

### （一）集装箱运输

集装箱运输（container transport）是以集装箱作为运输单位进行货物运输的现代化运输方式。可以适用于海洋运输、铁路运输及国际多式联运。集装箱（container）又名货箱、货柜。集装箱海运具有以下优点：装卸效率高，船舶周转快；运输质量高，货损货差少，货运成本低，货运手续简便；把传统单一运输串联成连贯的成组运输，从而促进了国际多式联运的发展。

#### 1. 集装箱运输的基本条件

国际标准化组织（ISO）根据集装箱在装卸、堆放和运输过程中的安全需要，提出了货物集装箱需具备的基本条件，即：

（1）能长期反复使用，具有足够的强度。

（2）途中转运不用移动箱内的货物，可以直接换装。

（3）可以进行快速装卸，可以从一种运输工具直接方便地换装到另一种运输工具上。

（4）便于货物的装满与卸空。

（5）具有一立方米以上的内容积。

集装箱的规格习惯上是以长度为标准的。目前在国际航运上使用的集装箱多为20英尺和40英尺集装箱。但近年来，集装箱向大型化方向发展，如美国总统轮船公司采用53英尺型集装箱。

为了便于统计计算，目前国际上都以20英尺集装箱作为计算衡量单位，用TEU（twenty-foot equivalent unit）表示，称为标箱。在统计型号不同的集装箱时，将集装箱的长度一律换算成20英尺单位加以计算。

#### 2. 集装箱运输货物的分类

（1）整装箱（full container load，FCL）。指货主自行将货物装满整箱后，以箱为单位向承运人进行托运。是货主有足以装满一个或几个整箱的货源时采用的装箱方式。一般步骤是货主向承运人或集装箱租赁公司租用一定数量的集装箱，当空箱运到货主的工厂或仓库后，在海关人员的监督下，由货主把货物装入箱内，加锁、铅封后交给承运人并取得场站收据（dock receipt，D/R），凭以换取提单或运单。整箱货运提单上，要加上“委托人装箱、计数并加铅封”的封条。

（2）拼装箱（less than container load，LCL）。指承运人（或其代理人）接受货主托运的数量不足装满整箱的小票货托运后，根据货物的性质和目的地进行分类整理，把去同一目的地的货物集中到一定数量后，拼装入箱。箱内不同货主的货物拼装在一起，叫拼箱货。拼装箱的分类、整理、集中、装箱（拆箱）、交货等均由承运人在码头集装箱货运站或内陆集装箱转运站进行。对于这种货物，承运人要负担装箱与拆箱作业，装拆箱费用仍向货方收取。承运人对拼箱货的责任，基本上与传统杂货运输相同。

（3）集装箱提单。整箱货和拼箱货都会在提单上注明，例如：

FCL/FCL 整箱装、整箱接，发货人一个，收货人一个。承运人以整箱为单位负责交接。货物的装箱和拆箱均由货方负责。

FCL/LCL 整箱装、拼箱接，发货人一个，收货人多个。货主在工厂或仓库把装满货后的整箱交给承运人，在目的地的集装箱货运站或内陆转运站由承运人负责拆箱后，各收货人凭单接货。

LCL/FCL 拼箱装、整箱接，发货人多个，收货人一个。由承运人分类调整，把同一收货人的货集中拼装成整箱，运到目的地后，承运人以整箱交，收货人以整箱接。

LCL/LCL 拼箱装、拼箱接，发货人和收货人都是多个。由承运人负责拼箱和装箱运到目的地货运站或内陆转运站，由承运人负责拆箱，收货人凭单接货。货物的装箱和拆箱均由承运人负责。

上述各种交接方式中，以整箱交、整箱接效果最好，也最能发挥集装箱的优越性。

### （二）国际多式联合运输

国际多式联合运输（简称多式联运）是指以集装箱为媒介，将两种或两种以上的运输方式有机地结合起来共同完成某项运输任务的连贯运输方式。《联合国国际多式联运公约》给国际多式联运作了如下比较全面、明确的定义：国际多式联运是按照多式联运合同，以至少两种不同的运输方式，由多式联运经营人将货物从一国境内接管货物的地点运至另一国境内指定交付货物的地点。

根据以上描述，多式联运须具有以下 6 个条件：

（1）要有一个多式联运合同涵盖全程运输。

（2）必须使用一份全程多式联运单据。

（3）必须是至少两种不同运输方式的连贯运输。

（4）必须是国家间的货物运输，这是区别于国内运输和是否适用国际法规的限制条件。

（5）必须由一个多式联运经营人对全程运输负总的责任。

（6）必须是全程单一运费费率，其中包括全程各段运费的总和、经营管理费用和合理利润。

国际多式联运具有手续简便、安全准确、运送迅速、节约费用和提早收汇等优点，深受欢迎，有良好的发展前景。

### 五、管道运输

管道运输是货物在管道内借助高压气泵的压力输往目的地的一种运输方式，主要适用于运输液体和气体货物。具有固定投资大、建成后运输成本低的特点。

管道运输在美国、欧洲的许多国家以及石油输出国组织的石油运输方面起到了积极的作用。我国管道运输起步较晚，但发展很快。迄今为止，我国不少油田有输油管道直通海港。我国到朝鲜也早已铺设管道，向朝鲜出口的石油主要通过管道运输。

**课堂讨论 12-2**：2018 年 6 月 12 日，我国自主设计并建造的世界上装载能力最强的集装箱货轮“宇宙号”在上海正式交付用户，据了解“宇宙号”的装载能力高达 19.8 万吨，如果按排水量来算的话抵得过 3 个“辽宁号”航空母舰了。试讨论看到这条消息后，你有什么样的感想？

## 第二节　装运条款

在国际贸易合同中，装运条款是否周密恰当，对合同履行影响重大。装运条款主要包括装运时间、装运港和目的港的选择、是否允许分批装运和转运等内容。

### 一、装运时间

装运期（time of shipment）是指卖方在合同指定地点将货物交付装运的时间期限，是国际贸易合同中的交易要件。卖方推迟或提前装运都属于违约，买方有权撤销合同，并要求相应的损害赔偿。

在国际贸易中，有“交货时间”（time of delivery）和“装运时间”（time of shipment）两种提法。使用 FOB、CIF、CFR 以及 FCA、CIP、CPT 术语中，“交货时间”和“装运时间”当作同义词使用。但对于 EXW 与 D 组术语，“装运时间”和“交货时间”决不能混淆或相互代替使用。

装运时间的具体规定方法有以下几种。

（1）确定最迟装运期限，如 shipment on or before the end of JAN. 。

（2）规定一段装运时间，如 shipment during JAN/FEB，2006。

（3）规定签订合同或收到信用证后若干天装运，如 shipment within 30 days after receipt of L/C。

### 二、装运港和目的港

装运港（port of loading）是指货物起始装运的港口。目的港（port of destination）是指货物最终卸货的港口。在合同中规定装运港和目的港时应该注意下述问题。

（1）在一般情形下，应明确规定一个或若干个港口作为装运港或目的港。在出口业务中，对于装运港的规定以靠近货源地为宜；在进口业务中，对于目的港的规定以靠近最终用户为宜。

（2）当明确规定装运港或目的港存在困难时，也可采用选择港口（optional ports）的规定方法。例如，“CIF main european ports”。但必须注意：选择港一般不超过三个，且应为同一航线、运费相当的港口；选港附加费应由买方负担；核定运费应按选择港中最高的费率和附加费计算。

（3）原则上不能接受内陆城市作为装运港或目的港，否则，进口商或出口商还要承担从内陆城市到港口或从港口到内陆城市的运费和风险。

（4）在规定装运港和目的港时应该注意有无重名的问题。例如，名为 Victoria 的港口在世界上有 12 个之多，因此，必须注明港口所在国家的名称，以免混淆。

（5）必须结合考虑港口水域的深浅、码头长度、费用水平、装卸速度、是否拥挤、有无冰冻以及港口的装卸条件等。

（6）货物运往无直达船停靠或虽有直达船而船期不稳定、航次少的目的港，应规定允许转船。

## 三、分批装运和转运

### （一）分批装运

分批装运（partial shipment）是指一个合同项下的货物先后分若干期或若干批装运。在国际贸易中，有的交易因为数量较大，备货、运输条件、市场需要或资金的限制，可在进出口合同中规定分批装运条款。国际商会制定的《跟单信用证统一惯例》（UCP600）规定：

（1）除非信用证另有规定，允许分批装运。

（2）装于同一航次同一条船上的同一合同项下的货物，即使装运的地点、时间不同，只要运往同一目的地，将不视为分批装运。

（3）信用证规定在指定的时间段内分期支款或分期发运，任何一期未按信用证规定期限支取或发运时，信用证对该期及以后各期均告失效。

如合同和信用证明确规定了分批数量，例如“3—6 月分 4 批每月平均装运”（shipment during march to june in four equal monthly lots），以及类似的限批、限时、限量条款，则双方应严格履行约定的分批装运条款，只要其中任何一批没有按时、按量装运，可作为违反合同论处。

### （二）转运

转运（transshipment）是指从装运港（地）至卸货港（地）的货运过程中进行转装或重装，包括运输工具和运输方式的转变。一般来说，允许转运对卖方比较友好，但要增加费用支出。而货物在转运时有可能出现货损货差，而且易使运程延迟，是否允许转运或在何地转运往往是买卖合同的重要条款。

《跟单信用证统一惯例》（UCP600）对转运的规定：转运是指在信用证规定的装货港到卸货港之间的运输过程中，将货物从一艘船卸下并再装上另一艘船的行为；提单可以表明货物将要或可能被转运，只要全程运输由同一提单涵盖即可；即使信用证禁止转运，注明将要或可能发生转运的提单仍可接受，只要表明货物由集装箱、拖车或母子船运输。简言之，真正被禁止的转运仅指海运中港至港和非集装箱货物运输的转运。

## 四、其他条款

在国际货物买卖合同中，除了规定上述装运条款以外，还规定装船通知条款、装卸时间、装卸率、滞期速遣条款，对美国贸易时还规定了 OCP（overland common points，陆上运输通常可达的地点）条款等。

### （一）装船通知

装船通知（shipping advice）是装运条款中一项重要的内容。可以明确买卖双方的责任划分，买卖双方需共同协作完成运输工具与货物的衔接工作，并按时办理货物运输保险。

在买方安排运输时步骤如下：一是卖方备妥货物，向买方发出通知，以便让买方及时派船或安排其他运输工具接货；二是买方备妥船只或其他运输工具，向卖方发出通知，告知卖方承运人名称，预计到达时间等；三是卖方货交承运人后，及时发出装运通知，以便买方能够及时受领货物或办理保险。

在卖方安排运输时：卖方货交承运人后，及时发出装运通知，以便买方购买保险，并能按时受领货物。

### （二）装卸时间、装卸率等条款

通常在定程租船的大宗买卖合同中，会规定装卸时间、装卸率、滞期速遣费等条款。

#### 1. 装卸时间

装卸时间（laytime）是指承租人在港口完成装卸任务的时间期限，它一般以天数或小时数来表示。一旦超出装卸时间期限，承租人将向船方支付滞期费，用以弥补船方因超期滞留港口所发生的额外开支。

装卸时间常用规定方法有以下几种。

（1）连续日，指从午夜 0 点至 24 点日复一日的所有天数。

（2）工作日，即按照港口习惯，扣除法定假日，属于正常工作日的天数。

（3）晴天工作日，即天气良好可以进行装卸作业的工作日。

（4）连续 24h 晴天工作日，即天气晴好时钟连续走 24h 即算一个工作日，在此期间如有几个小时是坏天气不能作业，则予以扣除。这种方法比较公平，船、货双方均愿接受。

#### 2. 装卸率

装卸率（loading/discharge rate）指每日装卸货物的数量。装卸率的高低关系到运费的水平，并且会影响到货价。

#### 3. 滞期、速遣费

负责租船的买方或卖方，为了约束对方按时完成装卸任务，在买卖合同中常常预先订立滞期、速遣费条款，其中滞期费是对逾期未完成装卸作业的罚款，而速遣费是对提前完成作业的奖励。

说明：装卸时间、滞期费和速遣费一定是在定程租船的运输方式下才采用的，在班轮运输或定期租船的方式下，不需要这三方面的规定。负责运输的进出口商与船方订立租船合同时，必须注意租船合同与进出口合同有关装运时间的一致性。

**课堂讨论 12-3**：某合同中规定："6、7 月份分两批平均装运"，我公司于 5 月 12 日收到 USA 开来的信用证，规定："装运期不迟于 7 月 31 日"。我公司货物早已全部备好，信用证中并没有规定必须分期装运，因此我公司于 6 月 10 日一次装船并运出，试问：我公司的这种做法是否妥当，为什么？

## 第三节 运输单据

运输单据是指承运人收到货物后证明货物已装上运输工具、已发运或已由承运人接受监管的单据，是交接货物、处理索赔与理赔以及向银行结算货款的重要凭据。装运单据的种类很多，主要有海运提单、铁路运单、航空运单、邮运包裹单等。在签订买卖合同时，必须对装运单据的种类和份数做出具体规定。

### 一、海运提单

#### （一）海运提单的定义

海运提单（bill of lading）简称提单，是目前海运业务中使用最广泛和最主要的运输单据。提单是由船长或船运公司或其代理人签发的，证明已收到特定货物，允诺将货物运至指定的目的港，并交付给收货人的凭证。海运提单也是收货人在目的港据以向船运公司或其代理提取货物的凭证。在一定条件下，提单可以转让。

海运提单的关系人：承运人（carrier）；托运人（shipper）；收货人（consignee）；被通知人（notify party）；受让人（transferee or assignee）。有权签章人：承运人、船长、承运人或船长的代理人，代理人必须经承运人或船长授权，且在签章时，必须表明其代理身份。

提单的签发地点一般是货物的装船港；签发时间应当是实际装完货物的时间。

各船运公司采用不同的提单格式，但基本内容大致相同，一般包括提单正面内容和背面的运输条款。

（1）提单的正面内容分别由托运人、承运人或其代理人填写，通常包括提单有关的当事人，如托运人、收货人、被通知人；货物运输事项，如装运港（port of loading）或收货地（place of receipt）、目的地（destination）或卸货港（port of discharge）、船名、船籍、航次；运输货物的说明，如货名及件数、毛重及体积；费用项目，如运费预付或运费到付；提单本身的说明，如提单号、正本提单份数、承运的签章、提单签发的日期、地点、签单人。

由托运人提供并填写的部分，包括托运人、收货人、通知人、货物名称、标志和号数、件数、毛重、尺码等项。如果填写不正确，托运人要赔偿承运人由此引起或造成的一切灭失、损害和费用。

由承运人填写的部分，包括船名、装货港、卸货港、签发提单日期和地点等，对所填写的内容正确性负责。如果在装船时货物的外表状况及其他方面有不良情况，承运人需在提单上作批注，否则，承运人应对提单持有人负责。

（2）提单背面印有明确承运人与托运人、收货人、提单持有人之间权利、义务和责任豁免的运输条款，是当事人处理争议时的主要法律依据。各航运公司的提单大都规定按承运人所在国家法律处理。由于承运人包括船东和租船人，可能会涉及不同国家，因此签发提单时的适用法律条款都规定具体国名。

### （二）海运提单的性质

#### 1. 作为货物收据

签发提单就表示承运人已按提单所载的内容收到货物，作为货物收据（receipt for goods）。

#### 2. 作为运输合同的证明

提单本身不是货物运输合同，船运公司或其代表签发装货单，同意承运托运人的货物时，运输合同即告成立，而提单是在这以后才签发的。

#### 3. 作为物权凭证

提单代表着提单上所记载的货物，提单持有人可以凭提单请求承运人交付货物；而承运人或船长也必须按照提单上所载内容，将货物交付给收货人。提单具有物权凭证（documents of title）的性质，可通过合法手续转让，转让提单即意味着转让物权。

### （三）海运提单的种类

#### 1. 按货物是否已装船分类

（1）已装船提单（onboard or shipped B/L）指货物已全部装船，凭大副收据签发的提单。提单上除其他项目外，必须注明船名和装货日期。根据国际商会《跟单信用证统一惯例》（UCP600）第20条的规定，如信用证要求将海运提单作为运输单据，银行将接受注明货物已装船或已装指名船舶的提单。

（2）备运提单（received for shipment B/L）又称“收讫待运提单”，指货物在船到港前进入承运人指定仓库后，承运人应托运人的要求而签发的提单。在集装箱运输中，当集装箱进入集装箱货运站或集装箱堆场后，即签发备运提单。买方一般不愿意接受备运提单，因货尚未装船，无法估计货到卸港的具体日期，在国际贸易中，备运提单通常是不能结汇的。

#### 2. 按运输方式分类

（1）直达提单（direct B/L）指由同一船舶将货物从起运港运达目的港所签发的提单。凡信用证规定不准转运者，必须出具中途不转船的直达提单。直达提单上不得有“转船”或“在某某港转船”的批注。但如果提单条款内印有承运人有权转船的自由转船条款，而无转船批注，也被视为直达提单。

（2）转船提单（transshipment B/L）指货运全程至少两艘轮船承运。也就是说，从装运港装货的轮船，不能直接驶往目的港，需要在中途港换装另一只船运往目的港，甚至不止一次换船。在这种情况下，就要签发转船提单。这种提单上应注明“转船”或“在××港口转船”的字样。

（3）联运提单（through B/L）指货物经海/海、海/陆或陆/海联运，承运人出具一张包括运输全程的提单。多式联运提单，是由船运公司或其代理人签发的、涉及两种或两种以上不同运输工具的联运提单。第一承运人会在提单上载明只在自己承运区段内承担对货物的责任。

**3. 按提单抬头分类**

（1）指示提单（order B/L）指在提单上收货人一栏内只填写“凭指示”（to order）或“凭某人指示”（to the order of...）字样的提单，这种提单可以通过背书转让。其中，“凭××指示”的提单又有“凭托运人指示”（to the order of shipper）、“凭收货人指示”（to the order of consignee）和“凭进口方银行指示”（to the order of the××bank）几种。常见的背书方法有两种，一种是“空白背书”，即仅有转让人签章，不注明被背书人的名称；另一种是“记名背书”，即提单背面既有转让人签章，又注明被背书人的名称。

（2）记名提单（straight B/L）指在提单上收货人一栏内具体填写某一特定的人或公司名称的提单。并只能由该收货人提货，又称收货人抬头提单。这种提单不能通过背书转让，在国际货物贸易中很少使用。

（3）不记名提单（bearer B/L）指提单上未指明有具体收货人，仅记载应向提单持有人交付货物的一种提单。谁持有提单，谁就可以提货，不需背书转让，故又称“来人提单”。手续简便，但风险比较大，在国际贸易中较少使用。

**4. 按提单有无批注分类**

（1）清洁提单（clean B/L）指在装船时货物外表状况良好，承运人在签发提单时未加注任何货损、包装不良或其他有碍结算货款的批注的提单。银行只接受清洁提单，也是提单转让时所必备的条件。

（2）不清洁提单（unclean B/L or foul B/L）。承运人在提单上加注了货物表面状况不良，或货物存在缺陷和包装破损的提单。在信用证支付方式下，银行一般不接受不清洁提单。出口商或托运人常常出具保函换取清洁提单，但这是一种侵权行为，其效果应视具体情况而定。

**5. 按提单的格式分为简式提单和全式提单**

（1）简式提单（short form B/L）指提单上只有正面必要的项目和条款而无背面条款的提单。这种提单多用于租船合同下的货物运输。此类提单上往往注明“所有条款与条件按照×月×日签订的租船合同”（all terms and conditions as per charter party dated ××）字样。如果是在班轮运输条件下签发简式提单，一般在提单上加注“各项条款及例外条款以本公司正规的全式提单内所印的条款为准”字样。简式提单与全式提单在法律上具有同等效力，按惯例可被银行接受。

（2）全式提单（long form B/L），指提单正面，背面详细列有承运人和托运人的权利、义务条款的提单。国际贸易业务中经常使用的是全式提单。

**6. 正本提单和副本提单**

（1）正本提单（original B/L）指提单上有承运人、船长或其代理人签章并注明发运日期的提单。这种提单在法律上是有效的单据。正本提单上必须标明“正本”（original）字样。正本提单一般一式三份，也有一式二份、四份和五份的，若托运人遗失其中一份，可凭其他各份提单提货，其中一份完成提货手续后，其余各份自动失效。根据《跟单信用证统一惯例》的规定，银行接受唯一的正本提单，或若以多份正本出具，则为提单中表明的全套正本。

（2）副本提单（copy B/L）是指提单（即正本提单）的复制件。副本提单即提单上没有承运人签字，正面注有“副本”（copy）和（或）“不可转让”（non-negotiable）的字样，且通常没有背面条款。副本提单没有提单的性质和法律效力，只供工作上参考使用，但对货运港、中转港和目的港的代理人和载货船舶是不可缺少的文件，是货方、船方和港方联系和安排工作的凭证之一。

**7. 其他提单**

提单除按上述各种标准进行分类外，业务中经常遇到的提单还有：

（1）过期提单（stale B/L）指错过规定的交单日期或者晚于货物到达目的港日期的提单。前者指卖方超过提单签发日期 21 天后才到银行议付的提单，银行可以拒收；后者是指货已到但提单未到，一般在订立相关条款“过期提单可以接受”后银行才可接受。

（2）倒签提单（antedated B/L）指承运人应托运人请求，签发提单日期早于实际装船日期的提单。这种提单是为了使提单签发日期符合信用证对装船日期的规定，便于出口商结算货款。此种做法不合法，有巨大风险，业务中应当避免。

（3）预借提单（advanced B/L）指信用证规定装运日期已到，货物已由承运人接管，但因故未能及时装船或装船完毕，托运人出具保函，要求承运人提前签发的已装船提单。

预借提单与倒签提单具有相同的性质，都不是在货物装船完毕时签发的、标明当天日期的提单，应尽量不用或少用。

（4）舱面货提单（on deck B/L），又称甲板货提单，指货物装于露天甲板上承运，并于提单上注明“装于舱面”（on deck）字样的提单。在贸易实践中，有些体积庞大的货物（如木材）以及法律或有关法规规定必须装于舱面的货物（某些有毒货物和危险物品）不宜装于舱内，只能装在船舶甲板上。如果双方同意货物置于甲板，签发的是注有“on deck”字样的舱面提单，而且实际上也是将货物积载于舱面，只要货物的灭失或损坏不是承运人的故意行为造成的，承运人可免责。为了降低风险，买方一般不愿意把普通货物装在舱面上，有时甚至在合同和信用证中明确规定，不接受舱面货提单。银行为了维护开证人的利益，对这种提单一般也予以拒绝。

（5）集装箱提单（container B/L）指集装箱货物运输下主要的货运单据，由负责集装箱运输的经营人或其代理人，在收到货物后签发给货物托运人的凭证。与普通提单的作用和法律效力基本相同，但也有其独特的特点。

（6）电子提单（electronic B/L）指通过电子数据交换系统（electronic data interchange，EDI）传递的有关海上货物运输合同的数据。电子提单不同于传统提单，是无纸单证，即按照一定规则组合而成的电子数据。各有关当事人凭密码通过 EDI 进行电子提单相关数据的流转，既解决了因传统提单晚于船舶到达目的港，不便于收货人提取货物的问题，又具有一定的安全性，因而有着广阔的应用前景。

**（四）有关海运提单的国际公约简介**

为了统一规定海上运输中承运人和托运人的权利和义务，国际上签署了若干公约。其中关于提单的国际公约现有三个文件，即：1924 年的《海牙规则》（*the hague rules*）；1968 年的维斯比规则（*the visby rules*）；1978 年的《汉堡规则》（*the hamburg rules*）等。

## 二、海运单

海运单（sea way bill，SWB）是在近海贸易中代替海运提单的一种运输单据，近年来越来越多地被各国采用。海运单是海上运输合同和货物由承运人接管或装船，以及承运人保证已将货物交给单证所载明收货人的一种不可流通单证，又称为不可转让海运单。海运单具有三个基本作用：

（1）表明承运人收到货物的收据。

（2）是运输契约的证明。

（3）在解决经济纠纷时可作为货物担保的基础。

国际海运委员会已制定了《海运单统一规则》以促进其推广应用。

海运单与海运提单性质不同。海运提单是货物收据，运输契约证明，还是物权凭证；而海运单则只是货物收据和运输契约的证明，不具有物权凭证的性质。其性质类似于空运单、陆运单，不是承运人发货、收货人提货的凭证，因此不能流通转让，凭单交货就不能成立。收货人不凭海运单提货，而是凭到货通知提货。海运单收货人一栏不可签“to order”字样，而应填写实际收货人的名称和地址，以便货物到达目的港后通知收货人提货。

近年来，欧洲、北美和某些远东、中东地区的贸易界越来越倾向于使用不可转让的海运单，主要是因为海运单能方便进出口商及时提货，简化手续，节省费用，还可以在一定程度上减少以假单据进行诈骗的现象。另外，由于 EDI 技术在国际贸易中的广泛使用，不可转让海运单更适用于电子数据交换信息。

## 三、铁路运输单据

铁路运输单据（railway B/L）是铁路承运人收到货物后所签发的铁路运输单据，是收发货人与铁路部门之间的运输契约。我国对外贸易铁路运输分为国际铁路联运和国内铁路运输两种，前者使用国际铁路货物联运运单，后者使用承运货物收据。

**（一）国际铁路联运运单**

国际铁路联运运单（International through rail waybill）是国际铁路联运的主要运输单据，是参加联运的发送国铁路与发货人之间订立的运输契约，其中规定了参加联运的各国铁路和收发货人的权利与义务。当发货人向始发站交付货物并付清应由发货人负责的一切费用后，始发站在运单及副本上加盖日期戳记，证明货物已经被接受承运，运输合同即生效。运单正本随同货物到达终点站，并交给收货人。运单副本在铁路加盖承运日期戳记，证明货物的承运和承运日期后发还给发货人，凭此向银行结算货款。

国际铁路货物联运运单不仅是铁路承运货物出具的凭证，也是铁路同货主交接货物、核收运杂费用和处理索赔与理赔的依据。当国际铁路联运的货物为快运货物时，则在运单及其副本的正反两面的上、下边加印红线；当所运载货物为慢运货物时，则使用不加印红线的运单和运单副本。

### （二）承运货物收据

承运货物收据（cargo receipt）是我国内地向港、澳地区出口货物时所使用的运输单据。既是承运人出具的货物收据，也是承运人与托运人签订的运输契约。当出口货物装车发运后，贸易运输公司即签发一份承运货物收据给托运人，以此作为办理结汇的凭证。承运货物收据也是据以提货的保证。承运货物收据的格式及内容和海运提单基本相同，主要区别是只有第一联为正本，并且还适用于公路、航空、河运等其他运输方式。

## 四、航空运单（air way bill）

航空运单是航空公司出具的收到承运货物的收据，指承运人与托运人之间签订的运输合同，因此航空运单的内容对双方均有约束力。航空运单也可作为承运人核收运费的依据和海关查验放行的基本单据。

但航空运单不是代表货物所有权的凭证，也不能通过背书转让。收货人提货不是凭航空运单，而是凭航空公司的提货通知单。在航空运单的收货人栏内，必须详细填写收货人的全称和地址。

我国国际航空运单由一式十二联组成，包括三联正本，六联副本和三联额外副本。在运单正本的背面印有承运条款，正本具有航空运单的主要作用。正本第一份交发货人，是承运人或其代理收货后出具的收据；正本第二份由承运人留存为记账凭证；正本第三份随货同行，交收货人作为收货依据。副本则由航空公司按规定和需要进行分发。

## 五、邮包收据

邮包收据（parcel post receipt）是邮包运输中的主要单据，是邮局收到寄件人邮包后所签发的凭证，收货人凭此提取邮件，是邮包发生灭失或损坏时索赔和理赔的依据。邮包收据也不是物权凭证。

## 六、国际多式联运单据

国际多式联运单据（multimodal transport document，MTD；或 combined transport document，CTD），也称为国际多式联运提单（multimodal transport B/L 或 combined transport B/L），是多式联运方式下的运输单据，签发人对货物的全程运输负责。是适应国际集装箱运输需要而产生的，在办理国际多式联运业务时使用。

### （一）国际多式联运单据的性质

（1）是国际多式联运经营人与托运人之间订立的国际多式联运合同的证明，是双方在运输合同中确定权利和责任的准则。不是运输合同，而是运输合同的证明。

（2）是国际多式联运经营人接管货物的收据。国际多式联运经营人向托运人签发国际多式联运单据表明已承担运送货物的责任并占有了货物。

（3）是收货人提取货物和国际多式联运经营人交货的凭证。收货人或第三人在目的地提取货物时，必须凭国际多式联运单据换取提货单（收货记录）后才能提货。

（4）是货物所有权的证明。可转让的多式联运单据，与传统提单相似，具有特权凭证功能。持有单据可以押汇、流通转让。银行、承运人可以通过占有多式联运单据取得有条件的货物的占有权。

**（二）国际多式联运单据的种类**

国际多式联运单据按是否可以转让分为两类：可转让的多式联运单据和不可转让的多式联运单据。

可转让的多式联运单据又可分为指示多式联运单据（order MTD）和不记名多式联运单据（bearer MTD）两类。不可转让的多式联运单据一般为记名多式联运单据（straight MTD）。

## 本章思维导图

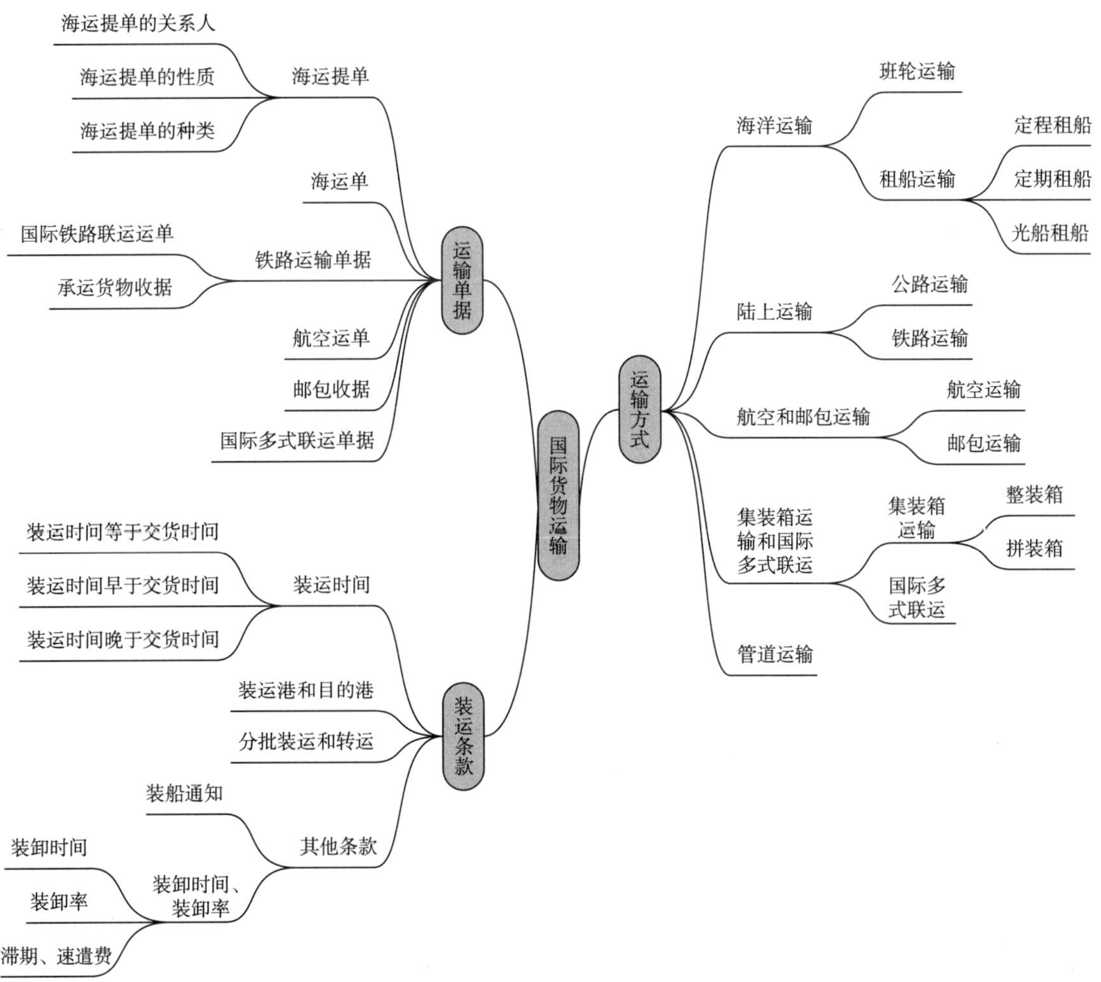

## 课后思考题

一、案例分析

1. 我国出口2000公吨原棉至新加坡，国外开来信用证规定：不允许分批装运。结果我们在规定的期限内分别在烟台、连云港各装1000公吨于同一航次的同一船上，提单也注明了不同的装运地和不同的装船日期。请问这是否违约？

2. 我国某公司与美国某客商以FOB条件出口服装5000件，5月份装运，合同和信用证均规定不允许分批装运。我方于5月10日将3000件货物装上“喜庆”轮，取得5月10日的海运提单，又于5月15日将2000件装上“飞雁”号轮，取得5月15日的海运提单，两轮的货物在新加坡转船，均由“顺风”号轮运往旧金山港。试分析，我方的做法是否合适？为什么？

3. 某合同中规定：“6、7月份分两批平均装运”，我公司于5月12日收到USA开来的信用证，规定：“装运期不迟于7月31日”。我公司货物早已全部备好，信用证中并没有规定必须分期装运，因此我公司于6月10日一次装船并运出，试问：我公司的这种做法是否妥当，为什么？

二、简答题

1. 什么叫分批装运和转运？为什么在买卖合同中会出现有关分批装运和转运的条款？《跟单信用证统一惯例》对此有何规定？

2. 海运提单的性质和作用是什么？

3. 何谓清洁提单与不清洁提单？为什么买方要求卖方提供清洁提单？

## 答案

一、案例分析

1. 不违约。因为《跟单信用证统一惯例》规定，同一船只，同一航次中多次装运货物，即使提单表示不同的装船日期及（或）不同装货港口，也不作为分批装运论处。

2. ①我方的做法不合适。②根据规定：“运输单据表明货物是使用同一运输工具并经由同一路线运输的，即使运输单据注明装运日期及装运地不同，只要目的地相同，也不视为分批装运。”本案中，来证规定不允许分批装运，两号轮的货物在新加坡转船，均由“顺风”号轮运往旧金山港，但向银行提交的是分别由不同名货轮，在不同时间装运的两套单据，这将无法掩盖分批装运这一事实。

3. ①我公司的做法是不妥当的。②本案例涉及信用证问题，根据《跟单信用证统一惯例》规定，该信用证并无矛盾，合同规定“6、7月份分两批平均装运”，信用证规定：“装运期不迟于7月31日”。另外根据信用证的特点：信用证是一份独立的文件。他以合同为基础而开立，但一经开出，就成为独立于合同之外的另一种契约，银行只受信用证条款约束，不受合同约束。而进出口双方既要受信用证约束，也要受合同约束。③结合本案例，信用证与合同中的规定并无冲突，买卖双方要受合同及信用证的双重约束，故我方于6月一次装运显然是违反了合同，故而是不妥当的，买方有权拒收货物或要求损害赔偿。

二、简答题

1. 分批装运又称分期装运，是指一个合同项下的货物先后分若干期或若干批装运。转运是指从装运港（地）至卸货港（地）的货运过程中进行转装或重装，包括运输工具和运输方式的转变。

出现该条款的原因：在国际贸易中，有的交易数量较大，备货、运输条件、市场需要或资金的限制，可在进出口合同中规定分批装运或转运条款。

《跟单信用证统一惯例》中对分批装运的规定：①除非信用证另有规定，允许分批装运。②装于同一航次同一条船上的同一合同项下的货物，即使装运的地点、时间不同，只要运往同一目的地，将不视为分批装运。③信用证规定在指定的时间段内分期支款或分期发运，任何一期未按信用证规定期限支取或发运时，信用证对该期及以后各期均告失效。

《跟单信用证统一惯例》对转运的规定：转运是指在信用证规定的装货港到卸货港之间的运输过程中，将货物从一船卸下并再装上另一船的行为；提单可以表明货物将要或可能被转运，只要全程运输由同一提单涵盖；即使信用证禁止转运，注明将要或可能发生转运的提单仍可接受，只要表明货物由集装箱、拖车或母子船运输。简言之，真正被禁止的转运仅指海运中港至港、非集装箱货物运输的转运。

2. 海运提单是由船长或船运公司或其代理人签发的，证明已收到特定货物，允诺将货物运至指定的目的港，并交付给收货人的凭证。其性质为：①可作为货物收据；②作为运输合同的证明；③作为物权凭证。

3. ①清洁提单是指在装船时货物外表状况良好，承运人在签发提单时未加注任何货损、包装不良或其他有碍结算货款的批注的提单。不清洁提单是指承运人在提单上加注了货物表面状况不良，或货物存在缺陷和包装破损的提单。②买方要求卖方提供清洁提单的主要原因是确保所购买的货物在装运时是完好无损的，且符合合同约定的数量和质量。国际贸易合同中通常会明确规定卖方需要提供清洁提单作为交货的依据之一。这是因为清洁提单不仅是货物状况的证明，也是卖方履行交货义务的重要凭证。

# 第十三章　国际货物运输保险条款

PPT13
国际货物运输
保险条款

## 教学目的与要求

通过学习，学生应知晓货物运输保险保障的范围，掌握我国海洋运输货物保险的险别与条款、我国陆空邮运输货物保险的险别与条款、伦敦保险业协会海运货物保险条款等知识，理解进出口货物运输保险实务、纺织品服装合同中的保险条款，并具有在实际业务中灵活选择使用的能力。

## 导入案例

**损失与保险**

某远洋运输公司的货轮满载货物起航，出公海后由于风浪过大偏离航线而触礁，船底划破长 2 米的裂缝，海水不断渗入。为了船货的共同安全，船长下令抛掉 A 舱的所有货物并及时组织人员堵塞裂缝，但无效果。为使船舶能继续航行，船长请来拯救队施救，共支出 5 万美元施救费。船的裂缝补好后继续航行，不久又遇恶劣气候，入侵海水使 B 舱的底层货物严重受损，放在甲板上的 2000 箱货物也被风浪卷入海里。请问该货轮共涉及了哪些损失，为补偿这些损失需要投保什么样的险种？

在国际货物运输过程中，可能遇到各种类型的风险，货主为了转嫁风险，通常都要办理货物运输保险。有关货物运输保险事宜，交易双方应在洽商交易时谈妥，并在买卖合同中订明，以利有关当事人办理货物运输的保险和应对事后可能出现的保险索赔事宜。为了订好进出口合同中的保险条款和正确处理有关进出口货物运输保险事宜，从事国际贸易的人员必须掌握国际货物运输保险方面的基本知识。

## 第一节　货物运输保险

从语言学意义上，保险（insurance）是指对危险的保障（guarantee）；从经济学意义上，保险是一种经济补偿制度。保险可分为财产保险、责任保险、保证保险和人身保险四类。货物运输保险属于其中的财产保险范畴。

## 一、货物运输保险的概念

货物运输保险（cargo transportation insurance）是指被保险人（the insured）为应付各种自然灾害和意外事故对一批或若干批货物向保险人（insurer）（一般为保险公司）按一定的金额投保一定的险别，并缴纳保险费（insurance premium），保险人承保后，如果所承保的货物在运输过程中发生约定范围内的损失，保险人按保险合同的规定给予被保险人经济补偿。货物运输保险属于财产类保险，以在运输过程中的各种货物作为保险标的。

## 二、货物运输保险的基本原则

保险的基本原则是投保人（被保险人）和保险人（保险公司）签订保险合同、履行各自的义务，以及办理索赔和理赔工作所必须遵守的。与国际贸易有密切关系的保险基本原则主要有最大诚信原则、可保利益原则、补偿原则、代位追偿权原则、近因原则以及重复保险分摊原则等。

### （一）最大诚信原则

最大诚信（utmost good faith）原则也称最高诚信原则，是指投保人和保险人在签订保险合同时以及在合同有效期内，双方不但要保持最大限度的诚实而且应恪守信用，不得相互欺骗和隐瞒。最大诚信原则是货物运输保险原则中比较特殊的法律原则，是对保险合同双方诚信的一种较高的要求。

一般而言，被保险人在最大诚信原则下有三项基本义务：告知（disclosure）、陈述（representation）和保证（guarantee）。

### （二）可保利益原则

可保利益（insurable interest）又称保险利益，是指投保人对保险标的具有的法律上承认的经济利益。可保利益遵循以下原则：投保时对保险标的必须具有保险利益；出险时对保险标的也必须具有保险利益；保险单不能随着标的所有权的转移而转移，未经保险公司同意转让的保单无效；海上货物运输保险的特殊性。

在国际贸易中，双方所采用的贸易术语（trade terms）不同，对货物承担的责任、费用和风险也不相同。这一原则主要解决货物从卖方仓库运送到买方仓库的整个运输过程中发生的货损货差，应由买方还是卖方向保险公司索赔的问题。国际货运保险要求在保险标的发生损失时必须具有可保利益，而且该可保利益可以随同保险单的转让而转让。

FOB 和 CFR 条件下，卖方在货物发生意外时，对保险标的享有可保利益，但不是保险单的被保险人（买方）或合法的受让人，因此与保险公司之间不存在合法有效的合同关系，所以卖方没有索赔权；而买方虽然是保险单的被保险人或持有人，但是他当时对该标的尚未取得所有权，对货物装船前发生的风险不负责，不具有可保利益，所以同样不能索赔。CIF 条件下，由卖方投保，与保险公司间存在合法有效的合同关系，而且装船前的风险由卖方承担，具有可保利益，所以可以索赔。

### （三）补偿原则

补偿原则（principle of indemnity）是指保险人应对被保险人遭受的保险责任范围内的损

失负赔偿责任，所有补偿性合同都根据补偿原则来履行保险补偿损失的职能。索赔（claim）与理赔（settle the claim）时必须考虑下列条件：该被保险人必须对保险标的具有可保利益；保险标的遭受的损失必须是以保单承保风险为近因造成的损失；赔偿金额不得超过保险单上的保险金额或被保险人遭受的实际损失；保险赔偿不应使被保险人获得额外利益。

按照补偿原则，如果发生重复投保行为应由各保险公司分摊赔偿，赔偿总额不超过保险标的损失。重复投保行为，即被保险人将同一标的就同一风险在两个或两个以上保险公司多次投保，在保险期限相同的情况下，保险金额之和超过保险标的价值的行为。

**（四）代位追偿权原则**

根据保险的赔偿原则，保险是对被保险人遭受的实际损失进行补偿。当保险标的发生了保险承保责任范围内的灾害事故，而这一保险事故又是由保险人和被保险人以外的第三者承担责任时，为了防止被保险人在取得保险赔款后，又重复从第三者责任方取得赔偿，获得额外利益，在保险赔偿原则的基础上产生了代位追偿权原则。其目的就是限制被保险人获得双重补偿。

代位追偿权原则（subrogation）是指保险人在赔付被保险人之后，被保险人应把保险标的损失的权利转让给保险人，使保险人取代被保险人地位，以被保险人的名义向第三者进行追偿。由于国际贸易货物运输保险一般都是定值保险，保险人已按保险金额赔付，保险人行使代位追偿所得已同被保险人无关，即使追偿所得超过原赔偿金额，超过部分仍归保险人所有。

**（五）近因原则**

近因（proximate cause）原则是指保险人只对承保风险与保险标的损失之间有直接因果关系的损失负赔偿责任，而对不是由保单承保风险造成的损失不承担赔偿责任。近因原则对保险理赔工作中的判定责任、履行义务和减少争议都具有重要的意义。

保险中的近因是指造成损失的最主要、最有效、最有影响的原因。近因不一定是指时间上或空间上最接近损失的原因。

**（六）重复保险分摊原则**

重复保险（double insurance）又称双重保险，是指被保险人以同一保险标的向两家或两家以上的保险公司投保了相同的保险，在保险期限相同的情况下，其保险金额的总额超过了该保险的价值。为了防止被保险人所受损失获得双重赔偿，应把保险标的损失赔偿责任在各保险人之间进行分摊，这就是重复保险的分摊原则。

## 三、货物运输保险承保范围

不同的运输方式下，货物运输保险的种类也不同，主要包括海上货物运输保险、陆上货物运输保险（公路或铁路）、航空运输保险和邮包运输保险。海洋运输使用最为广泛，因此海运货物保险成为主要的保险内容。海运货物保险承保范围（insurance cover），主要包括海上或外来的风险所导致的损失及费用。

### （一）海上货运保险承保的风险

在海上运输货物保险中，保险人承保的风险主要有海上风险和外来风险。

**1. 海上风险**

海上风险（perils of the sea，maritime perils）又称海难，是指货物在海洋运输中发生的或者因为与海上运输有关的原因造成的风险，一般包括自然灾害和意外事故。海上风险不包括海上发生的一切风险，但也不仅仅局限于航海过程中的风险。

（1）自然灾害。自然灾害（natural calamity）指不以人的意志为转移的自然界力量所引起的灾害，但不是泛指一切由于自然界力量所造成的自然灾害。按照我国现行《海洋运输货物保险条款》（*ocean marine cargo clauses*）的规定，自然灾害仅指恶劣气候（heavy weather）、雷电（lightning）、海啸（tsunami）、地震（earth quake）、洪水（flood）、火山爆发（volcanic eruption）等人力不可抗拒的灾害。以上有些风险，如地震等虽然不是发生在海上，但由于是随附海上运输而发生的，根据实际需要，也作为保险人的承保范围。

（2）意外事故。意外事故（fortuitous accidents）指由于外来的、偶然的、难以预料的原因造成的事故，不仅限于海上发生的事故。我国《海洋运输货物保险条款》中规定的意外事故，包括船舶或驳船搁浅（grounding）、触礁（stranding）、碰撞（collision）、沉没（sunk）、倾覆（capsized）、火灾（fire）、爆炸（explosion）等；伦敦保险协会条款中所承保的意外事故除了包括以上风险，还包括陆上运输工具倾覆（overturning）或出轨（derailment）等。

**2. 外来风险**

外来风险（extraneous risks）指由海上风险以外的其他外来原因引起的风险。外来风险不是必然发生的，是意外的、事先难以预料的。包括一般外来风险和特殊外来风险两类。

（1）一般外来风险。一般外来风险（usual extraneous risks）指由于偷窃（theft，pilferage）、雨淋（fresh and rain water damage）、短量（shortage in weight）、沾污（contamination）、渗漏（leakage）、破碎（breakage）、受潮（sweating）、受热（heating）、串味（taint of odor）、锈损（rusting）和钩损（hood damage）等外来原因造成的风险。

（2）特殊外来风险。特殊外来风险（special extraneous risks）是指由于政治、军事以及国家政策、法令等特殊外来原因引起的风险，例如，战争（war）、罢工（strike）和交货不到（failure of delivery）、拒收（reject）等造成的风险。

### （二）海上损失

海上损失简称海损（average）指海运途中因遭受海上风险所发生的任何损失，还包括与海运连接最近的一段陆路运输或内河水运中发生的损失。根据海上损失的程度不同，可分为全部损失和部分损失。

**1. 全部损失**

全部损失（total loss）简称全损，指整批或不可分割的一批被保险货物在运输途中全部遭受损失。一般包括以下四种情况：一张保险单所载明的货物的全损；一张保险单中包括数类货物，每一类货物分别列明数量和保险金额时，其中每一类的货物的全损；在转载过程中一整件货物的全损；在使用驳船装运货物时，一条驳船所装运货物的全损。按其损失情况的不同，全部损失分为实际全损和推定全损：

（1）实际全损（actual total loss）指被保险货物在运输途中完全灭失，或受到严重破坏完全失去原有的形态、效用，或不能再归被保险人所拥有。被保险货物遭到实际全损时，被保险人可按其投保的保险金额获得保险公司的全部赔偿，保险公司赔偿后可行使代位求偿权。

（2）推定全损（constructive total loss）又称为商业全损，指被保险货物在运输途中受损后，实际全损已不可避免，或为避免实际全损所需支付的费用与继续将货物运抵目的地的费用之和超过保险价值。被保险货物发生推定全损时，被保险人可以要求保险公司按部分损失赔偿，也可以在经保险公司同意的前提下进行委付（abandonment）。委付是指被保险标的物在发生推定全损时，由被保险人将保险标的物的一切权利转让给保险人，而要求保险人按全损给予补偿。

**课堂讨论 13-1**：举例说明发生推定全损的情况。

**2. 部分损失**

部分损失（partial loss）指保险标的物部分损坏或灭失，按其损失的性质不同，部分损失可分为共同海损和单独海损。

（1）共同海损（general average）指载货的船舶在海上遇到灾害、事故，威胁到船、货等各方的共同安全，为了解除这种威胁、维护船货安全，或者使航程得以继续完成，由船方有意识地、合理地采取措施，做出的某些特殊牺牲或支出某些额外费用，这些损失和费用即为共同海损。根据惯例，共同海损牺牲和费用应由受益方，即船方、货方、运费方三方最后按获救价值的比例进行分摊。所以必须有受益方，才能实现共同海损分摊。

（2）单独海损（particular average）是指损失仅属于特定方面特定利益方，并不涉及其他货主和船方。单独海损与共同海损的主要区别是：第一，造成海损的原因不同，单独海损是承保风险所直接导致的船、货损失；共同海损是为了解除船、货共同风险而人为采取的合理措施造成的损失。第二，海损的承担者不同，单独海损由受损方自行承担；共同海损由受益各方按受益大小的比例共同分摊。

**3. 海上费用**

海上费用指发生海上风险时为营救被保险货物而支付的费用，主要包括施救费用和救助费用。

（1）施救费用（sue and labour expenses）指保险标的在遭遇保险责任范围内的灾害事故时，被保险人或其代理人、雇用人、保险单的受让人对保险标的所采取的各种抢救、防止或减少货损的措施而支出的合理费用。保险人应对此做出赔偿。

（2）救助费用（salvage charges）指保险标的遭遇保险责任范围内的灾害事故时，保险人和被保险人以外的第三方采取了救助措施并获得成功，由被救方付给救助方的报酬。保险人对此也做出赔偿。

（3）施救费用和救助费用的区别是采取行为的主体不同；给付报酬的原则不同；保险人的赔偿责任不同。

（4）特别费用（special charges）是指海上运输工具遭遇海难后，在中途港或避难港卸货、重装以及存仓等环节所产生的费用。此类费用也在保险人的赔付范围之内。

（5）额外费用（extra charges）指在发生货损事故后，为确定损失的原因、判断是否属于保险责任以及货物损失程度而支付的费用，如货物检验费用、与索赔有关的费用等。额外费用一般在索赔成立后，保险公司才负担赔偿责任。

**4. 外来风险的损失**

主要是由于外来风险造成的损失，包括一般外来风险损失和特殊外来风险损失。前者指在运输途中由于偷窃、短量、钩损、碰损、雨淋、沾污等一般外来风险导致的损失；后者指由于军事、政治、国家政策法令及行政措施等特殊外来风险造成的损失。

**课堂讨论 13-2**：为什么共同海损属于部分损失？

## 第二节　海上运输保险条款

按照保险人承担的保险责任不同，海洋货物运输保险条款可分为不同的险别。我国进出口货物的保险，一般都采用中国保险条款（CIC），也可应对方的要求，使用国际上通用的伦敦保险协会保险条款（ICC）。

### 一、中国《海洋运输货物保险条款》

中国现行的《海洋运输货物保险条款》（*ocean marine cargo clauses*）于 2009 年 1 月 1 日修订实施，主要包括责任范围、除外责任、保险期限、被保险人义务及索赔期限等内容。

《中国海洋货物保险条款》主要包括基本险、附加险和专门险。

#### （一）保险责任范围

**1. 基本险**

视频 13　风险、损失和险别

基本险（basic insurance）是指可以独立投保的险种，如我国的平安险、水渍险和一切险，伦敦保险协会的 ICC（A）、ICC（B）和 ICC（C）等。

（1）平安险（free from particular average，FPA）。英文的含义是“单独海损不负责赔偿”，这里的单独海损指的是部分损失。“平安险”一词是我国保险业的习惯叫法，沿用已久。平安险承保以下八项责任：

①被保险货物在运输途中由于恶劣气候、雷电、海啸、地震、洪水等自然灾害造成整批货物的全部损失或推定全损。

②由于运输工具遭受搁浅、触礁、沉没、互撞、与流冰或其他物体碰撞以及失火、爆炸意外事故造成货物的全部或部分损失。

③在运输工具已经发生搁浅、触礁、沉没、焚毁意外事故的情况下，货物在此后又在海上遭受恶劣气候、雷电、海啸等自然灾害所造成的部分损失。

④在装卸或转运时由于一件或数件货物整件落海造成的全部或部分损失。

⑤被保险人在保险标的物遭受承保责任范围内的风险时，对其进行抢救所发生的合理费用，但不能超过保险标的物的保险金额。

⑥运输工具遭遇海难后，在避难港由于卸货所引起的损失以及在中途港、避难港由于卸货、存仓以及运送货物所产生的特别费用。

⑦共同海损的牺牲、分摊和救助费用。

⑧运输契约订有“船舶互撞责任”条款的，根据该条款的规定应由货方偿还船方的损失。

（2）水渍险（with particular average，WPA）。英文的含义是“单独海损包括在内”，其责任范围除包括上述“平安险”的各项责任外，还负责被保险货物由于恶劣气候、雷电、海啸、地震洪水等自然灾害所造成的部分损失。

（3）一切险（all risks）。其承保责任范围除包括上述平安险和水渍险的各项责任外，还包含被保险货物在运输途中由于“一般外来风险”（如偷窃、提不到货、淡水雨淋、短量、渗漏、受潮受热、串味、沾污、钩损、生锈、碰损等）所造成的全部或部分损失。

**2. 附加险**

附加险是指在投保了基本险的基础上附加承保的险种。附加险是不能单独投保的，必须在投保了基本险的情况下才可以投保，承保的是外来风险引起的损失。按承保风险的不同，附加险可分为一般附加险和特别特殊附加险。

（1）一般附加险（General additional risks）负责赔偿一般外来风险所致的损失。在我国《海洋运输货物保险条款》中，一般附加险有 11 种，包括偷窃及提货不着险，淡水雨淋险，短量险，混杂、沾污险，渗漏险，碰损及破碎险，串味险，受潮受热险，钩损险，包装破裂险和锈损险。当投保险别为平安险或水渍险时，可加保上述 11 种一般附加险中的一种或数种险别。但如已经投保了一切险，则上述险别均已包括在内。

（2）特别特殊附加险（special additional risks）所承保的风险大多与国家的行政措施、政策法令、航海贸易习惯有关，其险别主要有交货不到险、进口关税险、舱面险、拒收险、黄曲霉素险、出口货物到香港（包括九龙）或澳门存仓火险责任扩展条款、战争险、罢工险等。特别特殊附加险均不包括在一切险的范围之内。

**3. 专门险**

专门险是指对于有些特殊货物，需要有针对其特点的专门条款来承保，其险别属于基本险性质。专门保险可以单独承保，不必附属于基本险项下，如海上运输冷藏货物保险、海上运输散装桐油保险以及活牲畜、家禽运输保险等。

此外，还有一种可独立投保的卖方利益险，是在托收支付方式下，以 FOB 或 CFR 条件成交，为避免在买方不赎单付款的情况下，卖方因海运风险而遭受货损而投保的险别。

**（二）除外责任**

我国现行的《海洋运输货物保险条款》对于除外责任（exclusions）的规定，主要是参考了英国 1906 年《海上保险法》的有关除外责任的规定。

**1. 基本险的除外责任**

（1）被保险人的故意行为或过失所造成的损失。

（2）属于发货人责任引起的损失。

（3）在保险责任开始前，被保险货物已经存在品质不良或数量短差所造成的损失。

（4）货物的自然损耗、本质缺陷、特性以及市价跌落、运输迟延所引起的损失或费用。

（5）战争险和罢工险条款规定的责任范围和除外责任。

**2. 特别特殊险的除外责任**

（1）海运货物战争险的除外责任。对由于敌对行为使用原子或热核武器所致的损失和费用不用负责；对根据执政者、当权者或其他武装集团的扣押、拘留引起的承保航程的丧失和挫折而提出的索赔也不负责。

（2）罢工险的除外责任。因罢工造成劳动力不足或无法使用劳动力而使货物无法正常运输、装卸以致损失，属于间接损失，保险人不负责。

**3. 专门险的除外责任**

（1）海洋运输冷藏货物保险的除外责任。被保险货物在运输过程中的任何阶段因未存放在有冷藏设备的仓库或运输工具中，或辅助工具没有隔湿设备所造成腐烂的损失，以及在保险责任开始时被保险货物因未保持良好状态，包括整理加工和包装不妥，冷冻上的不合理规定及肉食骨头变质引起的腐败和损失。

（2）海洋运输散装桐油保险的除外责任。如果被保险散装桐油运抵目的港不及时装卸，则自海轮抵达目的港时期满 15 天，保险责任即行终止。

（3）活牲畜、家禽运输保险的除外责任。在保险责任开始前，被保险活牲畜、家禽健康状况不好，或被保险活牲畜、家禽因怀仔、防疫注射或接种所致的死亡；或因传染病、患病、经管理当局命令屠杀或因缺乏饲料而致的死亡，或由于禁止进口或出口或检查不符所引起的死亡。

### （三）责任起讫

责任起讫（commencement and termination of cover）也叫保险期限，是指保险人承担责任的起讫时限。

**1. 基本险责任的起讫期限**

在正常运输情况下，根据中国《海洋运输货物保险条款》规定，保险责任期限通常采用“仓至仓”（warehouse to warehouse clause，W/W）条款。“仓至仓”条款的基本内容是：保险人对被保险货物所承担的保险责任，是从货物运离保险单所载明起运地发货人仓库或储存处所开始运输时生效，包括正常运输过程中的海上、陆上、内河和驳船运输在内，直至该项货物到达保险单所载明目的地收货人最后仓库、或储存处所、或被保险人用作分配、分派或非正常运输的其他储存处所为止。若未抵达上述仓库或储存处所，则以被保险货物在最后卸载港全部卸离海轮后满 60 天为止。若在上述 60 天内被保险货物需转运到非保险单所载明目的地时，则以该项货物开始转运时终止。在实际业务中，经常发生保险货物卸离海轮后，运往保险单所载明收货人仓库之前，需在卸货港存放一段时间，为满足被保险人需要，保险人对这段时间仍提供保险保障，但最长时间不能超过 60 天。若 60 天届满货物仍未进入收货人仓库，保险责任也将终止；若在 60 天内货物进入收货人仓库，保险责任即在进入仓库时终止。

**2. 战争险、罢工险的责任起讫期限**

（1）战争险的责任起讫期限。按照国际惯例，战争险的责任起讫期限以“水面危险”为限：保险责任自被保险货物装上保险单所载起运港的海轮或驳船时开始，到卸离保险单所载有的目的港的海轮或驳船为止。保险责任的最长期限以海轮到达目的港的当日午夜算起满15天为限。“到达目的港”是指海轮在该港区一个泊位或地点抛锚、停靠或系缆。如果没有这种停泊地点，则指海轮在原卸货港或附近第一次抛锚、停泊或系缆。

（2）罢工险的责任起讫期限采用“仓至仓”条款。如货物运输已经投保战争险，加保罢工险一般无须加缴保险费。

### （四）被保险人义务条款

中国《海洋运输货物保险条款》中的被保险人义务条款（duty of the insured）规定了被保险人义务的有关事项，如因未履行规定的义务而影响了被保险人的利益，保险人对有关损失有权拒绝赔偿。被保险人的义务主要有：防止延迟的义务、减少损失的义务以及告知义务。

### （五）索赔时效

中国《海洋运输货物保险条款》规定，保险索赔时效从保险事故发生之日起算，最多不超过2年。一旦过了索赔时效，被保险人就丧失了向保险人请求赔偿的权利。

被保险人在向保险人索赔时，必须提供下列单证：保险单正本、提单、发票、装箱单、磅码单、货损货差证明、检验报告及索赔清单。如果涉及第三者责任，还须提供向责任方追偿的有关函电。

## 二、伦敦保险协会海运货物保险条款

在国际保险市场上，对世界各国影响最大、应用最广泛的海运货物保险条款为英国伦敦保险协会（ILU）所制定的协会货物条款（institute cargo clauses，ICC）。“协会货物条款”最早制定于1912年，经过多次修订，现在世界上的大多数国家采用的条款是2009年1月1日起实施的。

### （一）保险条款的种类

伦敦保险协会海运货物保险条款目前包括6种保险条款，分别为协会货物条款（A）、协会货物条款（B）、协会货物条款（C）、协会战争险条款（货物）、协会罢工条款（货物）、恶意损害险条款。英文简写依次为ICC（A）、ICC（B）、ICC（C）、institute war clauses-cargo（协会战争险条款—货物）、institute strike clauses—cargo（协会罢工险条款—货物）、malicious damage clauses（恶意损害险）。除恶意损害险外，其余险别均包含承保范围、除外责任、保险期限、索赔、保险利益、减少损失、防止延迟和法律惯例八项内容。前三者是主险，可以单独投保；协会战争险条款—货物、协会罢工险条款—货物在必要的时候也可以单独投保，而恶意损害险条款则属于附加险，不能独立投保。

### （二）主要险别的承保风险和除外责任

《协会货物保险条款》对保险人保险责任起讫的规定仍然使用“仓至仓”条款，与我国海洋货物运输保险条款中的规定类似，但其规定更加细致。

**1. ICC（A）条款的承保风险和除外责任**

ICC（A）采用“一切风险减去除外责任”的方式规定保险人的风险条款。保险公司的保险责任范围最大，与我国海洋货物运输保险条款中的一切险类似，但比一切险的责任范围更大。

（1）承保风险。①承保除“除外责任”各条款规定以外一切风险所造成的保险标的损失。②承保共同海损和救助费用。③根据运输契约订有“船舶互撞责任”条款的应由货方偿还船方的损失。

（2）除外责任包含 4 种。①一般除外责任。②不适航、不适货除外责任。③战争除外责任。④罢工除外责任。除外责任中不包括海盗行为、恶意损害险条款与偷窃、提货不着险条款的承保责任。

**2. ICC（B）条款的承保风险和除外责任**

（1）所承保的风险采用“列明风险”的方法，即在条款的首部开宗明义地把保险人所承保的风险一一列出。其范围仅次于 ICC（A），类似于我国海洋货物运输保险条款中的水渍险，但比水渍险的范围大，包括：火灾或爆炸；船舶或驳船遭受搁浅、触礁、沉没或倾覆；陆上运输工具的倾覆或出轨；船舶、驳船或运输工具同除水以外的任何外界物体碰撞；避难港卸货；地震、火山爆发或雷电；共同海损的牺牲；抛货或浪击落海；海水、湖水或河水进入船舶、驳船、运输工具、集装箱、大型海运箱或储存场所；货物在船舶或驳船装卸时落海或跌落造成的整件全损。

（2）除外责任。ICC（B）的除外责任是 ICC（A）的除外责任再加上 ICC（A）所承保的“海盗行为”和“恶意损害险”。

**3. ICC（C）条款的承保风险和除外责任**

（1）承保风险。ICC（C）承保范围比 ICC（A）和 ICC（B）的条款少，只承保“重大意外事故”，而不承保“自然灾害及非重大意外事故”。其条款类似我国海洋货物运输条款中的平安险，但责任范围比平安险小。其内容如下：火灾、爆炸；船舶或驳船触礁、搁浅、沉没或倾覆；陆上运输工具倾覆或出轨；避难港卸货；共同海损的牺牲；抛货。

（2）除外责任。与 ICC（B）相同。

**4. 战争险的承保风险和除外责任**

（1）战争险主要承保由于下列原因造成保险标的损失：战争、内战、革命、叛乱、造反或由此引起的内乱或交战国或针对交战国的任何敌对行为；捕获、拘留、扣留、管制或扣押，以及这些行为行动的后果或这方面的企图；遗弃的水雷、鱼雷、炸弹或其他遗弃的战争武器；上述原因导致的共同海损和救助费用。

（2）战争险的除外责任与 ICC（A）的除外责任基本相同。

**5. 罢工险的承保风险和除外责任**

（1）罢工险的主要承保保险标的损失。罢工者、被迫停工工人或参与工潮、暴动或民变的人所致损失；恐怖主义者或任何出于政治目的采取行动的人所致的损失；为避免或与避免上述承保风险有关的行动所引起的共同海损或救助费用。

（2）罢工险的除外责任与 ICC（A）的除外责任基本相同。

**6. 恶意损害险的承保风险**

恶意损害险所承保的是被保险人以外的其他人（如船长、船员）的故意伤害破坏行为所致的保险标的物的灭失或损害。但是，恶意损害如出于有政治动机的人的行动，便不属于该险别的承保范围，而属于罢工险的承保风险。

恶意伤害的风险除了在 ICC（A）中被列为承保风险外，在 ICC（B）和 ICC（C）中都被列为除外责任。因此，在投保 ICC（B）和 ICC（C）时，如果被保险人需要对这种风险取得保障，就需另行加保恶意损害险。

**课堂讨论 13-3**：*在办理国际货运保险时，如何选择有利于促进我国运输业和保险业发展的保险险别？*

## 第三节　货物贸易合同中的运输保险条款

我国货物进出口贸易中，按 CIF 和 CIP 条件出口、按 FOB 或 CFR 条件进口时，都需要自办保险。在合同的保险条款中，应就投保金额、保险险别及采用的条款、保险单据等做出规定。

### 一、选择合适的保险险别

保险险别中关于保险人与被保险人之间权利与义务的规定，是保险公司所负赔偿责任的主要依据。险别不同，保险公司的责任范围不同，收取的保险费也不相同。对保险险别的选择，必须根据货物的种类、性质和特点，货物的包装情况，货物的运输方式、航线、港口和装卸货的损耗情况等，目的地的货物市场价格变动趋势，季节、气候以及安全等具体情况全面考虑，做到既要使货物得到充分的保险保障，又要注意保险费用不浪费。

按照中国《海洋运输货物保险条款》投保时，买卖双方约定的险别通常为平安险、水渍险、一切险三种基本险别中的一种，但有时也可根据货物特性和实际情况加保一种或若干种附加险。如约定采用英国伦敦保险协会条款，也可根据货物特性和实际情况需要选择该条款的具体险别。因此，如买方要求加保，则费用应由买方负担。如易碎的玻璃制品要保一切险，而笨重不易短失、损坏的钢制品就不必投保一切险；散装的粮食等要加保短量险；当货物出口到经常下雨的地区，除非货物已投保了一切险，否则就应加保“淡水雨淋险”；纺织品易受潮导致品质降低，建议投保水渍险等。

### 二、确定准确的保险金额及保险费

#### （一）出口合同

签订出口合同时，如果按 CIF 条件成交，双方除了约定险别、保险金额等内容，还需要明确是按哪一种海运货物保险条款投保。例如，在合同中可写明“由卖方按发票金额 110%

投保一切险，按1981年1月1日中国人民保险公司海运货物保险条款投保。”如果是按FOB或CFR条件出口，保险条款可规定为“由买方处理保险。”如果买方委托卖方代办保险，则要在合同中写明诸如“由买方委托卖方按发票金额的110%代为投保水渍险，保险费由买方负担”的内容。

在实际业务中，如果货物按CIF或CIP条件出口，由卖方向保险公司以合适的险别办理投保手续。办理时，应根据出口合同或信用证的规定，在备妥货物并确定装运日期和船只后，填制投保单，列明各项内容，送保险公司投保，缴纳保费，并向保险公司领取保险单据。

保险金额（insured amount）是被保险人对货物的投保金额，即全损赔偿的限度，通常按CIF或CIP总值加成10%计算。如果买方要求以较高的加成率计算保险金额进行投保，在保险公司同意承保的前提下卖方可以接受，但超出部分的保险费应由买方负担。在货物保险中，保险金额一般与保险价值或可保价值相同。保险金额的计算公式是：

按照CIF出口时：

保险金额=CIF（或CIP）价×（1+投保加成率）

保险费=保险金额×保险费率

在核算CIF价中的保险费时，应注意根据一定时期货物的赔付率情况，以及不同货物、不同险别、不同目的地分别确定，因为不同情况下保险费率会有所不同，保险费也会随之不同。

**（二）进口合同**

签订进口合同时，我国有时会采用FOB、FCA、CFR或CPT术语，由我方为进口货物办理保险。因此，进口合同中保险条款一般只规定“装运后保险由买方负责”。

通常情况下，为了简化投保手续和防止来不及投保或漏保，我国进口一般采用预约保险（open cover）的做法。就是各外贸公司与保险公司签订各种运输方式下的预约保险合同，对每批进口货物，无须提前填制投保单，仅以国外的装运通知单代替投保单，保险公司则对该批货物自动负承保责任。

未与保险公司签订预约保险合同的进口企业则采用逐笔投保的方式，在接到国外出口方的装船通知或发货通知后，应立即填“装货通知”或投保单，注明有关保险标的物的内容、装运情况、保险金额和险别等，交给保险公司，保险公司接受投保后签发保险单。

以FOB或CFR条件进口，在投保时，均按CIF价作为保险金额而不必加成，其中的运费率和保险费率均采用平均值计算。一般计算如下：

按照CFR（或CPT）进口时：

保险金额=CFR（或CPT）价/(1-平均保险费率）

按照FOB进口时：

保险金额=FOB价×（1+平均运费率+平均保险费率）

保险费=保险金额×保险费率

## 三、缮制正确的保险单据

保险单据是被保险人和保险人之间订立保险合同的一种书面证明，是双方之间权利和义务的契约。一旦发生保险责任范围内的损失，就是被保险人向保险人索赔的主要凭证，也是保险人向被保险人理赔的主要依据，同时也是银行结汇的重要单据之一。目前，在我国进口业务中应用的保险单据主要有以下几种。

**（一）保险单**

保险单（insurance policy）也叫大保单、正式保单，主要应用于承保一个指定的船舶和航次承运的货物在运输途中的风险，货物安全抵达目的地，保险单的效力即告终止。保险单的正面一般包括被保险人名称、保险货物名称、运输工具种类和名称、险别、起讫地点、保险期限、保险金额等项目，其背面一般是印就条款，是确立保险人与被保险人的依据，也是保险单的重要内容，主要包括责任范围、除外责任、被保险人的义务、索赔期限等。

**（二）保险凭证**

保险凭证（insurance certificate）也叫小保单，是一种简化的保险单，同正式保险单具有同样的效力，一般只有正面条款，而无背面条款。

**（三）暂保单**

暂保单（cover note/binder）亦称临时保险单，是保险人签发正式保险单前所签发的临时证明。是投保人在不了解船名和起航日期情况下先行办理投保时保险人签发的非正式保险单，需要以后补上船名和日期。多用于为 FOB 或 CFR 条件进口货物的投保人提供方便。

**（四）联合凭证**

联合凭证（combined certificate）亦称联合发票，是一种发票和保险单相结合的、比保险凭证更为简化的保险单证。即在出口货物的发票上由保险公司加注承保险别、保险金额和保险编号。这种单证只有我国采用，并适合于我国内地对港澳地区的出口，只要出口人把它交给保险公司，盖章和批注险别即可。

**（五）预约保险单**

预约保险单（open policy）又称开口保险单，是保险公司承保被保险人在一定时期内发运的以 CIP 价格条件成交的出口货物或以 FOB 价格条件成交的进口货物的保险单。凡属于预约保险范围内的进出口货物，一经起运，即自动按预约保险单所列条件承保。

## 四、保险索赔

保险索赔（insurance claim）是指当被保险货物遭受承保责任范围内的风险损失时，被保险人依据保险合同向保险人要求赔偿的行为。

在国际货物贸易中，当货物遭受承保范围内的损失时，具有保险利益的人，应在分清责任的基础上确定索赔对象，备好必要的索赔单据，包括货物残损检验报告、保险单或保险凭证、发票、提单、装箱单和重量单、海事报告及费用清算等，在索赔时效内提出索赔。

**课堂讨论 13-4：**向保险公司索赔时，索赔人应具备什么条件？

在保险索赔时应注意以下几个方面的问题。

（1）货运保险一般为定值保险。当货物发生全损时，应赔偿全部保险金额；如为部分损失，则应合理确定赔偿比例，准确计算。对某些易破碎和易短量的货物的赔偿，有两种规定方法。一种是不论损失程度，对损失部分给予 100%赔偿；另一种是当货物发生破碎和短量时，保险人可免赔一定的百分比，即通常所说的免赔率。如果不计免赔率，保险公司往往要加收保险费。

（2）当货物遭受承保范围内的损失，但损失应由第三者负责时，被保险人在取得保险赔偿后，应将向第三者追偿的权益转让给保险人，以使其取得代位权。

（3）如果被保险的货物遭受严重损失，要求按推定全损赔偿时，必须将货物及其一切权利委付给保险人。保险人一经接受委付，就只能按推定全损赔偿，并取得处理残余货物的权利。如果被保险人不提出委付通知，保险人只按部分损失赔偿。

**课堂讨论 13-5**：不同贸易术语下，投保责任分别由哪一方承担？

## 本章思维导图

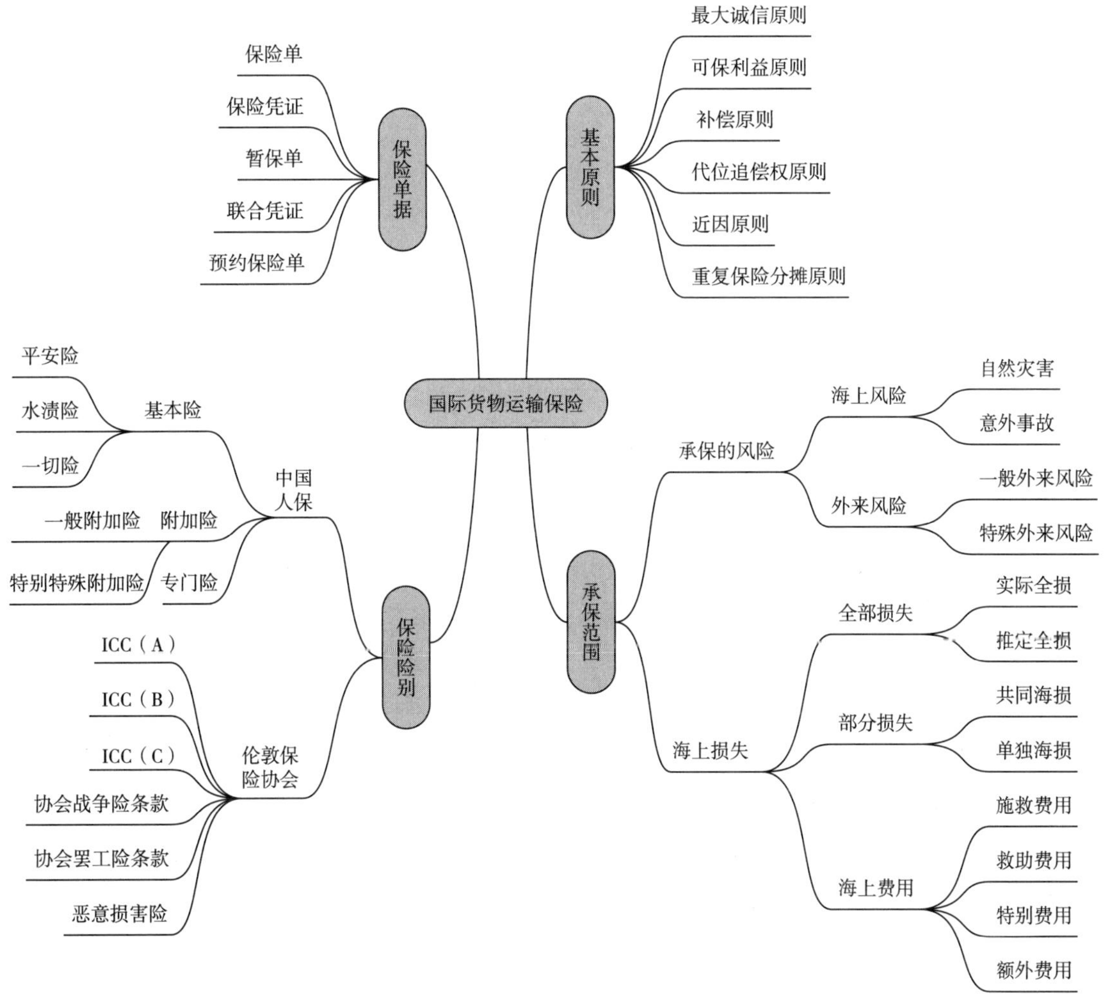

## 课后思考题

一、案例分析

1. 某服装货物从天津新港驶往新加坡，在航行中航船货物起火，大火蔓延到机舱，船长为了船货的安全决定采取紧急措施，往舱中灌水灭火，火遂被扑灭，但由于主机受损，无法继续航行，于是船长决定雇用拖轮，将货船拖回新港修理，检修后，重新驶往新加坡。事后调查，这次事件造成的损失有：①1000 箱货物被烧毁；②600 箱货物由于灌水灭火受到损失；③主机和部分甲板被烧坏；④拖船费用；⑤额外增加的燃料和船长、船员的工资。从上述情况和各项损失的性质来看，哪些属单独海损，哪些属共同海损，为什么？

2. 我国某外贸公司与荷兰进口商签订一份皮手套合同，价格条件为 CIF 鹿特丹，向中国人民保险公司投保了一切险，生产厂家在生产的最后一道工序将手套用塑料袋包好，然后用牛皮纸包好装入双层瓦楞纸箱，再装入 20 尺的集装箱，货物到达鹿特丹后检验结果表明：全部货物湿、霉、变色、沾污，损失价值达 80000 美元。据分析：该批货物的出口地不异常热，进口地鹿特丹不异常冷，运输途中无异常，完全属于正常运输。试问：

（1）保险公司对该项损失是否赔偿，为什么？

（2）进口商对受损货物是否支付货款，为什么？

（3）你认为出口商应如何处理此事？

二、计算题

某商品 USD 220 per M/T CFR London，投保加一成，投保一切险，费率为 8‰，求：

（1）CIF London 每公吨价？

（2）投保金额？

（3）保险费？

## 答案

一、案例分析

1. （1）以上各项损失，属于单独海损的有①③；属于共同海损的有②④⑤。

（2）结合本案例①③损失是由于货船火灾导致，属意外事故，故其为单独海损；②④⑤损失是船长为避免实际的火灾风险而采取的有意的、合理的避险措施，属于非正常性质的损失，费用支出也是额外的，故其属于共同海损。

2. （1）保险公司对该批货物的损失不予赔偿。原因是：根据中国人民保险公司《海洋货物运输保险条款》基本险的除外责任：在保险责任开始之前，被保险货物已存在品质不良或数量短少所造成的损失；被保险货物的自然损耗、本质缺陷、特性及市价跌落、运输延迟所引起的损失或费用。在本案中，运输途中一切正常，货物发生质变不属于保险公司的责任范围，故保险公司对该批货物的损失不予赔偿。

（2）进口商应支付货款。因为本案中交货条件为 CIF，根据《2020 年国际贸易术语解释通则》中的解释，按 CIF 条件成交，买卖双方交货的风险界点在装运港的船上，货物装船以前的风险由卖方承担，货物装船以后的风险由买方承担；另 CIF 是象征性交货，卖方凭单交货、买方凭单付款，即使货物在运输途中全部灭失，买方仍需付款，但如货物存在品质问题，可凭商检机构的检验证书向卖方索赔。

（3）出口商应为该批货物负赔偿责任，因为该批货物在运输途中并无任何风险导致损失，发生质变完全是因为生产工序问题，这属于货物的品质问题，故其应向买方负赔偿损失的责任。

二、计算题

（1）CIF 价＝220/（1－1.1×0.008）＝USD221.95

（2）投保金额＝CIF×投保加成＝221.95×1.1＝USD244.15

（3）保险费＝投保金额×保险费率＝244.15×0.008＝USD1.95

# 第十四章　支付条款

PPT14
支付条款

## 教学目的与要求

引导学生理解国际贸易结算中的主要票据，主要掌握汇票的要式项目及缮制要求。要求学生熟练掌握三种主要的支付方式：汇付、托收和信用证。理解汇付、托收的种类、支付流程及适用条件；熟悉并掌握跟单信用证的分类及使用中的国际惯例，熟悉信用证的主要条款及意义。

## 导入案例

**支付方式的抉择**

宁波市某进出口公司对外推销某种货物，该商品在新加坡市场的销售情况日趋看好，逐渐成为抢手货。新加坡贸易公司 A 来电订购大批商品，但坚持用电汇方式支付。此时，在宁波公司内部就货款支付方式问题产生不同的意见：一些业务员认为电汇的风险较大，不宜采用，主张使用信用证方式，收款稳妥；但有些人认为汇付方式也可行，方便快捷，且手续费低；还有一部分业务员认为托收可行。试问，如果你是出口公司的业务员，对该批货物应如何选择恰当的支付方式？并说明理由。

支付条款（terms of payment）是对货款支付结算的币种、金额、方式、支付时间的规定。在国际贸易中，按约定条件支付货款是买方的基本义务。合同中的支付条款主要涉及支付工具和支付方式，其中支付工具主要包含货币和票据两种，支付方式则有汇付、托收和信用证三种主要方式。

## 第一节　支付工具

国际贸易结算主要是非现金结算，主要使用以支付一定金额为目的并且可以流通转让的支付凭证——票据来实现。票据是由付款人对持票人或其指定人无条件支付一定款项的信用凭证。各国都对票据进行了立法。我国于 1995 年 5 月 10 日通过了《中华人民共和国票据法》，并于 1996 年 1 月 1 日起施行。票据可分为汇票、本票和支票，国际贸易结算中以汇票为主。

## 一、汇票

### （一）含义

汇票（bill of exchange；draft）是一方向另一方签发，要求受票人在见票时、或在将来某一确定时间，或可以确定的时间，对某人或其指定的人或来人支付一定金额的无条件的书面支付命令。在进出口业务中，汇票通常由出口方签发，其目的是收取货款。

我国《票据法》第22条规定，汇票必须记载下列事项：

（1）注明“汇票”字样。

（2）无条件的支付命令。

（3）金额。

（4）付款人的名称。

（5）收款人的名称。

（6）汇票的出票日期和地点。

（7）出票人签章。

### （二）汇票当事人

汇票有三个当事人：出票人、受票人、收款人。

#### 1. 出票人

出票人（drawer）是开立票据并将其交付给他人的法人、其他组织或者个人。出票人对持票人及正当持票人承担票据在提示付款或承兑时必须付款或者承兑的保证责任。银行汇票的出票人是银行，商业汇票的出票人一般是出口方。

#### 2. 受票人

受票人（drawee/payer）又称付款人，是指受出票人委托支付票据金额的人、接受支付命令的人。进出口业务中，通常为进口方或银行。

#### 3. 收款人

收款人（payee）是凭汇票向付款人请求支付票据金额的人，是汇票的债权人，一般是出口方。

### （三）汇票的主要类型

#### 1. 按出票人不同分为：商业汇票和银行汇票

（1）商业汇票（commercial draft）：签发人为商号或者个人，付款人为其他商号、个人或银行的汇票，如图14-1所示。

（2）银行汇票（banker's draft）是签发人为银行，付款人为其他银行的汇票，如图14-2所示。

**课堂讨论14-1**：在票据流通市场上，银行汇票和商业汇票哪一种更容易流通并享受优惠贴现率，为什么？

#### 2. 按照是否随附运输单据分为：跟单汇票和光票汇票

（1）跟单汇票（documentary bill）又称信用汇票、押汇汇票，是需要附带提单、仓单、保险单、装箱单、商业发票等单据，才能进行付款的汇票。商业汇票多为跟单汇票。

**Bill of Exchange**

London, 31 January 2000　　Amount　US$ 250,000

At　60 days after sight　　pay against this Sole Bill of Exchange

to the order of　Ourselves

the sum of　US Dollars Two hundred and fifty thousand

for value　Received

To:
Singapore Import Banking Company
Bank Street
Singapore

Drawn under UK Export Banking
Company Ltd, Documentary Credit
Nº 12345, Dated 29 September 1999

For and on behalf of:
UK Export Company Ltd

Jas. Smith

James Smith, Director

图 14-1　商业汇票样票

BANK OF CHINA

本汇票有效期为一年
This draft is valid for one
year from the date of issue

号码
No.
金额
AMOUNT
日期
DATE

中国银行

致
TO: ____________________

请　付
PAY　TO ____________________

金　　额
THE SUM OF____________________

中国银行上海分行
BANK OF CHINA SHANGHAI

图 14-2　银行汇票样票

（2）光票汇票（clean bill）：汇票本身不附带货运单据，银行汇票多为光票。

**3. 按照付款期限的不同分为：即期汇票和远期汇票**

（1）即期汇票（sight bill，demand bill，sight draft）：指持票人向付款人提示后对方立即付款的汇票，又称见票即付汇票。

（2）远期汇票（time bill，usance bill）：是在出票一定期限后或特定日期付款的汇票。远期汇票按承兑人又分为商业承兑汇票和银行承兑汇票。

**4. 按照出票地点和付款地点是否相同分为：国际汇票和国内汇票**

（1）国际汇票：简称汇票，是出口商命令进出口商品在指定时间付给一定金额的书面凭证。

（2）国内汇票：是指在本国签发并在本国支付的汇票，即在本国范围内流通的汇票。

### (四) 汇票使用中的主要行为

**1. 出票**

出票（issue）是出票人签发汇票并交付给收款人的行为。出票后，出票人即承担保证汇票得到承兑和付款的责任。出票时，汇票上收款人通常称为汇票的抬头，根据不同交易的需要，汇票抬头有以下三种写法：

（1）限制性抬头（restrictive payee）。这种汇票通常会标注“Pay XXX Co. Ltd. only”或“Pay XXX Co. Ltd. , not negotiable”。这种汇票不得流通转让，只有指明的收款人才可以收取票款。

（2）指示性抬头（to order）。汇票常标有“pay XXX Co. Ltd. or Order”或者“Pay to the order of XXX Co. Ltd.”这种汇票能够通过背书转让。

（3）持票人或者来人抬头（to Bearer）。常标注有“Pay to bearer”或者“Pay to XXX Co. Ltd. or bearer”。这种汇票不须背书即可转让。

我国《票据法》规定必须记载收款人名称，凡签发持票人或来人抬头的汇票无效，《日内瓦统一法》也不允许做成来人抬头，但《英国票据法》允许使用来人抬头的汇票。

**2. 提示**

提示（presentation）是持票人将汇票提交付款人要求承兑或付款的行为，是持票人要求取得票据权利的必要程序。提示又分付款提示和承兑提示。

**3. 承兑**

承兑（acceptance）指付款人在持票人向其提示远期汇票时，在汇票上签名，承诺于汇票到期时付款的行为。具体做法是付款人在汇票正面写明“承兑”字样，注明承兑日期，于签章后交还持票人。付款人一旦对汇票承兑，即成为承兑人，以主债务人的地位承担汇票到期时付款的法律责任。

**4. 付款**

付款人在汇票到期日，向提示汇票的合法持票人足额付款。持票人将汇票注销后交给付款人作为收款证明。付款后汇票所代表的债务债权关系即告终止。

**5. 背书**

根据我国《票据法》规定，除非出票人在汇票上记载“不得转让”外，汇票的收款人可以以背书（endorsement）的方式转让汇票权利，即在汇票背面签上自己的名字，并记载被背书人的名称，然后把汇票交给被背书人即受让人，受让人成为持票人。受让人有权以背书方式再行转让汇票。对受让人来说，所有以前的背书人和出票人都是他的“前手”，对背书人来说，所有他转让以后的受让人都是他的“后手”，“前手”对“后手”承担汇票得到承兑和付款的责任。

在金融市场上，最常见的背书转让为汇票的贴现，即远期汇票经承兑后，尚未到期，持票人背书后，由银行或贴现公司作为受让人。按照背书时受让人的书写方式不同，背书又可分为：限制性背书、指示性背书和空白背书。

**课堂讨论 14-2：**参考汇票的抬头讨论汇票的这三种背书方式有何不同？

#### 6. 拒付和追索

持票人向付款人提示，付款人拒绝付款或拒绝承兑，均称拒付（dishonour）。出现拒付时，持票人有追索权（recourse），即有权向其“前手”（背书人、出票人）要求偿付汇票金额、利息和其他费用的权利。

## 二、本票

本票（promissory note）是一个人向另一个人签发的保证于见票时或定期或在可以确定的将来时间，对某人或其指定人或持票人支付一定金额的无条件的书面支付承诺。这种票据只涉及出票人和收款人两方。出票人签发本票并自负付款义务。

根据《中华人民共和国票据法》规定，一张本票要求具备以下的必要项目：

（1）标明其为“本票”字样。

（2）无条件支付承诺。

（3）出票人签字。

（4）出票日期和地点。

（5）确定的金额。

（6）收款人或其指定人姓名。

本票的划分方法很多，根据签发人的不同，可分为商业本票和银行本票；根据付款时间的不同，可分为即期本票和远期本票；根据有无收款人的记载，可分为记名本票和不记名本票；根据其金额记载方式的不同，可分为定额本票和不定额本票；根据支付方式的不同，可分为现金本票和转账本票。本票不需承兑，出票人出票后即负付款责任。

## 三、支票

支票（cheque，check）是出票人签发的，委托办理支票存款业务的银行或者其他金融机构在见票时无条件支付确定的金额给收款人或者持票人的票据。按照划分方式不同，支票可分为以下几类：

#### 1. 根据支票收款人栏是否写明收款人姓名分类

（1）记名支票。记名支票（order cheque）是在支票的收款人一栏，写明收款人姓名的支票。如“限付某 A”（pay A only）或“A 指定人”（pay A order），取款时须由收款人签章，方可支取。

（2）不记名支票。不记名支票（cheque to bearer）又称空白支票，支票上不记载收款人姓名，只写“付来人”（pay bearer）。取款时持票人无须在支票背后签章，即可支取。

#### 2. 根据支票支取方式的不同分类

（1）现金支票。现金支票（cash cheque）是专门制作的用于支取现金的一种支票。当客户需要使用现金时，随时签发现金支票，向开户银行提取现金，银行在见票时无条件支付给收款人确定金额的现金的票据。

（2）转账支票。转账支票（transfer cheque）只能用于转账，不能提取现金。它适用于各单位之间的商品交易、劳务供应和其他经济往来的款项结算。

（3）普通支票。普通支票（open cheque）是可以用于支取现金，也可用于转账的支票。国际上支票一般是普通支票，既可以现金也可以转账，由持票人选择，但是支票一经划线即为划线支票（crossed cheque），该支票只能通过银行转账，而不能直接支取现金。

此外，根据用途不同，还有旅行支票、保付支票等。

## 四、汇票与本票、支票的异同点

**1. 相同点**

汇票与本票、支票都是支付工具，三者相同点有：

（1）都是有价证券。即票据持票人凭票据上所记载的权利内容，来证明其票据权利以取得财产。

（2）都是格式证券。票据的格式（其形式和记载事项）都由法律（即票据法）严格规定，不遵守格式对票据的效力有一定的影响。

（3）都是文字证券。票据权利的内容以及票据有关的一切事项都以票据上记载的文字为准。

（4）都是可以流通转让的票据。可以经过背书或不作背书仅交付票据的简易程序而自由转让与流通。

（5）都是无因证券。即票据上权利的存在只依票据本身上的文字确定，权利人享有票据权利只以持有票据为必要。至于权利人取得票据的原因，票据权利发生的原因均可不问。

**2. 汇票、本票、支票的区别**

（1）本票是约定（约定本人付款）证券；汇票是委托（委托他人付款）证券；支票是委托支付证券，但受托人只限于银行或其他法定金融机构。

（2）我国的票据在使用区域上有区别。本票只用于同城范围的商品交易和劳务供应以及其他款项的结算；支票自 2007 年已实现全国通用；汇票在同城和异地都可以使用。

（3）付款期限不同。本票付款期为 1 个月，逾期兑付银行不予受理；我国商业汇票（分为银行承兑汇票和商业承兑汇票）必须承兑，因此，承兑到期，持票人方能兑付。支票付款期为 5 天（从签发的次日算起，到期日遇惯例假日顺延，背书转让地区的转账支票付款期 10 天）。

（4）汇票和支票有三个基本当事人，即出票人、付款人、收款人；而本票只有出票人（付款人和出票人为同一个人）和收款人两个基本当事人。

（5）支票的出票人与付款人之间必须先有资金关系；汇票的出票人与付款人之间不必先有资金关系；本票的出票人与付款人为同一个人，不存在所谓的资金关系。

（6）支票和本票的主债务人是出票人，而汇票的主债务人，在承兑前是出票人，在承兑后是承兑人。

（7）远期汇票需要承兑，支票一般为即期无须承兑，本票也无须承兑。

（8）汇票的出票人担保承兑付款，若另有承兑人，由承兑人担保付款；支票出票人担保支票付款；本票的出票人自负付款责任。

(9) 支票、本票持有人只对出票人有追索权，而汇票持有人在票据的有效期内，对出票人、背书人、承兑人都有追索权。

(10) 汇票有副本，而本票、支票则没有。

# 第二节　汇付和托收

在国际货款的结算中，常见的结算方式有汇付、托收和信用证，其中汇付和托收方式属于商业信用，而信用证方式则属于银行信用。

## 一、汇付

汇付（remittance）又称汇款，付款方通过第三者（一般是银行）使用各种结算工具，主动将款项汇付给收款方的一种业务处理方式。

### （一）汇付的当事人

汇付业务中通常有四个基本当事人：汇款人（remitter）、汇出行（remitting bank）、汇入行（receiving bank）、收款人（payee）。

其中汇款人是债务人或付款人，即国际贸易中的买方；收款人是债权人或受益人，即国际贸易中的卖方；汇出行是委托汇出款项的银行，一般是进口地银行；汇入行是受汇出行委托解付汇款的银行，因此又称为解付行，一般为出口地银行。

### （二）汇付方式分类

**1. 信汇**

信汇（mail transfer，M/T）是汇出行应汇款人申请，将其交来的汇款通过信汇委托书邮寄至汇入行，委托其解付给收款人。

**2. 电汇**

电汇（telegraphic transfer，T/T）是汇出行应汇款人申请，通过拍发加押电报、电传或SWIFT（society for worldwide interbank financial telecommunications）等电信方式，指示汇入行解付一定金额给收款人的汇款方式。图 14-3 是信汇和电汇的汇款流程。

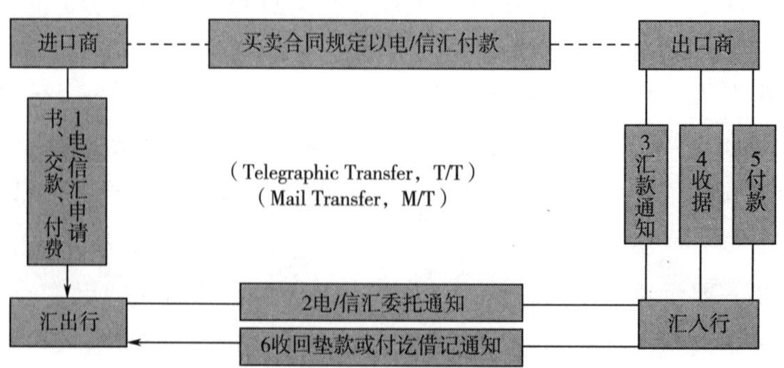


图 14-3　信汇和电汇业务流程图

**课堂讨论 14-3**：SWIFT 系统到底是什么？

**3. 票汇**

票汇（demand draft，D/D）是汇出行应汇款人申请，代开以汇入行为付款人的汇票，交给汇款人自行邮寄或携带出国，交给收款人向汇入行领取汇款。图 14-4 是票汇的汇款流程。

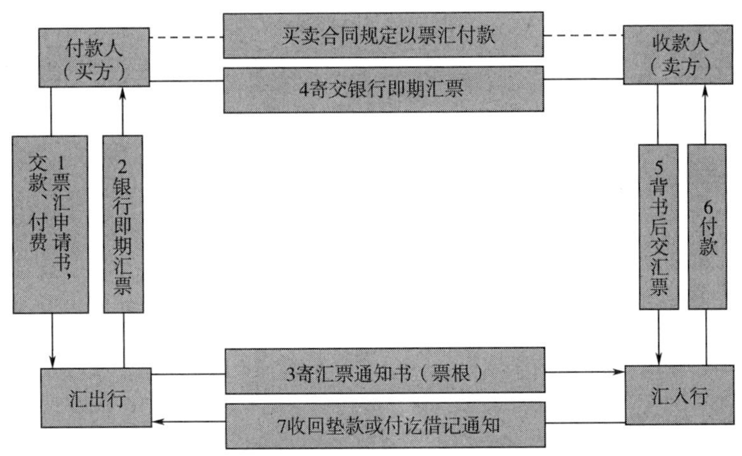


图 14-4　票汇业务流程

### （三）汇付在进出口业务中的使用

汇付是商业信用，提供信用的一方风险很大，在国际贸易中主要使用在以下场合：

（1）商业信用极可靠客户的赊销交易（O/A），例如预付货款、交货后付款、随订单付款等。

（2）用于定金、货款尾款、佣金费用等的支付。

（3）大宗交易使用分期付款或延期付款时的货款交付。

**课堂讨论 14-4**：某公司一位业务员与国外客户商定，货款的结算使用美元电汇支付。货物发出后十余天，业务员收到客户电汇付款的银行收据传真件，当即书面指示船公司将货物电放（凭提单正本影印件提货）给提单上的通知人，客户将货提走，货款却未到账。经查客户在银行办理了电汇付款手续，取得了银行收据，马上传真给卖方，并要求立即电放货物，在拿到卖方给船公司的电放指示附件后，即去银行撤销了这笔电汇付款，造成了该公司 8 万美元的损失。这个案例说明电汇存在哪些弊端？

## 二、托收

国际商会制定的《托收统一规则》对托收作了如下定义：托收（collection）是指接到托收指示的银行，根据所收到的金融单据或商业单据来取得进口商付款或承兑汇票，凭付款或承兑交出商业单据，或凭其他条件交出单据的一种结算方式。

根据托收时金融单据是否附有商业单据可分为：光票托收（clean collection）和跟单托收（documentary collection），国际贸易中大多使用跟单托收。

### （一）托收当事人

托收涉及四个主要当事人，即委托人、付款人、托收行和代收行。

（1）委托人（applicant）是委托银行办理托收业务的一方，在国际贸易实务中，一般为卖方开具汇票，委托银行向国外买方（债务人）收款。

（2）付款人（payer）是银行根据托收指示书的指示提示单据的对象，托收业务中的付款人，即商务合同中的买方或债务人。

（3）托收行（remitting bank）又称寄单行，指受委托人的委托办理托收的银行，通常为出口人所在地的银行。

（4）代收行（collecting bank）是指接受托收行委托，向付款人收款的银行，通常是托收行在付款人所在地的联行或代理行。

### （二）托收分类

根据托收时是否向银行提交货运单据，可分为光票托收和跟单托收两种。

#### 1. 光票托收

托收时如果汇票不附任何货运单据，而只附有“非货运单据”（发票、垫付清单等），叫光票托收（clean collection），这种结算方式多用于贸易的从属费用、货款尾数、佣金、样品费的结算和非贸易结算等。

#### 2. 跟单托收

跟单托收（documentary collection）是出口商根据合同备货出运后，将跟单汇票或将不带汇票的货运单据签送托收银行，委托代收货款的一种结算方式。

### （三）跟单托收类型

跟单托收根据交单条件的不同，可分为付款交单和承兑交单两种。

#### 1. 付款交单

付款交单（documents against payment，D/P），即卖方的交单以买方的付款为条件，即出口商将汇票连同货运单据交给银行托收时，指示银行只有在进口方付清货款时才能交出货运单据。按照汇票的支付时间可以分为即期付款交单和远期付款交单。

（1）即期付款交单（D/P at sight）指出口方开具即期汇票，由代收行向进口方提示，进口方见票后即须付款，货款付清时，进口方取得货运单据，其业务流程如图 14-5 所示。

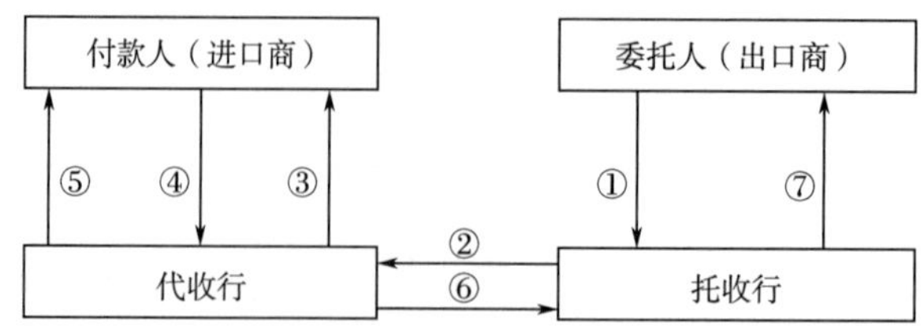


图 14-5　即期付款交单业务流程

①出口商按合同规定装运后，填写委托申请书，开立即期汇票，连同货运单据交托收行，请求代收货款。

②托收行根据托收申请书缮制托收委托书，连同汇票、货运单据寄进口地代收行委托代收货款。

③代收行按照委托书的指示向进口商提示汇票和单据。

④进口商审核无误后付款。

⑤代收行交单。

⑥代收行办理转账并通知托收行款已收妥。

⑦托收行向出口人交款。

（2）远期付款交单（D/P after sight）指出口方开具远期汇票，由代收行向进口方提示，经进口方承兑后，于汇票到期日或汇票到期日以前，进口方付款赎单，业务流程如图 14-6 所示。

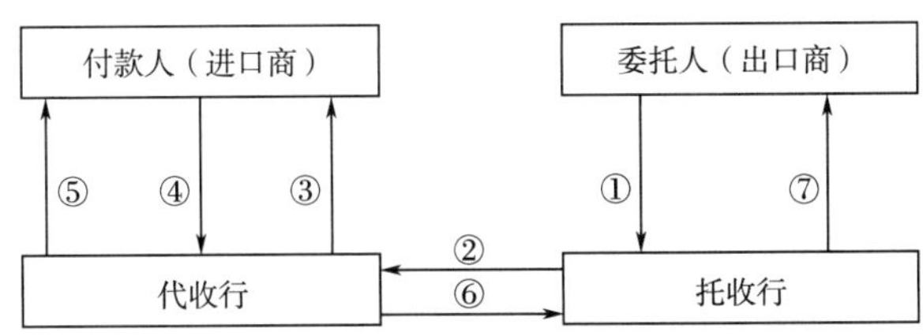


图 14-6　远期付款交单业务流程

①出口商按合同规定装运后，填写委托申请书，开立远期汇票，连同商业单据交托收行，请求代收货款。

②托收行根据托收申请书缮制托收委托书，连同汇票、商业单据交进口地代收行委托代收货款。

③代收行按照委托书的指示向进口商提示汇票和单据。进口商经过审核无误在汇票上承兑，代收行收回汇票与单据。

④进口商到期付款。

⑤代收行交单。

⑥代收行办理转账并通知托收行款已收妥。

⑦托收行向出口商交款。

**2. 承兑交单**

承兑交单（documents against acceptance，D/A）是指出口人的交单以进口人在汇票上承兑为条件。即出口人在装运货物后开具远期汇票，连同商业单据，通过银行向进口人提示，进口人承兑汇票后，代收银行即将商业单据交给进口人，在汇票到期时，进口方履行付款义务。其业务流程如图 14-7 所示。由于承兑交单是进口人只要在汇票上办理承兑之后，即可取得商业单据，凭以提取货物。所以，承兑交单方式只适用于远期汇票的托收。

①出口商按合同规定装运后，填写委托申请书，开立远期汇票，连同商业单据交托收行，请求代收货款。

②托收行根据托收申请书缮制托收委托书，连同汇票、商业单据交进口地代收行委托代

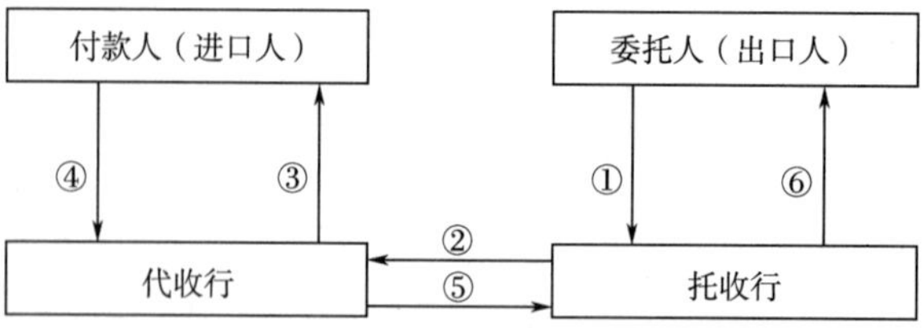

图 14-7　承兑交单业务流程

收货款。

③代收行按照委托书的指示向进口商提示汇票和单据。进口商经过审核无误在汇票上承兑，代收行收回汇票的同时，将商业单据交给进口商。

④进口商到期付款。

⑤代收行办理转账并通知托收行款已收妥。

⑥托收行向出口商交款。

# 第三节　信用证

## 一、信用证的含义与特征

信用证（letter of credit，L/C）是指银行根据进口方的请求，开给出口方的一种保证承担支付货款责任的书面凭证。信用证是目前国际贸易中最主要、最常用的支付方式。

以信用证项下的汇票是否附有货运单据，信用证可分为：跟单信用证及光票信用证。其中跟单信用证是凭跟单汇票或凭单据付款的信用证；光票信用证是凭不随附货运单据的汇票付款的信用证。在国际贸易的货款结算中，绝大部分使用跟单信用证，因此一般说的信用证都是指跟单信用证。

### （一）信用证的含义

跟单信用证（documentary credit），国际商会在《跟单信用证统一惯例—2007 年修订本，国际商会第 600 号出版物》（简称“UCP600”）中对其定义如下：跟单信用证是指一项安排，不论其名称或描述如何，该项安排构成开证行对相符交单予以承付的确定承诺。即由一家银行（开证行）依照客户（申请人）的要求和指示，在符合信用证条款的条件下，凭规定单据向第三者（受益人）或其指定人付款或承兑并支付受益人出具的汇票，或授权另一家银行在符合信用证条款的条件下凭规定单据议付。

### （二）信用证基本特征

#### 1. 信用证是一项自足文件

信用证不依附于买卖合同，银行在审单时强调的是信用证与基础贸易相分离的书面形式上的认证。

**2. 信用证方式是纯单据业务**

信用证是凭单付款，不以货物为准。只要单据相符，开证行就应无条件付款。

**3. 开证银行负首要付款责任**

信用证是一种银行信用，它是银行的一种担保文件，开证银行有首要付款的责任。

### (三) 信用证主要当事人

(1) 开证申请人 (applicant)：指向银行申请开立信用证的人，开证申请人一般是进口商。

(2) 开证行 (issuing bank)：指接受开证申请人的委托开立信用证的银行，它承担保证付款的责任。

(3) 通知行 (advising bank)：指受开证行的委托，将信用证转交出口人的银行，它只证明信用证的真实性，不承担其他义务，是出口地所在银行。

(4) 受益人 (beneficiary)：指信用证上所指定的收款人，即出口商或实际供货商。

(5) 议付行 (negotiating bank)：根据信用证开证行的付款保证和受益人的请求，按信用证规定对受益人交付的跟单汇票垫款或贴现，并向信用证规定的付款行索偿的银行。

(6) 付款行 (paying bank)：指信用证上指定付款的银行，在多数情况下，付款行就是开证行。

(7) 保兑行 (confirming bank)：受开证行委托对信用证以自己名义保证的银行，对信用证负责，凭单付款，付款后只能向开证行索偿，若开证行拒付或倒闭，则无权向受益人和议付行追索。

## 二、信用证的内容及示例

### (一) 信用证主要内容

信用证是国际贸易中常用的支付方式之一，其主要内容包括信用证本身内容、汇票内容、单据要求、货物描述以及其他事项。

**1. 信用证本身内容**

信用证应显示以下内容：开证申请人名称（一般为买方）；开证行名称；通知行名称；信用证种类，分为可撤销与不可撤销，目前都是不可撤销的信用证；信用证号码；开证日期；受益人；可使用金额；有效期限，信用证可以规定有效期，如没有规定，则在提单日后 21 天为有效期；信用证使用地点等。

**2. 汇票内容**

信用证中涉及汇票部分包含：汇票出票人 (drawer)；受票人 (drawee)，即付款人；汇票期限 (tenor)；汇票金额 (draft amount)。

**3. 单据要求**

信用证的一个主要特点是凭单付款，信用证中规定了单据种类、数量、格式等，结算时只要满足单单相符、单证相符，开证行就应无条件付款。一般需要的单据有：商业发票 (commercial invoice)；运输单据 (transport documents)，即提单、装箱单等；保险单据 (insurance policy)、其他单据如原产地证明书、质检证书等。

单据要求是信用证中最为严格的要求之一，受益人需要确保自己能够按照信用证的要求提供单据，方可获得货款。

**4. 货物描述**

货物描述是信用证中另一个重要的内容，包含：商品描述（description of goods），一般指货物名称，需要与合同中的要求一致，确保受益人能够按照要求提供货物或服务；商品数量（quantity）、单价（unit price）、贸易条件（trade terms）、装运地（port of shipment）、目的地（port of destination）、装运期限（latest date of shipment）等。受益人需要确保货物能够在规定的时间内装运，并按照要求提供单据。

**课堂讨论 14-5**：某公司以 CIF 价出口一批货物，进口方银行开来的即期信用证规定：于或约于 10 月 1 日装船。该公司于 10 月 5 日装船，并于 10 月 28 日向通知行递交信用证规定的全套货运单据要求议付，但却遭到银行拒付。请问银行的做法是否合理？

**（二）信用证示例**

| | |
|---|---|
| Sequence Total | 1/1 |
| Form L/C | IRREVOCABL |
| L/C Num | 20011 LC123756 |
| Date of Issue | 001103 |
| Date/Place Exp | Date 210114　　Place China |
| Applicant | MOUN CO.，LTD<br>NO. 443，249 ROAD<br>BANGKOK THAILAND |
| Beneficiary | SHANGHAI FOREIGN TRADE CORP.<br>SHANGHAI，CHINA |
| Currency，Amount | USD，Amount 18，000. 00 |
| Available With By | ANY BANK IN CHINA，BY NEGOTIATION |
| Draft At | SIGHT IN DUPLICATE INDICATING THIS L/C |
| NUMBER | |
| Drawee | BANGKOK BANK PUBLIC COMPANY LIMITED<br>BANGKOK，THILAND |
| Partial Shipment | NOT ALLOWED |
| Transshipment | ALLOWED |
| Port of Loading | SHANGHAI，CHINA |
| Port of Discharging | BANGKOK，THAILAND |
| Latest Shipment | 201220 |
| Goods Descript | 2,000 KGS. COTTON YARN<br>AT USD9. 00 PER KG. CFR BANGKOK |

Docs Required　　COMMERCIAL INVOICE IN ONE ORIGINAL PLUS 5 COPIES INDICATING AMOUNT AND THIS L/C NUMBER, FULL SET OF 3/3 CLEAN ON BOARD B/L
PACKING LIST IN ONE ORIGINAL PLUS 3 COPIES,
CERTIFICATE OF ORIGIN

## 三、信用证的类型

### （一）跟单信用证及光票信用证

根据信用证项下的汇票是否附有货运单据划分为跟单信用证及光票信用证。

**1. 跟单信用证**

跟单信用证（documentary credit）是指凭跟单汇票或仅凭单据付款的信用证。此处的单据指代表货物所有权的单据如海运提单，或证明货物已交运的单据（如铁路运单、航空运单、邮包收据），以及商业单据如商业发票、保险单据、包装单据等。

**2. 光票信用证**

光票信用证（clean credit）是指开证行凭不随附货运单据的汇票付款的信用证。银行凭光票信用证付款，也可要求受益人附交一些非货运单据，如发票、预付款清单等。

### （二）可撤销信用证和不可撤销信用证

根据开证行所负的责任为不同可以分为可撤销信用证和不可撤销信用证。

**1. 可撤销信用证**

可撤销信用证（revocable L/C）：开证行不必征得受益人或有关当事人同意，有权随时撤销的信用证，应在信用证上注明“可撤销”字样。

**2. 不可撤销信用证**

不可撤销信用证（irrevocable L/C）：指信用证一经开出，在有效期内，未经受益人及有关当事人的同意，开证行不能片面修改和撤销，只要受益人提供的单据符合信用证规定，开证行必须履行付款义务。

根据《UCP600》第三条，信用证是不可撤销的；根据《UCP600》第十条，未经开证行、保兑行（如有）及受益人同意，信用证既不能修改，也不能撤销。

### （三）保兑信用证和不保兑信用证

根据有无另一银行加以保兑，信用证可分为保兑信用证和不保兑信用证。

**1. 保兑信用证**

保兑信用证（confirmed L/C）指开证行开出的信用证，由另一银行保证对符合信用证条款规定的单据履行付款义务。对信用证加以保兑的银行，称为保兑行。

**2. 不保兑信用证**

不保兑信用证（Unconfirmed L/C）指开证行开出的信用证没有经另一家银行保兑。

保兑信用证必须是不可撤销信用证，一般是受益人对开证行的资信不够了解，或不够信任而要求保兑的，也有的开证行担心自己开立的信用证不被受益人所接受而主动要求加保兑。

信用证一经保兑，受益人便取得了开证行和保兑行的双重付款保证，收汇更为稳妥。

### （四）即期信用证、远期信用证和假远期信用证

根据付款时间不同，可以分为即期信用证、远期信用证和假远期信用证。

#### 1. 即期信用证

即期信用证（sight L/C）指开证行或付款行收到符合信用证条款的跟单汇票或装运单据后，立即履行付款义务的信用证。

#### 2. 远期信用证

远期信用证（usance L/C）指开证行或付款行收到信用证的单据时，在规定期限内履行付款义务的信用证。

#### 3. 假远期信用证

假远期信用证（usance credit payable at sight）指信用证规定受益人开立远期汇票，由付款行负责贴现，并规定一切利息和费用由开证人承担。这种信用证对受益人来讲，实际上仍属即期收款。

### （五）可转让信用证和不可转让信用证

根据受益人对信用证的权利可否转让可分为可转让信用证和不可转让信用证。

#### 1. 可转让信用证

可转让信用证（transferable L/C）指信用证的受益人（第一受益人）可以要求授权付款、承担延期付款责任、承兑或议付的银行（统称“转让行”），或当信用证是自由议付时，可以要求信用证中特别授权的转让银行，将信用证全部或部分转让给一个或数个受益人（第二受益人）使用的信用证。开证行在信用证中要明确注明“可转让”，且只能转让一次。

#### 2. 不可转让信用证

不可转让信用证（untransferable L/C）指受益人不能将信用证的权利转让给他人的信用证，凡信用证中未注明“可转让”，即是不可转让信用证。

### （六）循环信用证

循环信用证（revolving L/C）指信用证被全部或部分使用后，其金额又恢复到原金额，可再次使用，直至达到规定的次数或规定的总金额为止。它通常在分批均匀交货情况下使用。

### （七）对开信用证

对开信用证（reciprocal L/C）指两张信用证申请人互以对方为受益人而开立的信用证。两张信用证的金额相等或大体相等，可同时互开，也可先后开立。它多用于易货贸易或来料加工和补偿贸易业务。

### （八）背对背信用证

背对背信用证（back to back L/C）：又称转开信用证，指受益人要求原证的通知行或其他银行以原证为基础，另开一张内容相似的新信用证，背对背信用证的开证行只能根据不可撤销信用证来开立。背对背信用证的开立通常是中间商转售他人货物，或两国不能直接办理进出口贸易时，通过第三者以此种办法来进行贸易。原信用证的金额（单价）应高于背对背信用证的金额（单价），背对背信用证的装运期应早于原信用证的规定。

### （九）备用信用证

备用信用证（standby credit）又称商业票据信用证、担保信用证。指开证行根据开证申请人的请求对受益人开立的承诺承担某项义务的凭证。即开证行保证在开证申请人未能履行其义务时，受益人只要凭备用信用证的规定并提交开证人的违约证明，即可取得开证行的偿付。它是银行信用，对受益人来说是备用于开证人违约时，取得补偿的一种方式。

## 四、信用证的交易流程

视频 14　信用证的交易流程

如果买卖双方在合同条款中使用 CIF 贸易术语，信用证支付，其交易流程如图 14-8 所示。

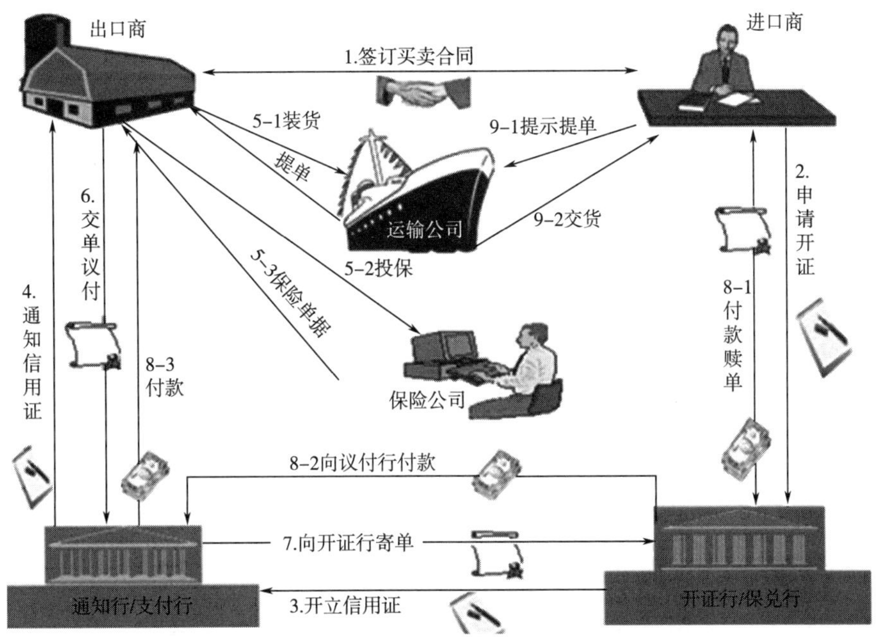


图 14-8　信用证的交易流程

（1）买卖双方签订贸易合同，合同中规定使用跟单信用证支付。

（2）买方向当地银行（开证行）申请开立以卖方为受益人的信用证。

（3）开证行请求卖方所在地的通知行通知或保兑信用证。

（4）通知行通知卖方信用证已开立。

（5）卖方收到信用证，并确保其能履行信用证规定的条件后，即备货并装运货物获取提单，投保并获取保险单。

（6）卖方将单据向指定银行提交议付，该银行可能是开证行，或是信用证内指定的付款、承兑或议付银行。

（7）议付行按照信用证审核单据，如单据符合信用证规定，银行将按信用证规定进行支付、承兑或议付。议付行将单据寄送开证行。

（8）开证行审核单据无误后，以事先约定的形式，对已按照信用证付款、承兑或议付的银行偿付。

（9）开证行在买方付款后交单，然后买方凭单取货。进口商向船公司提示提单，提取货物。

## 第四节　各种支付方式的选用

外贸业务中，最终选择的结算方式应既能达成交易，又能维护企业的权益，最终达到确保外汇资金安全，加速资金周转，扩大贸易往来的目的。因此在国际贸易支付业务中，究竟选取哪一种支付方式，可酌情而定。

### 一、主要结算方式的比较

汇付、跟单托收和跟单信用证是最基本、最常用的结算方式，在实际使用中对买卖双方来说各有优劣势，表14-1对这三种支付方式在手续的繁简、收费高低、资金占用、买卖双方风险等方面进行了比较。

**表14-1　汇付、跟单托收和跟单信用证的比较**

| 结算方式 | | 手续 | 银行收费 | 买卖双方的资金占用 | 买方风险 | 卖方风险 |
|---|---|---|---|---|---|---|
| 汇付 | 预付货款 | 简单 | 最少 | 不平衡 | 最大 | 最小 |
| | 赊账交易 | 简单 | 最少 | 不平衡 | 最小 | 最大 |
| 跟单托收 | 付款交单 | 稍繁 | 稍多 | 不平衡 | 较小 | 较大 |
| | 承兑交单 | 较繁 | 稍多 | 不平衡 | 极小 | 极大 |
| 跟单信用证 | | 最繁 | 最多 | 较平衡 | 稍大 | 较小 |

### 二、影响结算方式选择的因素

#### （一）客户资信

国际贸易中要了解客户资信情况，如企业性质、规模、经营范围、往来银行名称等，与中国其他公司有无其他业务关系、订单金额大小、收汇情况等。

#### （二）经营意图

如果卖方销售的是畅销货物，既可以提高售价，又可以选择对自己有利的结算方式与资金占用方式，一般选择信用证结算；如为了推销产品，出口商给进口商提供优惠条件，可以采用远期信用证方式成交，亦可以采用付款交单托收方式成交。如果是错过货物销售季节的滞销商品，想把这类的商品变成外汇，可采用托收承兑交单方式成交。

#### （三）贸易术语

象征性的交货术语（如FOB/CFR/CIF等）可以采用L/C或D/P方式；实际交货的术语

（如 EXW/DAP）一般使用钱货两清，而不使用托收、信用证凭单支付方式；而对于 FOB 或 FCA 合同，虽然可以凭运输单据交货与收款，但由于运输由买方安排，卖方较难控制货物，一般也不宜采用托收方式。

**（四）运输单据**

若采用不同的货物运输方式，卖方掌握的运输单据性质也不同，从而影响结算方式的选择。如采用海运，卖方装运货物后得到的是海运提单，而提单具有物权凭证的作用，提单在交付给买方之前，卖方能够通过控制提单从而控制货物，因此可以选择信用证结算或托收结算。但如果采用铁路、航空、邮政运输，铁路运单、航空运单或邮包收据都不具有物权凭证的性质，卖方难以控制货物，不适合采用托收结算。

## 三、各种支付方式的结合

国际贸易中，可以采用一种支付方式，也可以根据实际情况采用两种支付方式相结合进行。

**（一）信用证和汇付相结合**

信用证与汇付相结合是指部分货款采用信用证，余额货款采用汇付结算。例如，成交的标的物是散装物，如矿砂、煤炭、粮食等，进出口商同意采用信用证支付总金额的 90%，余额 10%待货到后经过验收，确定其货物计数单位后，将余额货款采用汇付办法支付。

**（二）信用证和托收相结合**

不可撤销信用证与跟单托收相结合的支付方式，是指部分货款采用信用证支付，部分货款采用跟单托收结算。一般做法是出口商开立两张汇票，属于信用证部分的货款凭光票付款，另一张汇票须附全部规定的单据，按即期或远期托收。但在信用证中列明如下条款：全套单据附在托收部分汇票项下，按即期或远期付款交单方式托收。信用证条款一般规定如下：

50% of the value of goods by irrevocable letter of credit and remaining 50% on collection basis at sight, the full set of shipping documents are to be accompanied by the collection item. All the documents are not to be delivered to buyer until full payment of the invoice value.

**（三）托收与备用信用证/银行保函相结合**

采用备用信用证/银行保函与跟单托收相结合作为支付方式，可减少进口商拒付的风险。这是为了防止跟单托收项下的货款一旦遭到进口商拒付时，可利用备用信用证/银行保函的功能追回货款，但备用信用证/银行保函的有效期须晚于托收付款期限后一定时间。

**（四）跟单托收与预付金相结合**

采用跟单托收并由进口商提交预付款或一定数量的押金作为保证。当契约货物装运后，出口商通过银行可获得货款的部分金额。若托收遭到进口商拒付时，出口商可将货物运回，而从已获款额中扣除来往运费、利息及合理的损失费用。关于预付金和押金的数目，应经协商视情况而定。

**（五）跟单托收与提交预付金相结合**

采用跟单托收并须由进口商提交预付款或一定数量的押金作为保证。于契约货物装运后，出口商通过银行可获得货款的部分金额。若托收遭到进口商拒付时，出口商可将货物运回，而从已获款额中扣除来往运费、利息及合理的损失费用。关于预付金和一定数量的押金的数目，应经协商方式视情况而定。但为表示上述功能，在契约和信用证中，必须明确如下内容：

Shipment to be made subject to an advanced payment or payment accounting ____ to be remitted in favour of seller by T/T or M/T with indication of S/C No. ____ and balance is on collection basis, documents will be re-leased against D/P at sight.

## 本章思维导图

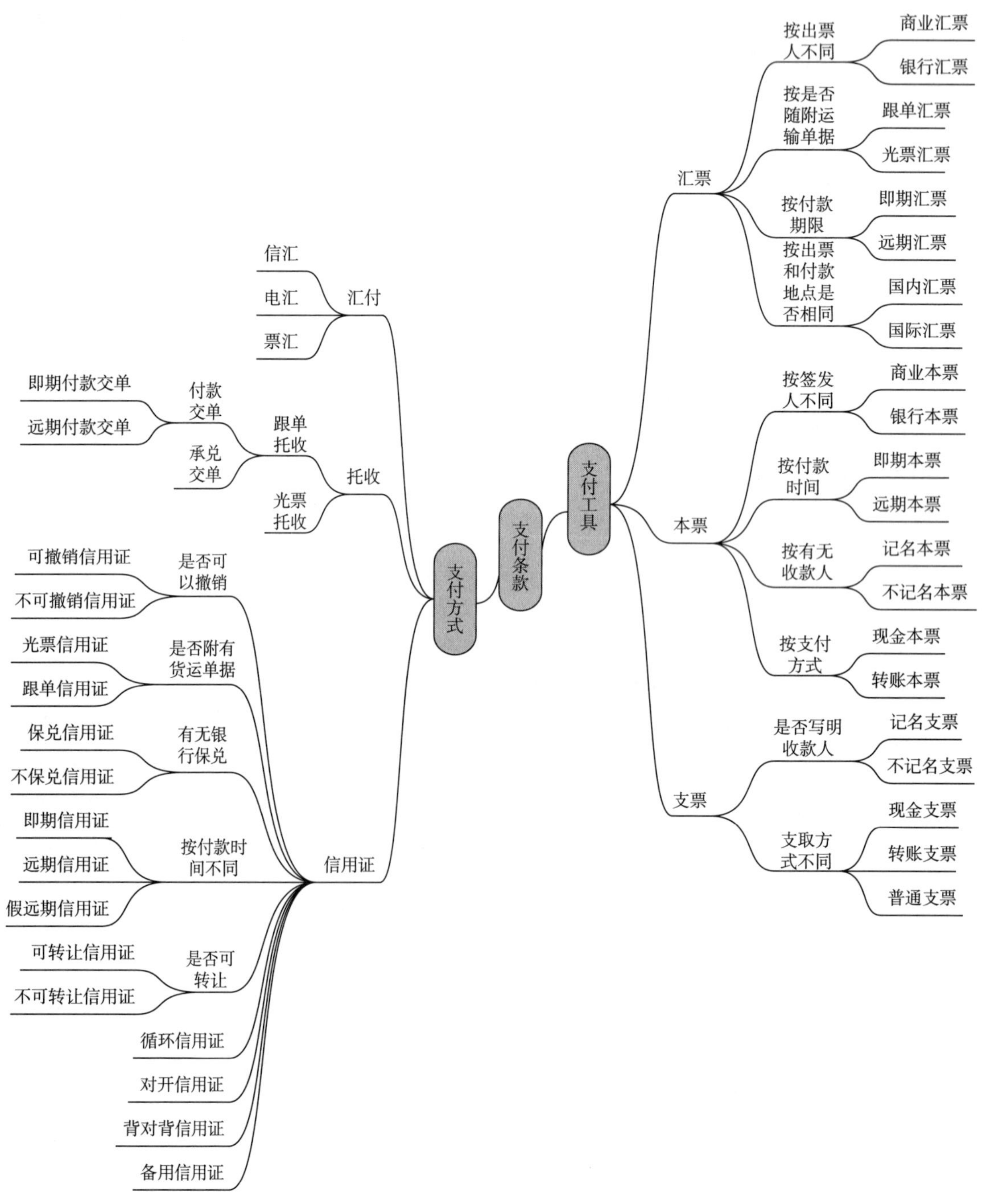

## 课后思考题

1. 某笔进出口业务，约定分两批装运，支付方式为即期不可撤销信用证。第一批货物发送后，买方办理了付款赎单。但收到货物后，发现货物品质与合同规定严重不符，便要求开证行通知议付行对第二批信用证项下的货运单据不要议付，银行不予理睬。后来议付行对第二批信用证项下的货运单据仍予议付。议付行通知买方付款赎单，遭到买方的拒绝。

问：银行的处理方法是否合适？买方应如何处理此事为宜？

2. 我国某纺织品进出口公司与国外某商人于2022年5月18日签订了一份出口精纺棉织品的合同，合同中规定采用信用证付款方式付款，装运期为10月。由于双方的疏忽，合同中未对信用证的种类予以规定。我方收到国外客户开来的信用证后，发现该证也未规定信用证的种类。

问：该证是否要经过修改才可使用？为什么？

3. 我国某贸易有限公司向国外某客商出口货物一批，合同规定的装运期为6月，D/P after sight 支付方式付款。合同订立后，我方及时装运出口，并收集好一整套结汇单据及开出以买方为付款人的60天远期汇票委托银行托收。单据寄抵代收行后，付款人办理承兑手续时，货物已到达了目的港，且行情看好，但付款期限未到。为及时提货销售取得资金周转，买方经代收行同意，向代收行出具信托收据借取货运单据提前提货。不巧，在销售的过程中，因保管不善导致货物被焚毁，付款人又遇其他债务关系面临倒闭，无力付款。

问：在这种情况下，责任应由谁承担？为什么？

4. 某公司以CIF价出口一批货物，进口方银行开来的即期信用证规定：于或约于10月1日装船。该公司于10月5日装船，并于10月28日向通知行递交信用证规定的全套货运单据要求议付，但却遭到银行拒付。请问银行的做法是否合理？为什么？

5. 作为出口商，防范托收风险的措施有哪些？

## 答案

1. 银行处理方式合适。买方可以在支付货款后进行索赔。

2. 不需要修改。因为根据UCP600的规定，信用证是不可撤销的。

3. 责任由代收行承担，因为代收行应当在收到货款的情况下才能放单给买方。

4. 银行做法合理。因为信用证已经过期了。

5. 出口商防范托收风险的措施包括深入了解进口商的资信和经营作风，掌握市场价格动向、汇率趋势等，做到货物和单据与合同一致，联系货物到港后的仓储、保险、转售经纪人或代理人，要求买方装运前支付一定比例预付款，通过保理和投保出口信用险等事先控制风险的措施规避风险，通过委托追账公司追收账款等事后补偿措施规避风险。

# 第十五章　检验、索赔、不可抗力和仲裁

PPT15　检验、索赔、不可抗力和仲裁

## 教学目的与要求

掌握进出口货物检验的基本知识，了解国际货物贸易中索赔、不可抗力、仲裁的含义和相关规则等内容。

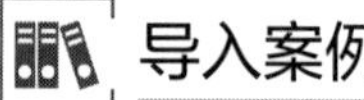

## 导入案例

**棉纱贸易纠纷**

我国某公司与英国某公司成交棉纱 1500 公吨，每公吨 348 英镑 CIF 伦敦，总金额为 522000 英镑，交货期为当年的 5 月至 9 月。由于当时我方公司缺货，只交了 450 公吨，其余 1050 公吨经双方协商同意延长至下一年度内交货。第二年，我国产棉区发生自然灾害。于是，我方公司以不可抗力为由，要求免除交货责任。但对方拒绝并称该商品市场价格上涨，由于我方公司未交货，已使其损失 150000 英镑，要求我方公司无偿提供其他品种的同类商品抵偿其损失。我方公司对此要求不同意。该英国公司根据仲裁条款规定向中国仲裁机构提出仲裁。仲裁申请中强调我方公司所称不可抗力的理由不充分，并指出我方公司如不愿以商品抵偿其损失，就坚持索赔 15 万英镑。在仲裁机构的调解下，双方经过多次协商，我方公司赔偿对方 41820 英镑结案。

## 第一节　进出口商品的检验

### 一、商品检验的重要性

进出口商品检验是随着国际货物买卖的发展而产生和发展起来的，它在国际货物买卖中有十分重要的地位。在国际货物买卖中，由于交易双方身处异地，相距遥远，货物在长途运输过程中难免会发生残损、短少甚至灭失，尤其是在凭单证交接货物的象征性交货条件下，买卖双方对所交货物的品质、数量等问题更易产生争议。因此，为了便于查明货损原因、确定责任归属，以利货物的交接和交易的顺利进行，就需要有一个公证的第三者，即商品检验机构，对货物进行检验。由此可见，进出口商品检验是国际货物买卖中不可缺少的一个重要环节，做好进出口商品检验工作并在国际货物买卖中约定好商品检验条款，有着非常重要的意义。

## 二、检验时间和地点

检验时间和地点是指在何时、何地行使对货物的检验权。所谓检验权，是指买方或卖方有权对所交易的货物进行检验，其检验结果即作为交付与接收货物的依据。确定检验的时间和地点，实际上就是确定买卖双方中的哪一方行使对货物的检验权，也就是确定检验结果以哪一方提供的检验证书为准。谁有对货物的检验权，谁就有了对货物的品质、数量、包装等项内容进行最后评定的权利。由此可见，如何规定检验时间和地点，是直接关系到买卖双方切身利益的重要问题，因而是交易双方商定检验条款时的核心所在。

在国际货物买卖合同中，根据国际贸易的一般习惯做法和我国的业务实践，有关检验时间和地点的规定办法。可主要归纳为以下几种：

### （一）在出口国检验

在出口国检验又包括产地检验和装运港（地）检验两种。

（1）产地检验（origin inspection）是指货物在产地出运或工厂出厂前，由产地或工厂的检验部门或买方的验收人员进行检验和验收，并由买卖合同中规定的检验机构出具检验证书，作为卖方所交货物的品质、重量（数量）等检验内容的最后依据。卖方只承担货物离开产地或工厂前的责任，对于货物在运输途中所发生的一切变化，卖方概不负责。

（2）装运港（地）检验又称“离岸品质、离岸重量”检验（shipping quality and weight inspection），是指货物在装运港或装运地交货前，由买卖合同中规定的检验机构对货物的品质、重量（数量）等检验内容进行检验，并以该机构出具的检验证书作为最后依据。卖方对交货后货物所发生的变化不承担责任。

采用上述两种规定方法时，即使买方在货物到达目的港或目的地后，自行委托检验机构对货物进行复验，也无权对商品的品质和重量等检验内容向卖方提出异议，除非买方能证明，他所收到的与合同规定不符的货物是由于卖方的违约或货物的固有瑕疵所造成的。因此，这两种规定办法，从根本上否定了买方的复验权，对买方极为不利。

### （二）在进口国检验

此种方法又分为目的港（地）检验和买方营业处所（最终用户所在地）检验。

（1）目的港（地）检验，又称为“到岸品质、到岸重量”检验（“landed quality and weight” inspection），是指货物运达目的港或目的地时，由合同规定的检验机构在规定的时间内，就地对商品进行检验，并以该机构出具的检验证书作为卖方所交货物品质、重量（数量）等检验内容的最后依据。采用这种方法时，买方有权根据货物运抵目的港或目的地时的检验结果，对属于卖方责任的品质、重量（数量）等检验内容中不符合合同规定的点，向卖方索赔。

（2）买方营业处所检验又称最终用户所在地检验，主要是为一些因使用前不便拆开包装，或因不具备检验条件而不能在目的港或目的地检验的货物所设置的，如密封包装货物、精密仪器等，通常都是在买方营业处所或最终用户所在地，由合同规定的检验机构在规定的时间内进行检验。货物的品质等检验内容，以该检验机构出具的检验证书为准。

采取上述两种做法时，卖方实际上须承担到货品质等检验内容的责任。由此可见，这两种方法，对卖方极为不利。

**（三）出口国检验、进口国复验**

出口国检验、进口国复验是指卖方在出口国装运货物时，以合同规定的装运港或装运地的检验机构出具检验证书，作为卖方向银行收取货款的凭证之一，货物运抵目的港或目的地后，由双方约定的检验机构在规定的地点和期限内对货物进行复验。复验后，如果货物与合同规定不符，而且属于卖方责任所致，此时，买方有权凭该检验机构出具的检验证书，在合同规定的期限内向卖方索赔。由于这种做法兼顾了买卖双方的利益，较为公平合理，因而它是国际货物买卖中最常见的一种规定检验时间和地点的方法，也是我国进出口业务中最常用的一种方法。

**（四）装运港（地）检验重量、目的港（地）检验品质**

在大宗商品交易的检验中，为了调和买卖双方在商品检验问题上的矛盾，常将商品的重量检验和品质检验分别进行，即以装运港或装运地验货后检验机构出具的重量检验证书，作为卖方所交货物重量的最后依据，以目的港或目的地检验机构出具的品质检验证书，作为商品品质的最后依据。货物到达目的港或目的地后，如果货物在品质方面与合同中规定的不符，而且该不符点是卖方责任所致，则买方可凭品质检验证书，对货物的品质向卖方提出索赔，但买方无权对货物的重量提出异议。这种规定检验时间和地点的方法就是装运港（地）检验重量，目的港（地）检验品质，也称“离岸重量、到岸品质”检验（“shipping weight and landed quality” inspection）。

需要指出的是，由于实际业务中检验时间和地点的规定，常常与合同中所采用的贸易术语、商品的特性、检测手段、行业惯例以及进出口国的法律法规密切相关，因此，在规定商品的检验时间和地点时，应综合考虑上述因素，尤其要考虑合同中所使用的贸易术语。

## 三、检验机构

在国际货物买卖中，交易双方除了自行对货物进行必要的检验外，通常还要委托独立于买卖双方的第三方机构对货物进行检验。有时，虽然买卖双方未要求对所交易的商品进行检验，但根据有关法律或法规的规定，必须由某机构进行检验合格后方可出境或入境。这种根据客户的委托或有关法律法规的规定对进出境商品进行检验、鉴定或监督管理的机构就是进出口商品检验机构，简称检验机构或商检机构。

**（一）国际上商品检验机构的类型**

国际上的商品检验机构种类繁多，名称各异，有的称作公证行（Authentic Surveyor）、宣誓衡量人（Sworn Measurer），也有的称为实验室（Laboratory）。检验机构的类型，大体可归纳为官方检验机构、半官方检验机构和非官方检验机构三种。

官方检验机构是指由国家或地方政府投资，按照国家有关法律法令对出入境商品实施检验、鉴定和监督管理的机构。例如，我国的国家市场监督管理总局、美国的美国食品药品监督管理局（FDA）、美国动植物检疫署和美国粮谷检验署以及日本通商省检验所等。

半官方检验机构是指有一定权威的、由国家政府授权、代表政府行使某项商品检验或某一方面检验管理工作的民间机构。例如，根据美国政府的规定，凡是涉及与防盗信号、化学危险品以及与电器、供暖、防水等有关产品的安全检验和鉴定，必须经美国保险人实验室（Underwriters Laboratory）这一半官方检验机构检验认证合格，并贴上该实验室的英文缩写标志“UL”后，该产品方可进入美国市场。

非官方检验机构主要是指由私人创办的具有专业检验、鉴定技术能力的公证行或检验公司，如英国劳埃氏公证行（Lloyd's Surveyor），瑞士日内瓦通用公证行（Societe Generale de Surveillance，SGS）等。

**（二）我国的商品检验机构**

我国进出口商品检验主要由中国国家进出口商品检验局（China Import and Export Commodity Inspection Bureau，CCIB）及其分支机构承担。此外，还有各种专门从事动植物、食品、药品、船舶、计量器具等不同行业的官方检验机构，例如，中国检验认证集团、中国检验检疫科学研究院、国家防伪产品质量检验检测中心等。

我国商检机构统一按照《商检条例》执行检验任务。主要任务有三条：对重要商品实施法定检验；对所有进出口商品的品质实施监督管理；办理对外贸易公证鉴定业务。

**课堂讨论 15-1：**列举几个我国企业进口时常用的第三方检验机构。

## 四、商品检验的程序

办理进出口商品检验是国际贸易中的一个重要环节。进出口商品的检验程序如下：

**（一）申请检验**

首先由报验人填写“进（出）口检验申请书”，填明申请检验、鉴定工作项目和要求，并提供有关的单证和资料，如外贸合同、信用证、厂检结果单正本、成交小样及其他必要的资料等。商检机构在审查上述材料符合要求后，受理该批商品的报验。

**（二）抽样**

商检机构接受报验之后，及时派员赴货物堆存地点进行现场检验鉴定。抽样时，采取随机取样方式，在货物的不同部位抽取一定数量的、能代表全批货物质量的样品（标本）供检验使用。

**（三）检验**

检验部门可以使用从感官到化学分析、仪器分析等各种技术手段，对进出口商品进行检验。检验的形式有商检自验、共同检验、驻厂检验和产地检验等。

**（四）签发证书**

出口方面，商检机构对检验合格的商品签发检验证书，或在“出口货物报关单”上加盖放行章。出口企业在取得检验证书或放行通知单后，在规定的有效期内报运出口。

进口方面，进口商品经检验后，分别签发“检验情况通知单”或“检验证书”，供对外结算或索赔使用。凡由收、用货单位自行验收的进口商品，如发现问题应及时向商检机构申请复验并出证，以便向外商提出索赔。对于验收合格的，收、用货单位应在索赔有效期内把检验结果报送商检机构。

## 五、合同中的商品检验条款

商检条款是国际货物买卖合同中的一项重要内容，其所包含的商检权与当事人的拒收权和索赔权有直接的联系。当事人依据商检条款，行使相应的商检权。因此，应根据平等互利原则与对方协商订立检验条款，从而提高合同的履约率。

### （一）出口合同中的商品检验条款

在我国出口合同中，商检条款一般为：双方同意以中国进出口商品检验局所签发的品质或数量检验证书作为信用证项下议付单据的一部分。买主有权对货物进行复检。复检费由买方负担。如发现品质或数量与合同不符，买方有权向卖方索赔，但需提供经卖方同意的公证机构出具的检验报告。索赔期限为货物到达目的港一定天数内。

### （二）进口合同中的商品检验条款

在我国进口合同中，商检条款一般为：双方同意以制造厂（或××检验机构）出具的品质及数（重）量检验证明书作为有关信用证项下付款的单据之一。货到目的港经中国进出口商检局复验，如发现品质或数（重）量与本合同规定不符时，除属保险人或承运人责任外，买方凭中国出入境检验检疫机构的检验证书，在索赔有效期内向卖方提出退货或索赔。索赔有效期为××天，自货物卸毕日期起计算。所有退货或索赔引起的一切费用（包括检验费）及损失均由卖方负担。

根据我国《进口商品质量监督管理办法》的规定：对于有些重要进口货物，可以根据合同的规定，到出口国进行货物装运前的事先检验、监造和监装。最后以货到后的检验为准。

### （三）商品检验条款的注意事项

合同中的商检条款的主要内容一般包括检验方式、检验内容、检验机构和检验费用等方面。所以，在与外商签订的进出口合同中，需要科学、明确、具体、合理地确定这些内容。

#### 1. 确定检验方式

出口检验方式理论上可分为自验、共验、出口商品预先检验、驻厂检验、产地检验、出口商品内地检验与口岸查验、出口商品的重新检验、免验、复验等多种方式。不同的商检机构有不同的要求。所以在与外商签订合同时，事先就要搞清楚客户所要求的出证机构将会采取哪种方式检验。

#### 2. 确定检验内容

双方商量好每一批货物应检验哪些项目，并将其清楚地写到合同里，这是商检条款的核心内容之一。而且，对检验内容进行合同表述时要科学、合理和精确。

#### 3. 慎选检验机构

要选择世界公认的、一流的检验机构。这类机构在世界分支机构多、信誉好、技术水平先进、效率高、出证快、权威性强。一般来说比较公正，收费规范且联系方便。

#### 4. 明确检验费用

出口业务中，商检费用一般由出口商自己承担。但是，当买方提出额外的商检方面的要求时，出口商则应考虑费用承担的分配问题。当然还要考虑额外的工作所占用的时间和对整个出口流程的影响。

**5. 检验权的约定应公平合理**

商品检验权的归属直接关系到买卖双方的切身利益。因此，合同当事方对商品检验权的约定应十分慎重。一般来说，以卖方的检验为准对买方不利，而以买方的检验为准则对卖方不利。比较公平合理的做法应当是，出口国检验证明作为卖方交付凭证，但货物到达后买方享有复检权。

## 第二节　异议与索赔

在国际货物贸易中，买卖双方从商订合同到实际履行合同，往往需要经过一段较长的时间。在此期间内，由于市场情况变化多端，金融货币市场动荡不定，致使商品价格和汇率瞬息万变。加之，国际贸易线长面广，中间环节多，一旦在生产、加工、收购、运输和资金供应等任何一个环节发生意外，或市场行情发生对一方当事人不利的变化时，就有可能出现一方当事人违约或拒不履约的情况，使另一方当事人蒙受损失，从而导致索赔事件的发生，甚至引起贸易纠纷。此外，国际贸易易受政治、经济形势变化和自然条件的影响，在履约过程中，有可能发生并非合同当事人过失造成的意外事件而使合同不能履行或不能如期履行。为了预防或减少贸易纠纷，依约处理合同争议，在国际货物买卖合同中，有必要事先约定异议与索赔条款、违约金条款、定金条款等。

### 一、约定异议与索赔条款的意义

异议与索赔条款是国际贸易合同中的重要组成部分，旨在保障合同双方的合法权益，处理可能出现的如货物质量、数量、包装、交货时间等方面不符合合同约定的情况。

索赔（claim）是指签订合同的一方违反合同的规定，直接或间接地给另一方造成损害，受损方向违约方提出损害赔偿要求。理赔（settlement of claims）是指违约方受理受损方提出的赔偿要求。由此可见，索赔与理赔是一个问题的两个方面。

例如，在一份服装出口合同中，如果买方在收到货物后的 15 天内发现服装存在尺寸偏差和面料质量问题，并能提供权威的质检报告作为依据，就有权向卖方提出索赔。索赔金额包括重新生产服装的成本、因延误销售造成的利润损失以及相关的运输和检验费用。

在我国进出口业务中，履行出口合同时，外商向我方索赔的情况比较多；履行进口合同时，则由我方向外商索赔的情况比较多。为了便于处理这类问题，在国际货物买卖合同中，通常都应订立异议与索赔条款。约定此项条款，具有双重意义，即一方面有利于促使合同当事人认真履约，另一方面也便于依约处理合同争议。

### 二、进出口合同中的索赔条款

#### （一）异议和索赔条款

该条款针对卖方交货品质、数量或包装不符合合同规定而订立。主要内容包括索赔依据、索赔期限和赔偿损失。

### （二）违约金条款

违约金（liquidated damages）是指一方当事人违反合同，依据约定或法律规定向另一方当事人支付一定数额的金钱的责任。它是违约责任中一种常见的责任形式。违约金有约定和法定之分。在国际货物贸易中，违约金通常由合同当事人约定。从本质上看，违约金是法律强制违约方向守约方支付的一笔金钱，它与赔偿损失虽有相同之处，但二者却有区别。

违约方支付违约金的责任，并不是以造成守约方损失为前提条件，即使违约结果并未使守约方发生任何实际损害，守约方也可向违约方追究违约责任，以示惩罚。因此，有人也将违约金称为罚金（penalty）。由于违约金数额与实际损失是否存在以及损失的大小无关，故法庭或仲裁庭审理违约争议时，并不要求原告或申请人就实际损失进行举证，这在追索程序上远比赔偿损失简单。

就违约金性质而言，有惩罚性违约金和补偿性违约金之分，世界上大多数国家以违约金的补偿性为原则，以惩罚性为例外。

违约金条款针对当事人不按期履约而订立，如卖方未按期交货或买方未按期派船、开证等。主要内容是在合同中规定：如有一方未履约或未完全履约，应向对方支付一定数量的约定金额，即罚金或违约金，以补偿对方的损失。

违约金的支付并不解除违约方继续履行合同的义务。因此，违约方除支付罚金外，仍应履行合同义务，如因故不能履约，则另一方在收受罚金之外，仍有权索赔。

### （三）定金条款

定金是指合同一方当事人按合同约定预先付给另一方当事人一定数额的金钱，以保证合同的订立与合同的成立、担保合同的履行和保留合同的解除权，它是作为债权的担保而存在的。定金与预付款不同，它是对履约作出的具体担保，而预付款则是对合同义务的预先履行。根据我国《合同法》第 115 条规定，若付给定金的一方履行合同义务后，定金应当抵作价款或者收回。反之，若付给定金的一方不履行合同义务，则无权要求返回定金。根据对等的原则，若收受定金的一方不履行合同义务，则应当双倍返还定金。在合同中有定金条款的情况下，无论哪一方当事人不履行合同义务，都要损失与定金数额相等的金钱，这就有利于促使合同双方当事人自觉地履行合同义务。由此可见，约定定金条款，从法律和实践的角度来看，都有着积极的意义。

**课堂讨论 15-2**：定金与订金有什么区别？

## 第三节　不可抗力

不可抗力是指非当事人所能控制，无法预见、无法避免且无法克服的客观情况，这种情况会导致合同无法履行或不能如期履行。在国际货物贸易中，由于自然原因或社会原因引起的人力不可抗拒的事件，使买卖双方签署的合同不能履行，在此情况下，按照国际贸易有关法律和惯例，可以免除合同当事人的责任。为了明确责任，在国际货物买卖合同中，一般都约定了此项免责条款，即所谓的不可抗力条款。

## 一、约定不可抗力条款的意义

国际上对不可抗力的含义及其称呼并不统一。在英美法律法规中，有“合同落空”之说；在中国法律法规中，有“情势变迁”或“契约失效”之说；按《联合国国际货物销售合同公约》的解释是，合同签订后，发生了合同当事人订约时无法预见和事后不能控制的障碍，以致不能履行合同义务。尽管上述称呼和解释不一，但其基本精神和处理原则大体相同，即：合同签订后，发生了当事人无法预见、无法预防和无法控制的意外事件，致使合同不能履行，可以免除当事人的责任。鉴于国际上对不可抗力事件及其引起的法律后果并无统一规定，为防止合同当事人对不可抗力事件的性质、范围做随意解释，或提出不合理的要求，或无理拒绝对方的合理要求，故有必要在买卖合同中订立不可抗力条款，明确约定不可抗力事件的性质、范围、处理原则和办法，以免引起不必要的争议。由此可见，在买卖合同中约定不可抗力条款，有着重要的法律和实践意义。

## 二、进出口合同中的不可抗力条款

不可抗力事件主要包括两种情况：

### （一）自然力量引起的不可抗力事件

主要是指各种自然灾害，如飓风（hurricane）、水灾（flood）、雪崩（avalanches）、闪电（lightning）等原因所致的不可抗力事件。

### （二）社会力量引起的不可抗力事件

主要是指因战争（War）、类似战争状况（warlike conditions）、政府管制或禁令（government restriction or prohibition）、罢工（strike）、民众骚乱（civil commotions）等因素所致的不可抗力事件。

针对不可抗力事件主要采取两种处理方法：一是解除合同；二是延迟履约。

实际工作中，对特定的不可抗力事件究竟采取何种处理方式，要看这一事件影响履约的严重程度。一般认为，如果不可抗力使得合同履行成为不可能，则可解除合同；如果不可抗力只是部分或者暂时性地阻碍了合同的履行，则发生事件的一方只能采取变更合同（包括替代履行、减少履行或迟延履行）的方法以减少另一方的损失。

不可抗力的基本精神主要包括以下几点：意外事故必须是发生在合同签订以后，不是由于合同当事人双方自身的过失或疏忽而导致的。意外事故是当事人双方所不能控制的、无能为力的。

不可抗力条款的内容主要包括不可抗力事件的范围、不可抗力事件的处理原则和方法、事件发生后通知对方的期限和通知方式以及出具事件证明的机构等。

不可抗力事件的范围较广，哪些意外事故构成不可抗力，哪些不能构成，买卖双方在交易磋商时应达成一致意见。通常有下列三种规定办法。

（1）概括规定。即在合同中不具体规定不可抗力事件的范围，只作概括的规定，例如：

If the fulfillment of the contract is prevented due to force majeure, the seller shall not be liable. However, the seller shall notify the buyer by cable and furnish the sufficient certificate attesting such event or events.

如果由于不可抗力的原因导致卖方不能履行合同规定的义务时，卖方不负责任，但卖方应立即电报通知买方，并须向买方提交证明发生此类事件的有效证明书。

（2）具体规定。在合同中明确规定不可抗力事件的范围，凡在合同中没有订明的，均不能作为不可抗力事件加以援引，例如：

If the shipment of the contracted goods is delayed by reason of war, flood, fire, earthquake, heavy snow and storm, the seller can delay to fulfill, or revoke part or the whole contract.

如果由于战争、洪水、火灾、地震、雪灾、暴风的原因致使卖方不能按时履行义务时，卖方可以推迟这些义务的履行时间，或者撤销部分或全部合同。

（3）综合规定。即采用概括和列举综合并用的方式。在我国进出口合同中，一般都采取这种规定办法。例如：

If the fulfillment of the contract is prevented by reason of war or other causes of force majeure, which exists for three months after the expiring the contract, the non-shipment of this contract is considered to be void, for which neither the seller nor the buyer shall be liable.

如果因战争或其他人力不可控制的原因，买卖双方不能在规定的时间内履行合同，如此种行为或原因在合同有效期后持续三个月，则本合同的未交货部分即视为取消，买卖双方的任何一方，不负任何责任。

**课堂讨论 15-3**：某年，我国 A 公司与英国 B 公司成交小麦 100 公吨，总金额为 40000 英镑，交货期为当年 5 月至 9 月。签约后，A 公司购货地发生水灾。A 公司以不可抗力为由，要求免除交货责任。但对方回电拒绝。请问对方的拒绝是否合理？

## 第四节　仲裁

在国际货物贸易中，情况错综复杂，市场变化多端，因此，交易双方签订合同后，常常由于种种原因，合同没有履行，因而引起交易双方当事人之间的争议。交易双方一般都习惯于采用仲裁（arbitration）的方式来解决合同争议。

### 一、解决合同争议的方式

买卖双方解决合同争议通常有下列四种途径。

#### （一）友好协商

争议双方本着公平合理的原则，通过友好协商达成和解，这是解决合同争议的好办法。但是，遇到与合同当事人有较大利害关系的争议时，争议双方往往各持已见，难以达成共识，故此种解决争议的办法有一定的局限性。

**（二）调解**

若争议双方通过友好协商不能达成和解，则可在争议双方自愿的基础上，由第三者出面从中调解。调解应在确定事实、分清是非和责任的基础上，尊重合同规定，依照法律，参照国际惯例，根据客观公正和公平合理的原则进行，以促使当事人互谅互让，达成和解。实践表明，这也是解决争议的一种好办法。

**（三）仲裁**

国际货物贸易中的争议，如经友好协商与调解都未成功，而当事人又不愿意通过法院解决，则可采用仲裁办法。仲裁又称公断，是指买卖双方在争议发生之前或发生之后，签订书面协议，自愿将争议提交至双方均同意的第三者予以裁决。由于仲裁是依照法律所允许的仲裁程序裁定争端，因而仲裁裁决是最终裁决，具有法律约束力，当事人双方必须遵照执行。仲裁已成为国际上解决这种争议普遍采用的方式。仲裁的优势在于其程序简便，结案较快，费用开支较少，且能独立、公正和迅速地解决争议，给予当事人充分的自治权。此外，仲裁还具有灵活性、保密性、终局性和裁决易于得到执行等优点。

**（四）诉讼**

争议双方经过友好协商与调解都未达成和解，而他们又不愿采取仲裁方式，则可通过诉讼途径解决争端。诉讼具有下列特点：

诉讼带有强制性，只要一方当事人向有管辖权的法院起诉，另一方就必须应诉，争议双方都无权选择法官。诉讼程序复杂，处理问题比仲裁慢。诉讼处理争议，双方当事人关系比较紧张，有伤和气，不利于以后贸易关系的持续发展，且诉讼费用较高。

综上所述，友好协商与调解的使用都有一定的局限性，而诉讼也不是理想的途径，所以仲裁就成为解决合同争议广泛采用的一种行之有效的重要方式。

多年来，我国仲裁机构首创的“调解与仲裁相结合”的做法，体现出基于我国优秀文化传统之上的中国仲裁制度的特点，这种做法已收到了良好的效果。其具体做法是：结合仲裁的优势和调解的长处，在仲裁程序开始之前或之后，仲裁庭可以在当事人自愿的基础上，对受理的争议进行调解，如调解失败，仲裁庭仍按照仲裁规则的规定继续进行仲裁，直到作出终局裁决。

## 二、仲裁协议

**（一）仲裁协议的形式**

在国际货物贸易中，仲裁协议是指合同当事人或争议双方达成的有关解决彼此争议的一种书面协议。它主要包括下列两种形式：

一种是在争议发生之前订立的，它通常作为合同中的一项仲裁条款（arbitration clause）出现，在绝大多数国际货物买卖合同中都有此项条款。

另一种是在争议发生之后订立的，它是把已经发生的争议提交仲裁的协议（submission）。

需要强调说明的是，仲裁协议应当采取书面形式。书面形式包括合同书、信件、电报、电传、传真、电子数据交换和电子邮件等可以有形地表现所载内容的形式。在仲裁申请书和仲裁答辩书的交换中，如果一方当事人声称有仲裁协议而另一方当事人不做否认表示的，视为存在书面仲裁协议。

### （二）仲裁协议的效力

买卖合同中规定的仲裁条款和交易双方发生争议之后提交仲裁的协议，其法律效力是相同的，而且它们都具有独立性。根据我国仲裁条款规定，合同中的仲裁条款，应视为与合同中其他条款分离的、独立存在的条款。附属于合同的仲裁协议，也视为与合同中其他条款分离的、独立存在的一部分；合同的变更、解除、终止、失效或无效以及存在与否，均不影响仲裁条款或仲裁协议的效力。

根据我国法律，有效的仲裁协议必须载有请求仲裁的文字表示、选定的仲裁委员会和约定的仲裁事项必须是书面的；当事人具有签订仲裁协议的行为能力；形式和内容合法。否则依中国法律该仲裁协议无效。

此外，还要指出的是，仲裁委员会有权对仲裁协议的存在、效力以及仲裁案件的管辖权作出决定。如当事人对仲裁协议或仲裁案件管辖权有异议，应当在仲裁庭首次开庭前书面提出。书面审理的案件，应当在第一次实体答辩前提出。对仲裁协议或仲裁管辖权提出异议，不影响按仲裁程序进行审理。

### （三）仲裁协议的作用

仲裁协议的作用，包括下列三个方面：第一，约束双方当事人只能以仲裁方式解决争议，不得向法院起诉。第二，排除法院对有关案件的管辖权。如果一方违背仲裁协议，自行向法院起诉，另一方可根据仲裁协议要求法院不予受理，并将争议案件退交仲裁庭裁断。第三，使仲裁机构取得对争议案件的管辖权，这为仲裁程序的进行提供了明确的指引，确保仲裁的公正性和高效性。

## 三、仲裁条款的基本内容

国际货物买卖合同中的仲裁条款，通常包括仲裁地点、仲裁机构、仲裁规则、仲裁裁决的效力和仲裁费的负担。

### （一）仲裁地点

交易双方磋商仲裁条款时，都极为关心仲裁地点的确定。这是因为仲裁地点与仲裁所适用的法律密切相关。按各有关国家的法律规定，凡属程序方面的问题，除非仲裁条款（或协议）另有规定，一般都适用审判地法律，即在哪个国家仲裁，就往往适用哪个国家的仲裁法规。

鉴于仲裁地点是买卖双方共同关心的一个十分重要的问题，故在仲裁条款中必须作出明确具体的规定。在我国进出口合同中，关于仲裁地点通常有三种规定办法：一是约定在中国仲裁；二是约定在被申请人所在国仲裁；三是约定在双方同意的第三国仲裁。

### （二）仲裁机构

国际上的仲裁机构很多，其中，有常设的仲裁机构，也有由双方当事人共同指定仲裁员临时组成的仲裁庭。

在国际上，有些国际组织和许多国家或地区，都分别成立了常设仲裁机构。除设在巴黎的国际商会仲裁院外，还有英国伦敦仲裁院、瑞典斯德哥尔摩商会仲裁院、瑞士苏黎世商会仲裁院、美国仲裁协会、日本国际商事仲裁协会等。我国常设的涉外仲裁机构主要是中国国际经济贸易仲裁委员会和中国海事仲裁委员会。根据业务发展的需要，中国国际经济贸易仲裁委员会在上海和深圳分别设有分会。此外，我国有些省市和地区，近年来还按实际需要设立了若干地区性的仲裁机构。

鉴于国际上的仲裁机构很多，甚至在一个国家或地区就有多个仲裁机构，合同当事人究竟选用哪个仲裁机构，应在合同仲裁条款中具体列明。

**（三）仲裁规则**

各国仲裁机构一般都制定了自己的仲裁规则，按照国际仲裁的通常做法，原则上都采用仲裁所在地的仲裁规则，但值得注意的是，在法律上也允许根据双方当事人的约定，采用仲裁地点以外的其他国家（或地区）仲裁机构所制定的仲裁规则进行仲裁。

在中国仲裁时，双方当事人通常都约定使用《中国国际经济贸易仲裁委员会仲裁规则》。根据该仲裁规则的规定，凡当事人同意将争议提交中国国际经济贸易仲裁委员会仲裁的，均视为同意按照该仲裁规则进行仲裁。

**（四）仲裁裁决的效力**

仲裁裁决的效力主要是指由仲裁庭作出的裁决对双方当事人是否具有约束力，是否为终局性的，能否向法院起诉要求变更裁决。进出口中的仲裁条款一般都规定仲裁裁决是终局的，对争议双方都有约束力，任何一方都不得向法院提出诉讼。但是有些国家则规定允许向上一级仲裁庭或法院上诉。即使向法院提起诉讼，法院也只是审查程序，而不审查裁决本身是否正确。即便如此，双方当事人在签订仲裁条款时仍应规定：仲裁裁决是终局的，对双方都有约束力。

**（五）仲裁费的负担**

仲裁费由谁负担，通常都在仲裁条款中予以约定，以明确责任。根据双方当事人的意愿，有的约定由败诉方承担，也有的约定由仲裁庭裁决确定。

## 四、我国通常采用的仲裁条款格式

为了体现上述仲裁条款的基本内容和便于约定好仲裁条款，我国各进出口公司通常采用中国国际经济贸易仲裁委员会向合同当事人推荐的下列几种示范仲裁条款格式。

**（一）在中国仲裁的条款格式**

凡因本合同引起的或与本合同有关的任何争议，双方应当通过友好协商的办法解决；如果协商不能解决，均应提交中国国际经济贸易仲裁委员会，按照申请仲裁时该会现行有效的仲裁规则进行仲裁。仲裁裁决是终局的，对双方都有约束力。

**（二）在被申请人所在国仲裁的条款格式**

凡因本合同引起或与本合同有关的任何争议，双方应通过友好协商来解决；如果协商不能解决，应提交仲裁，仲裁在被申请人所在国进行。在中国，由中国国际经济贸易仲裁委员会根据申请仲裁时该会的仲裁规则进行仲裁。如在××国（被申请人所在国名称）由××国××仲裁机构（被申请人所在国的仲裁机构的名称）根据该组织现行有效的仲裁程序规则进行仲裁。其仲裁裁决是终局的，对双方都有约束力。

### （三）在第三国仲裁的条款格式

凡因本合同引起的或与本合同有关的任何争议，双方应通过友好协商来解决，如果协商不能解决，应按××国××地××仲裁机构根据该仲裁机构现行有效的仲裁程序规则进行仲裁。仲裁裁决是终局的，对双方都有约束力。

合同当事人除酌情分别采用上述仲裁条款外，还可以在仲裁条款（或仲裁协议）中对仲裁员人数、国籍、开庭地点、普通程序或简易程序、适用法律及仲裁语言等事项作出约定，或者在仲裁条款（或仲裁协议）达成之后，争议提交仲裁之前或者仲裁程序开始之前，以书面补充协议的形式进行补充约定。

## 五、约定仲裁条款的注意事项

交易双方商定买卖合同时，为了明确合理地约定仲裁条款，必须注意下列事项。

### （一）选择合适的仲裁地点

因仲裁地点的约定与双方当事人有利害关系，故在商定仲裁地点时，应考虑适用的法律与费用负担等问题。

仲裁地点不同，适用的法律则不同，不同法律对同一问题的解释与处理结果也会有别。因此，交易双方都希望选择法律环境比较利于己方的地点仲裁。同时，仲裁地点与合同当事人所在地距离的远近以及在该处仲裁所花费的开支大小等，也是需要考虑的因素。若争议金额不大，一般应选择与自身距离近的地点仲裁，最好争取在本国仲裁，以利于节省开支和避免出现得不偿失的情况。

此外，交易双方如约定在双方同意的第三国仲裁，则应选择允许受理双方当事人都不是本国公民的争议案，而且态度比较公正并具有一定的业务能力的仲裁机构。

### （二）择优选择适当的仲裁机构

国际上常设的仲裁机构很多，它们的情况很不一致，因此，需要择优选择适当的机构。选择时，要考虑成交金额的大小，并考虑下列各种因素：该机构的历史沿革和背景，审理案件的态度是否公正，办案效率和业务水平的高低，裁决的权威性和对外影响程度等。

### （三）合理约定仲裁费的负担

在仲裁条款中，关于仲裁费由何方负担有各种不同的规定，有的只约定由败诉方负担，也有的约定由仲裁庭决定。鉴于有时出现争议双方均有违约情况，双方都负有不同程度的责任，有时虽属一方违约引起争议，但由于胜诉方“狮子大开口”，索赔金额过高，而仲裁费是按索赔金额计收的，加之某些费用开支又不合理，致使仲裁费用加大，若这些不合理的加大部分费用，也由败诉方负担，显然有失公平。因此，在约定仲裁费用的负担时，最好同时约定：由败诉方承担或由仲裁庭酌情决定相互承担的比率。这种约定办法，既符合实事求是的原则，也体现尊重仲裁庭的裁量权。

**（四）仲裁条款的规定应当明确具体**

约定仲裁条款应当明确、具体，以利于争议的解决。例如，有的合同在约定仲裁地点时，规定“在中国或外国仲裁”，或者规定“在进口国或出口国仲裁”；有的合同约定“由中国国际经济贸易仲裁委员会仲裁”，同时又约定“在香港仲裁”；有的合同规定“发生争议在中国的仲裁机构或法院依法解决”；还有的合同约定“若双方发生争议，通过仲裁解决”，但仲裁地点、仲裁机构和仲裁规则等内容，都未具体规定。上述这些模棱两可或含糊其词的规定，都不利于解决争议。因此，订立合同中的仲裁条款或签订仲裁协议，应使其内容明确具体，以利于及时解决争议。

**课堂讨论 15-4：**假如你是导入案例中我方公司的负责人，通过这次赔偿，你学到了什么？

## 本章思维导图

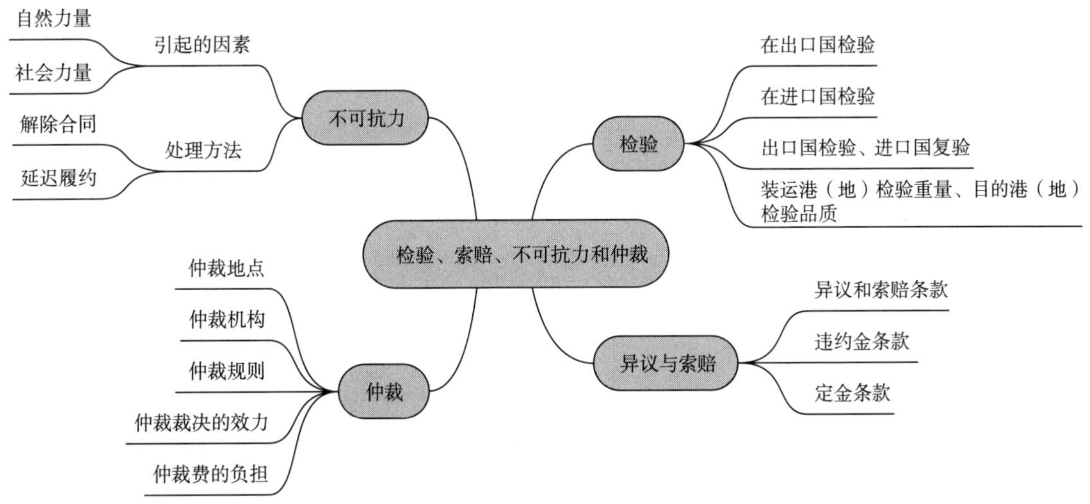


## 课后思考题

1. 某年某月，我国某公司与意大利一公司签订了毛纱生产线合同。设备是二手货，合同规定，出售商保证设备在拆卸之前均在正常运转，否则更换或退货。设备抵达目的地后，我方公司发现这些设备在拆运之前早已停止使用，在目的地装配后也因设备损坏、缺件根本无法马上投产使用。但是由于合同规定，如要索赔需商检部门在“货到现场后 14 天内出证”，而实际上，设备运抵工厂并进行装配就已经超过 14 天，无法在这个期限内进行索赔。最后，工厂只能依靠自己进行维修，经过半年多的时间，花费了大量人力物力才使得设备运转正常。

试分析在这个合同的制定过程中，存在哪些问题？该如何避免？

2. 我国某进口企业按 FOB 条件向欧洲某厂商进口一批货物。当我方派船前往西欧指定港口接货时，正值埃及与以色列发生战争，埃及被迫关闭苏伊士运河。我方所派船只只能绕道南非好望角航行，由于绕道而增加了航程，致使船只延迟到达。欧洲厂商要求我方赔偿因接货船只延迟而造成的仓租和利息损失。我方拒绝了对方要求，因此引起了争议。

请问：该争议该如何处理？

3. 我国某外贸公司与某外商签订一份出口合同，合同中订有仲裁条款，仲裁地点为北京。后来发生交货品质纠纷，外商不愿到北京仲裁，于是在当地法院起诉。当地法院向我国外贸公司寄来传票。

请问：我公司应如何处理？

4. 国内某研究所与日商签订了一项进口合同，欲引进一台精密仪器，合同规定 9 月交货，但到了 9 月 15 日，日本政府宣布：该仪器属于高科技产品，禁止出口，自宣布之日起 15 天生效。后日方来电，以不可抗力为由要求解除合同。

请问：日方的要求是否合理？我方应如何处理较为妥当？

5. 美国 A 公司从国外 B 公司进口一批饰品，以供应圣诞节市场，合同规定：卖方在 9 月底以前装船，但卖方违反合同，到 10 月 7 日才装船，致使该批货物到美国时圣诞节已过，因此，A 公司拒收货物并主张撤销合同。

试分析：A 公司是否有权拒收货物，撤销合同？为什么？

## 答案

1. 在该合同的制定过程中，忽略了检验、索赔这两个重要环节。特别是索赔有效期问题。合同质量条款订得再好，索赔有效期订得不合理，质量条款就会成为一句空话。合同的制定过程中，不能只看到对方对于产品质量的保证，索赔条款也要具体明确。

2. 我方可以采用不可抗力条款拒绝对方提出的赔偿要求。理由如下：我方派船接货过程中遭遇了战争导致了绕行。这个是属于社会原因而导致的不可抗力因素。根据《联合国国际货物销售合同公约》规定：受到不可抗力影响造成的违约，违约方可以不承担违约责任。因此我方可以拒绝对方提出的索赔要求。

3. 我公司可以拒收法院的传票。本案中双方在合同中已经明确规定了仲裁条款，这就说明不能把有关争议案件提交法院审理。如果一方违反条款，自行向法院提起诉讼，对方可根据仲裁协议要求法院停止司法诉讼程序，发还仲裁庭处理。

4. 日方要求不合理，我方应要求日方按期交货，即在 30 日前交货。

5. A 公司有权撤销合同，因为对方已经违反了合同的主要条款——装运期的要求。

# 第十六章　国际贸易合同的磋商与履行

PPT16　国际贸易合同的磋商与履行

## 教学目的与要求

通过学习，要求学生了解贸易磋商的主要环节，了解合同成立的条件及合同形式。掌握国际贸易中进出口合同的履行，并能够在实际中正确运用。

## 导入案例

**合同达成的条件**

我国某进出口公司向国外某公司询购某商品。不久，我方收到对方6月4日的发盘，发盘有效期至6月21日。我方于6月19日向对方复电："若价格能降至32美元/件，我方可以接受。"对方未做答复。6月20日我方得知国际市场行情有变，于当日又向对方去电表示完全接受对方6月4日的发盘。该案例中，合同是否成立?

在国际货物贸易中，买卖双方如何洽商交易、订立合同、履行合同和处理违约问题，与合同各方当事人都有着直接的利害关系。为了体现公平交易和实现双赢原则，我们必须在平等互利的基础上，正确开展商务谈判，依法订立买卖合同和合理约定合同条款，依约履行合同，并采取正确的救济方法处理当事人违约的问题。

## 第一节　交易磋商

合同的签订要通过交易磋商实现。交易磋商（trade negotiation）是进出口双方为了签订进出口合同而对交易的各项条款讨价还价、最终达成一致并签订合同的过程。

传统的交易磋商一般包括询盘、发盘、还盘、接受四个环节，其中发盘与接受是达成交易必经的两个环节。

### 一、询盘

询盘（inquiry）是指买方为了购进货物或卖方为了销售货物而向对方提出有关交易条件的询问。在国际贸易的实际业务中，一般多由买方主动向卖方发出询盘。其内容可以只是询问价格，也可以询问其他交易条件，如品名、数量和交货日期等，也可以要求对方向自己作出发盘。询盘对于询盘人和被询盘人均无法律上的约束力，而且不是交易磋商的必要步骤。

但是它往往是一笔交易的起点，所以作为被询盘的一方，应对接到的询盘给予重视，并做及时和适当的处理。

## 二、发盘

发盘（offer）又叫发价、报盘、报价，是交易的一方向另一方提出各项交易条件，并愿意按提出的交易条件达成交易并签订合同的一种口头或书面的表示。发盘在法律上称为“要约”。发出发盘的一方就是发盘人，收到发盘的一方则被称为受盘人。

发盘经常是发盘人在收到受盘人对自己发出询盘后发出的，但也可以在未收到询盘的情况下由发盘人直接对受盘人发出。在实际业务中，大多数发盘都由卖方发出，称作售货发盘（selling offer）；只有少数由买方发出，被称为购货发盘（buying offer）。

发盘对发盘人与受盘人都具有法律效力。在发盘有效期内，发盘人不能任意撤销发盘或修改其内容；若受盘人在有效期内对该发盘表示无条件接受，发盘人就必须按发盘条件与其成交、签订合同，否则即为违约，要承担相应的法律责任。从另一方面看，受盘人如果希望按发盘的条件与发盘人成交，就必须在发盘的有效期内对发盘的内容表示完全接受。

### （一）发盘的构成条件

《联合国国际货物销售合同公约》（简称《公约》）中明确规定，向一个或一个以上特定的人提出订立合同的建议，如果十分确定，并且表明发盘人在得到接受时有承受约束的意旨，即构成发盘。一个建议如果写明货物并且明示或默示地规定数量和价格，或者规定如何确定数量和价格，即为十分确定。

据此，一项有效的发盘应具备以下条件：

#### 1. 发盘必须向一个或一个以上特定的人提出

这是指在发盘中必须指定一个或多个有权对发盘表示接受的人，只有这些特定的人才可以对发盘表示接受并与发盘人签订合同。绝大多数情况下，若发盘中没有指定受盘人，它便不能构成有法律约束力的发盘，只能被视为询盘，如向客户广泛分发的商品目录、价格表、海报等都属于这种情况。

#### 2. 发盘中必须明确表示发盘人受其约束

发盘人在发盘中应表明自己有责任在受盘人对发盘做出有效接受时与其订立合同。发盘人是否在发盘中表明了这种意旨，不能只看发盘中是否有“实盘”之类的字样，更重要的是取决于发盘的内容。若受盘人不能肯定发盘人是否在发盘中表示了这种含意，应向发盘人提出，不能随意猜测。

#### 3. 发盘的内容必须十分确定

一项有效的发盘，其内容必须是确定的，即发盘中的交易条件必须是完整的、确定的和终局性的。

（1）发盘中包含的交易条件应该是完整的。《公约》的解释是在发盘中明确货物，规定数量和价格。在规定数量和价格时，可以明示，也可以暗示，还可以只规定确定数量和价格的方法。《公约》的这一规定是符合有些国家（如美国）有关合同法规定的。但我国一般都要求在发盘中列明商品名称、品质或规格、数量、包装、价格、交货和支付等主要条件。这样，一旦对方接受，便可据此制作详细的书面合同。这样做既有利于减少事后的争执，也有利于合同的订立和履行。

（2）发盘中的交易条件应是确定的。除特殊情况，交易条件中不能有含糊不清、模棱两可的词句，如大概、大约、参考价等。

（3）发盘中的交易条件应是终局性的。交易条件不附加任何保留及限制性条件，如“以我方最终确认为准”“以商品未售出为准”等都是不可以的。

如果一项所谓的发盘不能在内容上同时具备完整、明确、终局性的特点，它就不能构成真正的发盘，而只能成为询盘。

**4. 发盘必须送达受盘人**

一项发盘于送达特定的受盘人时才生效。在此之前，即使受盘人已通过其他途径知道了发盘的内容，也不能在收到发盘前主动对该发盘表示接受。

以上是构成有效发盘的四个条件，也是判断发盘是否具有法律效力的标准。若不能同时满足这四个条件，即使在发盘上注明“实盘”或类似字样，也不能使该“发盘”具有法律约束力。

### （二）对发盘有效期的规定

发盘都是有有效期的。只有在有效期内，受盘人对发盘的接受才有效，发盘人才承担按发盘条件与受盘人成交的责任。对发盘有效期的规定有以下几种情况。

**1. 在发盘中明确规定有效期**

最常见的明确规定有效期的做法，是在发盘中规定一个最后时限。这时发盘人既要在发盘中规定最后时限的具体日期，也要说明受盘人的接受须在这一日期前发出，还是须在这一日期前送达发盘人，还要说明该日期是以何处的时间为准，如“本发盘限 3 月 2 日复到，以我方时间为准”。我国外贸企业在对外发盘时，一般都采用这种方法规定发盘有效期，发盘送达受盘人时生效，至规定的有效期满为止。

明确规定有效期的另一种做法是在发盘中规定一段有效期限，如“本发盘有效期 3 天”等。若该发盘是以电报或信函方式发出的，有效期从电报拍发或信函寄出时起算；若该发盘是以电传等快速通信方式发出，则有效期从发盘送达受盘人时起算。但无论以何种通信方式发出发盘，受盘人的接受都应在有效期最后一天结束前送达发盘人。如果有效期的最后一天是发盘人所在地的正式假日或非营业日，则发盘有效期可顺延到下一个营业日。但在具体业务中，发盘人与受盘人却经常因为当地对起止日期的不同理解产生争议，因此实际使用较少。

由于发盘对发盘人有法律约束力，发盘人在有效期内不能任意撤销或修改发盘内容，因此有效期的长度一定要合理。若有效期过长，发盘人要承担很大的价格变动的风险；若有效期过短，受盘人没有充分时间对交易进行考虑，也不利于成交。一般来说，规定发盘有效期时要充分考虑商品的特点，对成交量大、价格变动频繁、波动幅度又比较大的商品，发盘的有效期应定得比较短；反之，则可以稍长。

**2. 在发盘中对有效期不做明确规定**

由于有效期不是构成有效发盘的必要条件，因此发盘可以不对有效期作明确规定。这时，按国际惯例，发盘在合理时间（reasonable time）内接受有效。对“合理时间”，国际上并没有统一规定，一般要由商品的特点和行业习惯或习惯做法决定。对于市场行情稳定的商品，有效期通常可以规定得较长，反之则较短。

这种规定发盘有效期的方法极易使交易双方产生争议，因此在实际业务中应尽量不用或少用。

**3. 发盘采用的是口头表达方式**

若发盘采用的是口头表达方式，则除非交易双方另有约定，受盘人必须立即表示接受才有效。

### (三) 发盘的撤回与撤销

发盘的撤回（withdraw）是指发盘人采取某种方式，阻止其发出的发盘生效的行为。如前所述，根据《公约》的规定，一项发盘在送达受盘人时才生效，对发盘人产生约束力。因此，如果发盘人在发出发盘后发现发盘内容有误，或由于其他原因想取消发盘，则他可以在发盘生效前将其撤回，但撤回发盘的通知应在发盘被送达受盘人之前、或与发盘同时到达受盘人。

发盘的撤销（revocation）与撤回完全不同，发盘的撤销是指发盘人在发盘生效后，通知受盘人取消发盘的效力，解除自己在发盘项下应该承担的责任的行为。不同的国家对发盘能否撤销有不同的规定，《公约》则对此做了折中。按照《公约》的规定，若发盘人撤销发盘的通知于受盘人向发盘人发出接受通知前送达受盘人，则发盘得以撤销；但若在发盘中规定了有效期，或通过其他方式表明该发盘不可撤销，或受盘人有理由信赖该发盘是不可撤销的，并已行事，则该发盘不可撤销。

我国以《公约》为依据，认为发盘可以撤回与撤销。但为了维护我方发盘的严肃性与我国外贸企业的信誉，应尽量避免撤销已发出的发盘。

### (四) 发盘的失效

发盘的失效（lapse of offer）是指发盘由于种种原因而失去了法律效力。与发盘的撤回、撤销不同的是，发盘的失效是在发盘已经生效，并且已经对发盘人产生约束后，不仅是因为发盘人依法撤销的行为，而且可以因为其他非发盘人的原因而使发盘对发盘人失去约束力。

在以下情况下可造成发盘的失效：

(1) 过期。过期是指受盘人未在发盘规定的有效期或合理的时间内对发盘表示接受，则该发盘自动失效。

(2) 拒绝。在发盘人收到受盘人对发盘表示拒绝的通知时，发盘失效。若受盘人在对发盘表示拒绝后又表示接受，即使原发盘有效期仍未届满，发盘人也不再受原发盘的约束，除非他愿意对该项接受予以确认。此外还盘也是对原发盘的拒绝，会使原发盘失效。

(3) 发盘人依法撤销发盘。

(4) 不可抗力。不可抗力是指非当事人所能控制的意外事件，在这些事件发生时，发盘失效。例如突然发生严重地震灾害、政府突然颁布出口或进口禁令等，则发盘人在受盘人对该发盘表示有效接受时无法与其签约，发盘人可以主张原发盘失效。

(5) 若发盘人或受盘人在发盘被接受前丧失行为能力或死亡、或破产，则该发盘失效。

## 三、还盘

还盘（counter-offer）又称还价，是指受盘人对发盘中的条件不能完全同意而对原发盘提出相应的修改或变更的意见。还盘实质上构成了对原发盘的拒绝，使原发盘失效，同时等于受盘人对原发盘人发出了一项新的发盘，只是还盘的内容比一般的发盘简单，只涉及受盘人要求修改的部分。

与发盘一样，还盘也分为有约束力与没有约束力的还盘两种情况，有约束力的还盘才能成为一项新的发盘。受盘人的答复如果对原发盘的条件做了实质性的变更，则构成还盘，原发盘失效。按照《公约》规定，有关货物价格、付款、货物的质量和数量、交货时间和地点、一方当事人对另一方当事人的赔偿责任范围或解决争端等方面的条件做出了添加或修改，则构成对原发盘内容的实质性变更。我国《合同法》中也有类似规定，即有关合同标的、数量、质量、价格或报酬、履约期限、履约地点和方式、违约责任和争议的解决办法等方面的变更，构成对要约内容的实质性变更。

还盘只能由受盘人在原发盘的有效期内做出，其他任何人无还盘权力。发盘人对于受盘人的还盘，弄清实质性变动和对方的真实意图，并做出相应答复。若原发盘人对还盘内容和条件又作出新的修改，则成为再还盘，有时又构成新的发盘。

还盘虽然经常发生，但并不是交易磋商的必经阶段。有时交易双方无须还盘即可成交，有时则要经过多次还盘才能对各项交易条件达成一致，还有时虽经反复还盘，但终因双方分歧太大而不能成交。

## 四、接受

接受（acceptance）是指交易的一方对另一方在发盘或还盘中提出的交易条件无条件地同意，并以声明或行为表示愿按这些条件与对方成交、签订合同。一般情况下，发盘一经接受，合同即告成立。所以，接受对买卖双方都将产生约束力。

### （一）构成接受有效的条件

#### 1. 接受必须由特定的受盘人做出

这个条件实际上是与构成有效发盘的第一个条件相对应的。只有发盘中指定的受盘人才有权利对发盘表示接受，任何第三方对发盘的接受对原发盘人都没有约束力，只能被认为是第三方对原发盘人发出了一项新的发盘。

#### 2. 接受必须表示出来

按照《公约》的有关规定，接受必须由特定的受盘人表示出来，缄默或不采取任何行动不能构成接受。一般来说，对口头发盘要立即做出口头接受，对书面形式的发盘也要以书面形式表示接受。在受盘人对发盘或还盘表示接受时，往往要在接受中重述发盘中的主要交易条件，以免出现差错。另外，若交易双方已形成某种习惯做法，受盘人也可以直接采取某些行动对发盘表示接受，例如卖方按发盘条件发运货物、买方主动开来信用证等。

**3. 接受必须在发盘的有效期内表示并送达发盘人**

如前所述，发盘人在发盘中往往规定发盘的有效期，并且只在这个期限内承担按发盘条件与受盘人成交的责任。若接受通知未能在发盘有效期或合理时间内送达发盘人，则该接受成为一项逾期接受，原则上对发盘人没有约束力，只相当于受盘人对原发盘人发出的一项新的发盘。

《公约》阐述一项逾期接受是否有效，应取决于发盘人的看法。如果发盘人认为逾期接受仍然可以接受，并毫不延迟地以口头或书面形式通知受盘人，则该逾期接受有效；若该接受在正常的传递速度下本应及时送达发盘人，则除非发盘人在收到该逾期接受时认为原发盘已失效，并毫不延迟地以口头或书面方式将这一观点通知受盘人，否则该逾期接受仍然有效。

**4. 接受的内容必须与发盘相一致**

受盘人必须无条件地同意发盘的全部内容才能与发盘人成交，这从理论上讲是接受的基本原则。如果受盘人在对发盘表示同意的同时，对发盘的内容进行了修改或提出了某些附加条件，只能认为他拒绝了原发盘并构成一项还盘。

然而在实际业务中，受盘人往往需要对发盘进行某些添加、限制或修改。为促进成交，《公约》将受盘人在接受中对发盘内容的修改分为实质性变更与非实质性变更，前者构成还盘，而后者除非由发盘人及时提出反对，不改变接受的效力。根据《公约》的规定，有关货物价格、付款、货物质量和数量、交货地点和时间、一方当事人对另一方当事人的赔偿责任范围或解决争端等的添加或不同条件，均视为在实质上变更发盘的条件；对发盘内容的其他变更，如要求提供某种单据、要求增加单据的份数、要求将货物分两批装运等，均属于非实质性变更。我国《合同法》规定，有关合同的标的、数量、质量、价款或报酬、履约期限、履约地点和方式、违约责任和解决争议方法等方面的变更，即构成对要约内容的实质性变更，应视为新要约。注意，各国商人对实质性变更与非实质性变更的划分可能会有不同的理解，因此只要对方对我方发盘的内容做了修改而我方又不能接受，我方就应立即表示反对，以免以后发生争议。

**（二）接受的生效和撤回**

关于接受在什么情况下生效的问题，国际上不同的法律体系存在着明显的分歧。英美法律体系实行的是“投邮生效原则”，是指采用信件、电报等通信方式表示接受时，接受的函电一经投邮或发出立即生效，只要发出的时间是在有效期内，即使函电在邮途中延误或遗失，也不影响合同的成立。大陆法中以德国法为代表采用的是“到达生效原则”，即表示接受的函电须在规定时间内送达发盘人，接受方生效。因此，函电在邮递途中延误或遗失，合同不能成立。

《公约》采纳的是到达生效的原则，在第 18 条中明确规定“接受发盘于表示同意的通知送达发盘人时生效”。这是针对以书面形式进行发盘和接受时的规定。如果双方以口头方式进行磋商，受盘人如果同意对方的口头发盘，就马上表示同意，接受也随即生效。此外，对于以行为表示接受，《公约》规定：“接受于该项行为做出时生效，但该项行为必须在上一款规定的期限内做出。”

接受的撤回是受盘人在对原发盘人发出接受通知后，采取某种方式阻止该接受生效的行为。按《公约》的有关规定，一项接受于送达原发盘人时才生效。因此，若受盘人的撤回或修改通知先于接受、或与接受同时到达发盘人，受盘人就可以在接受生效前将其撤回或对其进行修改。但由于接受的生效意味着买卖双方的合同关系已经成立，所以已生效的接受是不得撤销和修改的。

《公约》对接受的撤回的规定，与遵循“到达原则”的大陆法系国家的法律规定相一致；但英美法律体系国家遵循的是“投邮原则”，认为接受在发出时即生效，因此接受不能撤回。在实际业务中，一定要注意这种法律规定上的差别，以免产生误解或争议。

**课堂讨论 16-1**：作为一名外贸从事人员，在国际贸易交易磋商过程中，你认为应该具有什么样的素质？

## 第二节　订立合同

订立合同是对以往交易磋商过程中双方达成的协议、共同接受的交易条件的最终书面确认。合同具有法律效力，一经订立，以后的贸易活动都应与合同条款一致。

实盘虽然对双方都有约束力，但仍应通过合同的方式加以确认。我国涉外经济合同法中规定：“当事人就合同条款以书面形式达成协议并签字，即为合同成立。通过信件、电报、电传达成协议，一方当事人要求签订确认书的，签订确认书时合同成立。”

### 一、合同成立的时间

根据《公约》的规定，受盘人接受发盘并在发盘有效期内将接受送达发盘人，合同即告成立。但在实际业务中，合同成立的时间以订约时合同上写明的日期或以收到对方确认书的日期为准，即在签订书面合同时买卖双方的合同关系确立。

### 二、合同有效成立的条件

一项有法律约束力的合同应具备下列条件。

**1. 合同当事人必须具有签订合同的行为能力**

签订买卖合同的当事人应是自然人或法人。自然人必须是精神正常的成年人，未成年人、精神病人等订立合同必须受到限制。如果当事人是法人，各国法律一般认为，必须通过其代理人，在法人的经营范围内签订合同，越权的合同无效。

**2. 合同必须有对价或约因**

对价（consideration）是指当事人为了取得合同利益所付出的代价。约因（cause）是指当事人签订合同所追求的直接目的。按照英美法律和大陆法律的规定，合同只有在有对价或约因时，才是法律上有效的合同。

**3. 合同的标的或内容必须合法**

标的合法是指合同涉及的货物和货款必须合法。合同内容合法包括不得违反法律、不得违反公共秩序和公共政策、不得违反善良的风俗习惯或道德三个方面。

**4. 合同必须符合法律规定的形式**

《公约》原则上对国际货物买卖合同的形式不加以限制。但《公约》允许缔约方对此提出声明予以保留。

**5. 合同当事人的意思表达必须真实**

在国际贸易中，买卖双方必须在自愿和真实的基础上达成协议。任何一方通过欺诈、威胁或暴力行为与对方订立的合同无效。

## 三、合同的形式、种类及内容

### （一）合同的形式

合同的形式指的是合同当事人达成协议的表现形式，是合同内容的载体。在国际商务中，合同的形式有书面形式、口头形式和其他形式。

### （二）合同的种类

常见的国际货物买卖合同有两种：销售合同和销售确认书。

**1. 销售合同**

销售合同（sales contract）内容比较全面、完整，合同中主要包括品名、规格、数量、包装、价格、运输、交货期、付款方式、商品检验、争议的解决以及不可抗力等条件，对于买卖双方的权利和义务进行全面、明确的规定，因而在大宗商品和成交额较大的贸易中得到普遍应用。销售合同的基本条款包括：

（1）合同书的性质——“销售合同（sales contract）”的字样。一般出现在合同书的开头。

（2）合同编号（contract No.）、签约日期（date）和地点（place）。

（3）买卖双方的详细名称和地址信息（the buyers & the sellers）。

（4）双方表示共同订立合同的意愿。

（5）品名、品质、规格、数量、单价和合同金额（description of goods，quality，specification，quantity，unit price and amount）。合同金额应用大写来表示（say US dollar... only）。

（6）制造商与原产国（manufacturer and country of origin）。

（7）包装（packing）。应详细规定包装的种类、物料及责任。如无特别指明，包装费用应包含在合同价款中。

（8）保险条款（insurance）。此条款中依照合同的价格术语、国际惯例和买卖双方的约定规定投保的责任方、保险金额、险种和赔付方法。

（9）装运期（date of shipment）。

（10）启运港与目的港（port of shipment & port of destination）。

（11）是否允许分批装运和转运（partial shipment & transhipment，allowed or not）。

（12）支付条件（terms of payment）。

（13）单据（documents）。合同项下卖方应向买方提供的单据，在L/C方式下，指议付单据。

（14）装船通知（shipping advice）。卖方在装运后的指定时间内应将装运细节通知收货人（买方）。

（15）检验与索赔（inspection & claims）。检验的机构、内容、方式和效力；索赔提出的期限和条件（对随附证明的要求）。

（16）不可抗力（force majeure）。按照国际惯例，因不可抗力事故，卖方无法正常交货时，可以延期交货或解除交货义务，但须在规定时间内出具指定机构的证明。

（17）仲裁或其他解决争议的方法（arbitration or disputes）。争议的解决可以通过友好协商、仲裁或提交法院三种方式进行，如果双方签订了仲裁条款，则仲裁结果是终局的，排除任何法律诉讼的做法。仲裁条款中应说明仲裁的机构、地点和效力。

（18）对合同生效的说明（the effectiveness of the contract）。如合同在买卖双方授权代表签字时生效。

（19）买卖双方代表签字（盖章）（signature）。

（20）合同附件（appendix，annex）。由于合同主页为主要商务条款的基本格式，当交易标的在技术方面十分复杂或产品品种、型号较多时，通常采用合同附件的形式加以具体说明。合同附件是合同不可分割的部分，与合同具备同样的法律效力。

**2. 销售确认书**

销售确认书（sales confirmation）属于简式合同的一种，主要包括品名、规格、数量、价格、包装、装运、保险和付款方式等条件。虽然它所包括的条款较为简单，但与合同具有同等法律效力，适用于金额不大，批数较多的土特产和轻工产品，以及已订有代理、包销等长期协议的交易。

### （三）合同的内容

书面合同的内容一般由下列三部分组成：

（1）约首。约首是指合同的序言部分，包括合同的名称、订约双方当事人的名称和地址以及双方订立合同的意愿和执行合同的保证。序言对双方均具约束力。

（2）正文。正文是合同的主体部分，具体列明各项交易的条件或条款，如品名、品质规格、数量、单价、包装、交货时间与地点、运输与保险条件、支付方式以及检验、索赔、不可抗力和仲裁条款等，明确了双方当事人的权利和义务。

（3）约尾。一般列明合同的份数、使用的文字及其效力、订约的时间和地点及生效的时间（有时订约时间和地点也列在约首）。合同的订约地点往往要涉及合同准据法的问题，因此交易中双方往往都力争将签约地点定在本国。

**课堂讨论16-2：**买卖双方订有长期贸易协议，协议规定："卖方必须在收到买方订单后15天内答复，若未答复则视为已接受订单。"10月1日卖方收到买方订购5000件服装的订单，但直到11月25日卖方才通知买方不能供应5000件服装。买方认为合同已经成立，要求供货。

问：双方的合同是否成立？为什么？

# 第三节　合同的履行

合同的履行是整个交易最重要的环节之一，其重要性不亚于交易磋商与合同的签订。

## 一、出口合同的履行

由于每笔交易的性质、特点都不相同，因此每一份出口合同的履行要经过不同的环节。在我国的出口业务中，以信用证为支付方式、以海运为运输方式的 CIF 与 CFR 出口合同最为常见。这类合同在履行时一般要经过备货、催证、审证、改证、租船订舱、报验、报关、保险、装船、制单结汇等诸多环节。只有将这些环节紧密衔接，才能避免有货无证、有证无货、有船无货、有货无船等各种问题的发生，使出口企业在按合同规定出运货物、提供全套合格单据时，能顺利地从进口方取得货款，安全收汇。

履约的主要内容可用“货（备货）、证（信用证）、船（租船订舱）、款（制单结汇）”概括，还包括报验、报关、投保、装运。

### （一）备货

备货是出口商履行出口合同的第一个环节，是指出口商根据合同规定的种类、品质（规格）、数量、包装等准备好货物，以便按质、按量、按时地完成交货任务。这一阶段的主要工作是，依合同中规定的交易商品和交易条件，组织生产或收购调拨调运、仓储保管。

### （二）信用证

国际贸易结算的主要方式是：托收、电汇和信用证。其中以信用证最为普遍。与信用证有关的活动包括：

#### 1. 催证

指卖方督促买方尽快将信用证开出，通过开证行、议付行送抵卖方。因为市场行情变化、自身资金周转困难等原因，买方经常会拖延开证。而买方迟开信用证，出口方无法出运货物，可能会错过船期，不能按合同规定的时间向买方交货。出口方催请买方尽快开证，并在对方仍不开证时声明保留索赔权，或拒绝交货。

#### 2. 审证

信用证的有关内容必须与合同条款完全一致，即所谓“证同一致”，防止买方通过信用证改变合同中规定的交易条件而蒙受损失。因为银行在议付时，只按信用证内容付款，而不管合同条款如何。除非事先征得我方出口企业的同意，在信用证中不得对合同条款的内容进行增减和改变。对信用证进行审核是银行和出口企业的共同责任，但它们在审证时各有侧重。银行着重审查开证行的政治背景、资信能力、付款责任、索汇路线和信用证的真伪，出口方则着重审查信用证的内容是否与合同规定一致，以及信用证条款的可接受性。

#### 3. 改证

若出口企业在审证时发现了违背国家政策或出口企业无法办到、与合同规定不相符的内容，就应立即要求进口商向原开证行申请修改信用证，并在收到由通知行转来的、由开证行开出的信用证修改通知书后，按照信用证修改之后的内容，继续履行其在出口合同下的义务。

例如，在出口贸易履行过程中，有时会遇到在信用证规定的装运期和有效期内无法按期装运货物和制单结汇的情况，应及时要求对方延长装运期和有效期。根据《跟单信用证统一惯例》，未经开证行、保兑行（若已保兑）和受益人同意，信用证既不能修改，也不能撤销。因此，对不可撤销信用证中任何条款的修改，都必须在有关当事人全部同意后才能生效。同时，信用证在修改时，原证的条款（或先前接受过修改的信用证）在受益人向通知修改行发出接受修改之前，仍然对受益人有效。

**（三）租船订舱**

国际贸易运输方式有海运、陆运、空运等，以海运为主。“船”指的是货物的运输、报关过程。先是租船和定舱，再是出运，最后是到达目的地并报关。国际贸易运输路途远，时间长，风险大，因而必须投保。

在常见的、以 CIF 与 CFR 术语签订的出口合同下，租船或订舱工作由出口方负责。当货物备妥、信用证经审核无误后，卖方即应组织租船订舱的工作，同时办理申请检验、投保和报关，在约定的装运期内出运货物。对于出口数量较大的货物，如需要整船载运，则应办理租船手续；若出口货物数量不多，无须整船装运的，则安排洽订班轮或租订部分船位运输。

在办理租船、订舱手续时，出口企业应根据合同与信用证中对运输条款的规定，参考货运公司公布的出口船期表填写托运单（booking note），交货运机构作为租船、订舱的依据。托运单是指托运人根据贸易合同和信用证条款内容填写的向承运人办理货物托运的单证，又称“订舱委托书”。承运人根据托运单内容和配载原则，结合船舶的航线挂靠港、船期和舱位等条件进行考虑，同意接受运输委托后，即在托运单上签章，并返回托运人一份。此时，订舱手续即告完成，运输合同业已成立。

**（四）报验**

凡是国家规定，或合同规定必须经国家商检机构检验出证的出口商品，在备货完毕后应及时向国家商检机构提出检验申请，未经检验或检验不合格的商品不发检验证书，不得出口。货物经检验合格，由商检机构签发检验证书。货物应在检验证书规定的有效期内出运。

应注意的是，检验证书的有效期一般都不是很长。如果出口企业未能在商检证书的有效期内将货物运出，应向国家商检机构申请复验，待再次检验合格，才能出运。

如果出口商出口商品的出口量大、出口批次多，出口企业可以在收到信用证之前向国家商检机构申请预检。若预检不合格，出口企业也可以在比较充足的时间内对货物重新加工整理，寻找货源，再次备货。

除向国家商检机构申请对出口商品检验，若约定第三方检验，则出口企业要依据合同及时向检验机构提出检验申请。

**（五）报关**

出口货物装运出口前必须向海关申报。未经海关查验放行的货物，一律不得擅自装运出口。

由出口发货人或其代理人填写出口货物报关单，出示合同副本、发票、装货单、装箱单、重量单，必要时还需出示出口许可证、商品检验证书等单据，向海关申报出口，并将货物提运至码头交海关查验，海关对货物和有关单证查验无误、依法征缴关税后，在报关单上盖章放行，这时船方才能将货物装船。经海关签章的出口货物报关单、出口退税专用报关单是出口单位办理出口退税的重要依据。

**（六）投保**

在采用 CIF 术语签订的出口合同下，出口企业要在货物装运前，根据合同与信用证的有关规定向保险公司提交投保单，说明货物名称、保险金额、投保险别、载货船名、航线、开航日期等内容，办理保险手续，缴纳保险费，取得信用证规定的保险单据。

**（七）装运**

货物装运时，船方的理货员凭装货单验收货物；待货物装船完毕，船长或大副向出口企业或其代理签发大副收据，作为货物已装船的临时收据。在此之后，出口企业凭该大副收据向运输公司结算运费，换取正式提单。

**（八）制单结汇**

制单结汇是指出口企业在货物装运后，按信用证的要求缮制各种单据，并在规定的交单期内送交银行，办理结汇手续。国际贸易凭单结汇，主要单据有：以发票为中心的货物单据，以提单为中心的运输单据和以保险单为中心的保险单据。各套单据之间的内容应相符，即“单单一致”，且都要与信用证内容相同，即“单证一致”。银行在结汇时，只要审查为单单一致，单证一致即付款，而不管货物实际情况如何（这是信用证结算的主要特点之一）。

尽管十分重视制单工作，但在实际业务中仍不免会出现单证不符的情况，即不符点（discrepancy）。为了避免这种不符点交单给出口企业带来的风险，出口企业在信用证方式下制单时，一定要注意不同单据的不同要求及不同特点。在制单时通常要涉及的单据主要有汇票、发票、货运单据、保险单、商检证书、装箱单或重量单、产地证明等。

（1）汇票（bill of exchange；draft）。在信用证支付方式下，出口企业在缮制汇票时应注意以下问题。

①汇票的出票人与信用证的受益人应为同一人。

②汇票的受票人应按信用证中的规定填写，若信用证未作规定，通常以开证行作为受票人，即付款人。

③如果信用证中没有明确规定汇票的收款人，出口企业一般应将汇票的收款人作成“凭指示（pay to order）”抬头，以议付行作为汇票的收款人，或以自己作为汇票收款人，在向银行交单议付时，再以背书方式将汇票转让给议付行。

④汇票的出票日就是信用证的议付日，应在信用证的有效期内、最迟交单日前。

⑤汇票的付款期限要符合信用证的规定。如果汇票为即期付款，应在“at”与“sight”两个印定的单词之间加“……”，以免汇票因付款期限不确定而无效；如果付款期限为出票日（或提单日等）后若干天，在填好有关内容的同时应将“sight”划掉。

⑥汇票使用的货币币种应符合信用证规定，同时除非信用证中另有约定，汇票金额一般

与发票金额相等；即使二者不等，汇票金额也不能超过信用证金额。

⑦汇票的出票条款需按信用证的规定填写。若信用证未作规定，则在信用证支付方式下，出口企业应在此栏注明开证行名称与地址、开证日期及信用证号码等内容。

⑧汇票的编号一般应与发票号码一致，以便出口企业进行归档管理。

（2）商业发票（commercial invoice）。商业发票通常被简称为发票，是出口方向进口方开立的发货清单。商业发票是国际贸易中的主要单据之一，也是所有单据中的中心单据。它既是买卖双方交接、检查货物的依据，也是进出口双方报关纳税的依据；在卖方不对买方开出汇票时，还要代替汇票作为买方付款的依据。

商业发票的主要内容包括发票号码、开立人名称与地址、开立日期、合同号码、收货人名称、装运工具及运输起讫地点、付款条件、唛头、品名、规格、数量、包装、单价、总价等。在缮制商业发票时应注意以下事项。

①商业发票的开立日期可以早于信用证的开证日期，但不能迟于信用证的有效期。

②商业发票的开票人应是买卖合同中的出口方，即信用证支付方式下信用证的受益人。如果发票上没有事先印就的出口企业的名称，就要在发票的右下角加盖公司印章；除非信用证中特别规定，发票一般无须签名。

③商业发票的抬头人就是货物的收货人。在使用信用证结算方式时，该抬头人必须做成信用证的开证申请人。但在可转让信用证时，该可转让信用证的第二受益人向银行交单时，信用证的第一受益人为其商业发票的抬头人。

④如果信用证要求在商业发票中列出载货船舶的名称，则一定要与提单上的记载相一致。

⑤由于商业发票是信用证下全套单据的核心，各种其他单据的内容都不得与发票中的内容相抵触，因此，商业发票中对商品名称、规格、数量、包装、唛头、有关港口的规定必须与信用证中的要求完全一致。

⑥商业发票上必须列明出口交易中采用的价格术语，并与信用证的规定一致；除此之外，商业发票上还要照录信用证上有关佣金、折扣等规定。

⑦商业发票金额通常不能超过信用证金额，除非信用证中规定买方需在信用证下支付某些费用。按指定行事的指定银行、保兑行（如有的话）或开证行也可以接受金额大于信用证允许金额的商业发票，但对商业发票金额超出信用证允许金额的部分不得承付或议付，而要按托收处理。

⑧有些信用证中要求出口方在商业发票上加注一些特别的证实或说明性文句，如“证明所列内容真实无误”或“货款已收讫”等，只要不违反国家的政策、法规，出口企业可以照办。

（3）提单（bill of lading）。海运是国际贸易中常见的运输方式，也是我国出口贸易中最主要的运输方式。海运提单通常代表了货物的所有权，是进出口业务中最重要的单据。出口企业在准备海运提单时应注意以下几点。

①提单的签发日期一般是货物的装运日期，不能晚于信用证规定的最迟装船期。

②大多数信用证都要求出口企业提交清洁的已装船提单。除非信用证中另有约定，银行

不接受出口企业的租船合约下提单、标明货物已装舱面提单等。

③海运提单的托运人一般就是信用证的受益人，也就是出口企业。除非信用证中明确禁止，银行不得拒绝以第三者为托运人的提单。

④提单的收货人应按信用证的规定填写。信用证支付方式下最常见的是空白抬头、空白背书的提单，即在收货人一栏中写明“凭指定（to order）”字样，由发货人在提单背面签字，就可以将提单转让出去。

⑤如果信用证中规定了提单的通知人，提单上应照录不误；若信用证中未作规定，提单上就不必填写。

⑥提单上的装运港、最终目的港应与信用证的规定相同，目的港还应与运输包装唛头上的内容一致。注意，通过转船运输货物时，卸货港一栏应填写转船港而非最终目的港。

⑦提单上应照实填写载货船名。如果货物需经水路运至某一港口再转船，则应注明两程船名。

⑧提单上应按信用证中的规定说明运费是否已支付，除非信用证另有规定，提单上不必列出运费金额。

⑨提单上有关货物的各种内容以商业发票为准，但商品名称可以使用统称，只是不得与信用证的规定相矛盾。

⑩提单上必须表明承运人名称，并由承运人或船长或他们各自的具名代理人签署。

⑪提单上应注明正本提单的份数，受益人在交单时必须向银行提供全套正本提单。

以上内容只适用于港至港海运中使用的提单。如果出口贸易采用的是其他运输方式，出口企业就要缮制其他种类的运输单据，这里不再一一介绍。

（4）保险单（insurance policy）。在CIF出口合同下，出口企业负责办理保险并从保险公司取得保险单据。出口企业在议付时向银行提交的保险单应符合以下条件。

①在保险人一栏内应填写承保的保险公司的名称，而不能填写保险代理或保险经纪人。

②被保险人应按信用证中的规定填写。多数情况下，被保险人是信用证的受益人，在其向银行交单议付时要对保险单进行空白背书，以便转让保险利益。

③出口企业投保的险别应与信用证的规定一致。银行不主张按“通常险别”或“习惯险别”投保，即便银行接受了有这种字样的保险单，也会声明对将来可能出现的问题不负责任。

④出口企业投保所使用的货币应与信用证的规定相符，保险金额则按信用证规定的最低保险金额填写。若信用证未规定最低保额，一般以出口商品CIF或CIP价格的110%为最低保险金额。

⑤保险单据上有关货物的内容应与发票一致。货物的名称可以使用统称，但应与提单、产地证书等单据上的记载一致。

⑥保险单上货物的装运日期前可以加上“大约（on or about）”字样，装运港、目的港应与提单记载相同。如果在运输中需要转船，则在目的港后面注明“转船（with transshipment）”；若货到目的港后还需转运至内陆某地，应在目的港后注明“转运至某地（and thence to…）”。

⑦除非信用证另有约定，进口商所在地是保险赔款偿付的地点。如果信用证规定以汇票货币赔偿，在保险单中也需注明。

⑧保险单的签发日期不得晚于货物发运日期，除非保险单据表明保险责任不迟于发运日生效。

⑨出口企业必须注意信用证中规定的应提交保险单的种类。出口方可以提交保险单来代替信用证要求的保险凭证，但不能以保险凭证代替信用证规定的保险单。

以上提到的汇票、商业发票、提单、保险单都是进出口业务中的主要单据。下面将介绍在国际贸易中可能遇到的其他单据。

（5）原产地证书（certificate of origin）。原产地证书是用来证明货物原产地或制造地的证件，是进口国海关对来自特定出口国的商品实行优惠关税或进行进口管制的依据。没有海关发票和领事发票的国家，通常会要求外国出口商提供商品的原产地证明。

原产地证书必须由信用证规定的机构签发。如果信用证对此未作规定，银行可以接受由任何机构签发的原产地证明。若信用证只要求证明产地而没有明确要求提供原产地证书，出口商可以简单地在商业发票上加注证明产地的文句。在我国的出口业务中，原产地证书一般由国家商检机构或中国国际贸易促进委员会（贸促会）出具。

（6）普惠制产地证（generalized system of preferences certificate of origin form A）。根据普惠制的规定，发达国家对来自发展中国家的商品，特别是工业制成品、半制成品，要给予普遍的、非互惠的、非歧视性的关税优惠待遇。我国从许多发达国家都取得了这种关税优惠待遇，因此对这些国家出口商品时，要提供相应的普惠制单据，作为获得优惠关税的依据。

普惠制产地证就是GSP产地证，它又被称为Form A产地证，是一种比较常见的普惠制单据。普惠制产地证适用于一般性商品，由出口企业填写，由国家商检机构签发。在对给惠国出口时，无论进口方在信用证中是否要求，出口企业都应向进口商提供Form A产地证。另外，普惠制单据还有纺织品产地证、手工制纺织品产地证、纺织品出口许可证、纺织品装船证明等。

（7）商检证书（inspection certificate）。商检证书的种类很多，可以分别被用来证明商品的品质、数量、重量、卫生条件等各方面的状况。买方往往通过在信用证中要求出口企业提供有关的商检证书，对出口企业交货的质量、数量等方面进行控制，以维护自身利益。我国的商检证书一般由国家商检机构出具，如果合同与信用证上没有特别规定，可以视实际情况由贸促会或生产企业出具。

（8）装箱单与重量单（packing list and weight memo）。装箱单与重量单是对商业发票的补充，详细说明了商品的不同花色、品种、规格、重量与包装情况，以便海关验货和进口商核对商品。

装箱单又称码单，常见于工业品的出口，用来说明商品包装的内在详细情况，包括包装内货物的规格、花色搭配等；重量单的内容则侧重于商品的重量方面，主要用来说明商品的毛重、净重、皮重等。

以上介绍的是出口制单中常见的几种单据。随着电子商务的发展，传统的制单结汇工作将被大大简化，单证的种类与份数也会随之大大减少，这种变革将对国际贸易的发展产生巨大的推动力量。

### （九）出口退税

出口退税是国家为帮助出口企业降低成本，增强出口产品在国际市场上的竞争能力和鼓励出口创汇而实行的返还出口企业部分国内税的措施。目前符合出口退税条件的企业在完成发货和收汇手续后，应及时向税务机关申请出口退税。办理出口退税手续需提供的基本单据有：出口货物报关单、出口结汇单和出口购货发票等。

## 二、进口合同的履行

进口合同签订后，我国的进口企业一方面要履行付款、收货的义务，另一方面也要督促国外出口商及时履行按合同规定交货的义务，防止因其违约而给我方造成损失。

我国大多数的进口交易是以 FOB 条件成交的，并且以即期信用证作为支付方式、以海运方式运输货物。虽然不同的合同涉及不同的商品，而在履行中又表现出不同的特点，但一般都要经过开证、租船订舱和催装、保险、审单付款、报关提货、商检、拨交等几个主要环节。

### （一）开证

在进口合同签订后，我国进口企业就应按合同中的有关规定，及时向银行提交开证申请书及进口合同副本，要求银行对外开证。银行在对进口企业进口货物所需外汇进行核查后，还可能要求进口企业交付全额或一定比例的押金或提供其他担保，然后才按进口企业提交的开证申请书的指示对外开出信用证。

信用证的种类、金额、开证时间和信用证条款内容应按合同的约定办理。开立信用证的一般手续是：

（1）进口人向开证行提交开证申请书，并随附相关单据，如合同、进口审批证明、备案登记表、购汇申请单等。

（2）进口人向银行交付开证保证金。

（3）开证行办理外汇审批手续。

（4）开证行对开证申请审核无误后，即按申请人要求开立信用证。

在开证这一业务环节上，进口企业一定要保证在合同规定的期限内开出信用证，否则就构成违约。特别要注意，如果信用证规定进口方应在出口商取得出口许可证后开立信用证，或对开证时间有其他特殊规定，进口企业应照办，否则，一旦信用证开出而对方不能获得出口许可，将遭受损失。

进口企业在填写开证申请书时，应在其中列明各项交易条件，并应使这些条件与合同中的规定完全一致，才能保证银行开出与合同条款内容一致的信用证。如果对方对与合同条款相符的信用证提出修改要求，进口企业有权选择同意或不同意。若同意改证，进口企业就要及时通知开证行办理改证手续。

### （二）租船订舱和催装

在 FOB 合同下，卖方在收到信用证后，应将预计装船日期通知买方，买方办理租船订舱手续。我国进口企业往往将这项工作委托给货运机构代办。在运输手续办妥后，进口方要将船名、航次、航行日程及船运公司的联系地址通知国外卖方，以便对方备货、做好装船准备。同时，为防止卖方拖延交货，进口方还要做好催装工作，特别是对数量、金额较大的重要商品，最好委托自己在出口地的代理督促卖方按合同规定履行交货义务，保证船货衔接、及时收货。

由于在 FOB 和 CFR 条件下货物的运输保险由买方办理，所以进口企业应提醒出口商在货物装船后立即向自己发出装船通知，以便及时办理保险手续。

**（三）投保**

如上所述，在 FOB 或 CFR 进口合同下，买方要凭卖方发出的装运通知，向保险公司办理保险手续、交纳保险费，并从保险公司取得保险单或保险凭证。我国许多进出口企业同保险公司订立了"海运进口货物运输预约保险合同"，保险公司对进口货物统一承保，并对各类货物投保的险别、保险费率、适用条款、保险费及赔款的支付方法做了具体规定。进口企业或外运机构收到卖方装船通知后，只要将进口商品的具体名称、数量、金额、装运港、目的港、载货船名、船名、提单号、开航日期等通知保险公司，就视为办妥保险手续，保险公司从货物在装运港装船时起，自动对货物承担保险责任，这在很大程度上减轻了进口企业不能在货物出运之前及时投保的风险。

**（四）审单付汇**

对合格的全套货运单据付款是进口企业在进口合同下的又一个重要义务。国外出口商向银行交单议付后，议付行将全套货运单据寄交我国开证行，由银行会同有关进口企业对单据的种类、份数、内容进行审核。在审单无误后银行即对外付款，同时要求进口企业付款赎单。此后，如果进口企业是代理其他企业进口，它再向真正的用货企业结算货款。

如果银行与进口企业在审单时发现单证不符或单单不符，应立即向国外议付行提出异议，并根据具体情况而采取拒付、货到检验合格后再付款、国外议付行改单后付款、国外银行出具书面担保后付款等不同的处理方法。审单付汇是进口履约程序中的重要环节，它关系到卖方提供单据的有效性，直接影响到买方的及时、顺利收货。

**（五）报关提货**

报关是指进口货物按海关规定的手续向海关办理申报验放的过程。货到目的港后，进口企业要填写进口货物报关单，连同商业发票、提单、装箱单或重量单、保险单及其他必要文件向海关提交、申报进口，并在海关对货物及各种单据查验合格后，按国家规定缴纳关税。在此之后，海关将在货运单据上签章放行。

与出口报关的情况相同，只有那些有报关资格的企业中经报关员考核合格的才能办理报关手续。报关员的签字与印章均在海关备案，若报关单上没有报关单位及报关员的签章，或签章不符，海关不予受理。我国的进口业务中，很多进口企业都要求外运公司代办报关手续。

海关放行后即可从港口提运货物。在进口货物卸货时，港务局也应进行核对。如发现货物短少即填制短卸报告交船方签认，并向船方提出保留索赔权声明；如发现货物残损，即将货物存放于海关指定仓库，由保险公司会同商检局及有关单位进行检验，以便向责任方索赔。

### （六）商检

我国法律规定，凡属法定检验的进口商品，不经商检机构的检验就不得销售和使用；同时如果商检不能在合同规定的检验期内进行，买方即被视为放弃索赔权。因此，凡是属于法定检验或合同规定在卸货港检验、或检验后付款、或合同规定的索赔期较短、或卸离海轮时已发现残损或有异状或提货不着的商品，均应在卸货港进行检验。其他进口商品则可以在用货企业所在地，由当地商检机构进行检验。

## 三、核算效益，总结得失

此阶段往往被外贸企业所忽视，而它恰恰是求得外贸持续稳定发展的重要因素。

核算效益是指衡量投入与产出之间的比例。投入是指出口商品的成本和与贸易有关的直接费用之和；产出是指出口外汇收入。核算效益的主要指标有投入产出之比；出口商品盈亏；换汇成本、创汇率等。出口贸易不仅要追求出口数量，金额的绝对量的增加，而且要努力提高经济效益，这样的出口发展才有积极意义。亏损型的出口贸易对经济发展并无裨益。

总结得失应包括对整个贸易过程各个阶段的经验总结，以便在以后的贸易中更熟练，更有把握地进行。

## 本章思维导图

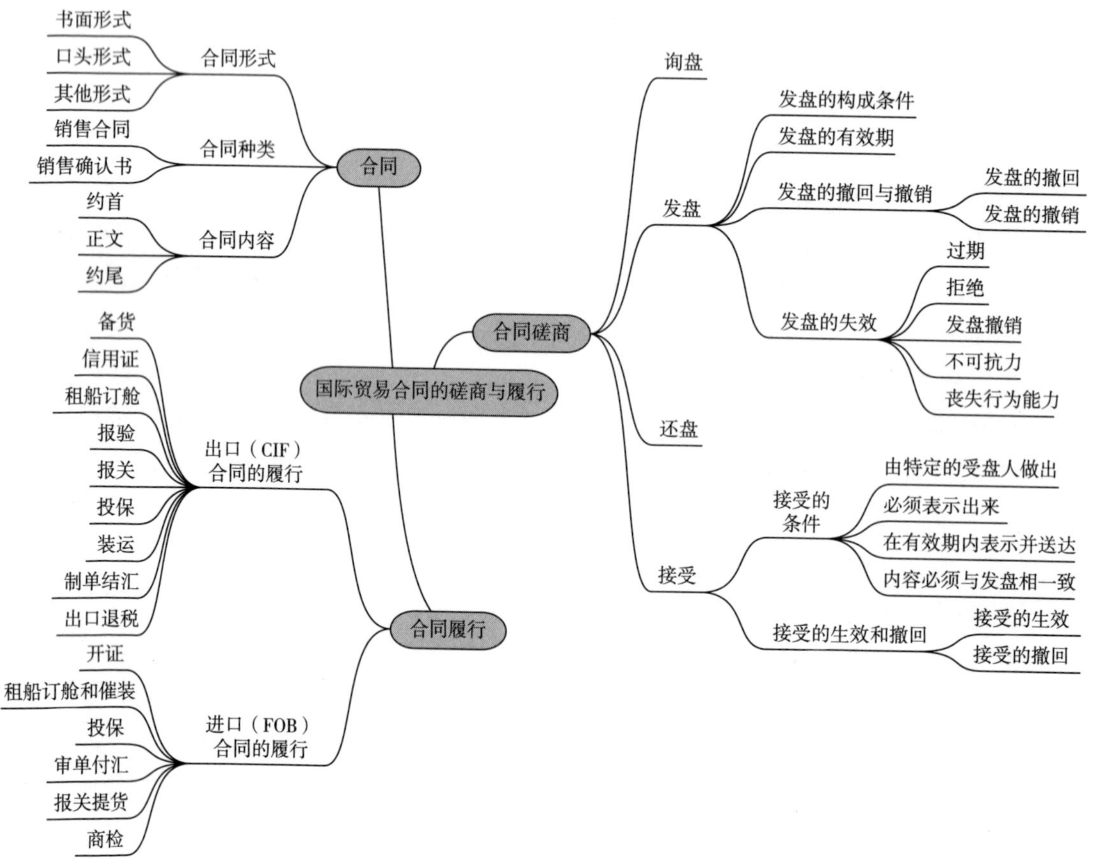

## 课后思考题

1. 我国某出口公司于2月1日向美商电报出口某家产品，在发盘中除列明必要条件外，还表示：packing in sound-bags. 在发盘有效期内，美商复电称：refer to your telex first accepted，packing in new bags. 我方收到上述复电后，即着手备货，数日后该家产品国际市场价格猛跌，美商来电称：我方对包装条件做了变更，你方未确认，合同并未成立。而我出口公司则坚持合同已经成立，于是双方对此发生争执。你认为此案应如何处理？为什么？

2. 某星期二上午我方用书信电（DLT，约需24h送达）向德国某进口商发盘2000件女式衬衫，有效期定于本周星期五（我方时间）复到有效。但发电后两小时，我方发现由于计算错误，报价过低，于是立即用加急电报（约需7h送达）通知客户撤回前电。然而到了星期五上午却又收到了客户复电，表示接受我方星期二上午发盘。在这段时间内双方电讯联络一切情况正常。

试问：应如何处理客户复电，为什么？

3. 我国出口企业于6月1日向英商发盘供应某纺织商品，限6月7日复到有效。6月2日收到英商电传表示接受，但提出必须降价5%，我方正研究如何答复，由于该商品国际市场发生了对英商有利转化，该商又于6月5日来电传表示无条件接受我方6月1日的发盘。

试问：我方应如何处理，为什么？

4. 我国公司A与美国公司B洽谈一项出口合同。中方于上午十时，以电传向美方发盘，原价为每单位500美元，但由于我方工作人员一时疏忽而误报为每单位500元人民币。

问：在下述三种情况下，各应如何处理较为妥当？为什么？

（1）马上发现。

（2）下午发现，客户尚未接受。

（3）第二天发现，客户已接受并回复。

5. 比较逐笔投保和预约投保的差异，二者分别适合什么样的出口企业？

## 答案

1. ①双方之间合同已经成立。我国某出口公司应坚持美商接受货物，支付货款。②本案例涉及合同洽商发盘的有条件接受问题，所谓有条件的接受是指受盘人在接受发盘人的发盘时，对发盘的条件作了添加、限制或修改。本案例中我方向美商发盘，美商在表示接受时对发盘条件作了变更，变更了包装条件，根据《联合国国际货物销售合同公约》规定：包装条件属于非实质性变更发盘条件，我国某出口公司对美商的这种变更并未加以拒绝，而是着手备货以实际行动对美商的变更加以确认，所以双方之间合同关系成立。美方的说法是没有道理的。我方应坚持美商接受货物，支付货款。

2. ①我方应立即通知德国进口商其接受无效，双方之间的合同关系并未成立。②此案例涉及发盘撤回的问题。结合本案例：我方周二上午用书信电发盘需24h到达（即次日上午到达）；但已于当天发加急电报撤回，加急电报7h到达（即当日下午到达），可见撤回的通知是前于发盘到达德国进口商的，撤回有效，而德国进口商的接受无效。

3. 在该商品国际市场价格发生对英商有利变化情况下，我方应立即电告英方：其6月5日接受无效。本案例中：我出口企业于6月1日向英商发盘，那么6月2日英商电传表示接受，但是变更了价格条件，属于变更了发盘条件，已构成还盘，使我出口企业于6月1日的发盘失效，同时6月2日的还盘构成一个新的发盘，双方之间合同是否成立的关键在于我出口企业的态度，在商品国际价格对英商有利的条件下，我出口企业应立即电告英方：其6月5日的接受无效，双方间的合同关系不成立。（当然，我方出口企业愿意发不利价格与英商交易也应立即通知英商，其接受有效。）

4. （1）马上发现。因为试产问题，对方尚未收阅，可以再发一封电传撤回。

（2）下午发现，客户尚未接受。因对方已经收阅该电传，发盘已生效。可以向对方解释进行撤销。

（3）第二天发现，客户已接受并回复。对方已经接受，合同已经达成，如不按照合同履约即构成违约。

5. 逐笔投保是指对各笔进口业务分别办理保险手续。进口企业在接到出口方的发货通知后，填写“运输险投保单”，保险公司在投保单上签署同意后，进口方向保险公司缴纳保险费，然后，保险公司出具一份正式的保险单给进口方。进口次数少的企业一般采用这种逐笔投保的方式。

有些外贸企业进口次数多，为了简化进口投保手续，这些外贸企业和保险公司签订了货物运输预约投保。在合同中，规定了投保险别、保险费率、适用的保险条款、保险费及赔偿的支付方法等。以后，外贸公司接到外商的装运通知后，只要填制进口货物通知送保险公司（该通知上面列明合同号、起运口岸、船名、起运日期、航线、货物名称、数量、金额等内容），经保险公司审核签章，就办妥了投保手续。

# 参考文献

［1］高长春，肖岚．现代纺织经济与纺织品贸易［M］．2 版．北京：中国纺织出版社，2018.

［2］陈岩．国际贸易理论与实务［M］．5 版．北京：清华大学出版社，2021.

［3］吴百福，徐小薇，聂清．进出口贸易实务教程［M］．8 版．上海：格致出版社，2020.

［4］许蔚．国际贸易原理［M］．2 版．杭州：浙江大学出版社，2023.

［5］钱学锋，曹亮．国际贸易学（双语版）［M］．北京：清华大学出版社，2023.

［6］余庆瑜．国际贸易实务：原理与案例［M］．3 版．北京：中国人民大学出版社，2021.

［7］殷晓鹏，肖艺璇，王锋锋．中国共产党对外贸易政策演进：成就与展望［J］．财经科学，2021（5）：49-62.

［8］佳宏伟．新中国成立以来中国对外贸易政策演进及启示［J］．海关与经贸研究，2023，44（6）：17-28.

［9］张倩．欧盟及英国纺织品服装市场消费近况分析［J］．纺织服装周刊，2023（27）：10-11.

［10］周进．共建“一带一路”：发展历程、主要成果与重要经验［J］．当代中国史研究，2023，5（30）：4-20.

［11］吴嘉文．进博会对于促进全球经贸交流的积极意义与启示［N］．光明日报，2022-03-30.

［12］黄堃华．现代企业的社会责任问题分析和现实意义［J］．现代企业，2024，3：102-104.

［13］陈雷刚．论广东改革开放中的历史主动精神［J］．特区实践与理论，2024（4）：25-30.

［14］郭川川，李婷，郭晓芳．纺织品服装标签标准应用现状与对策［J］．纺织标准与质量，2021，6：84-88.

［15］王莹．课程思政的价值本源与价值实现［J］．思想理论教育导刊，2022，5（305）：144-150.